23省市教育学院中小学英语教师继续教育教材系列

Teaching ENGLISH in Primary Schools

小学英语教学法

（第四版）

王电建　赖红玲　◎著

北京大学出版社
PEKING UNIVERSITY PRESS

图书在版编目（CIP）数据

小学英语教学法 / 王电建，赖红玲著 . —4 版 . —北京：北京大学出版社，2023.5
23 省市教育学院中小学英语教师继续教育教材系列
ISBN 978-7-301-33890-2

Ⅰ. ①小… Ⅱ. ①王… ②赖… Ⅲ. ①英语课 – 教学法 – 小学 Ⅳ. ① G623.312

中国国家版本馆 CIP 数据核字 (2023) 第 058117 号

书　　　名	小学英语教学法（第四版） XIAOXUE YINGYU JIAOXUEFA（DI-SI BAN）
著作责任者	王电建　赖红玲　著
责 任 编 辑	刘文静
标 准 书 号	ISBN 978-7-301-33890-2
出 版 发 行	北京大学出版社
地　　　址	北京市海淀区成府路 205 号　100871
网　　　址	http://www.pup.cn　新浪微博：@ 北京大学出版社
电 子 邮 箱	编辑部 pupwaiwen@pup.cn　总编室 zpup@pup.cn
电　　　话	邮购部 010-62752015　发行部 010-62750672　编辑部 010-62754382
印 刷 者	天津中印联印务有限公司
经 销 者	新华书店
	720 毫米 ×1020 毫米　16 开本　20.5 印张　402 千字 2002 年 10 月第 1 版　2007 年 1 月第 2 版 2014 年 9 月第 3 版 2023 年 5 月第 4 版　2025 年 6 月第 3 次印刷
定　　　价	68.00 元

未经许可，不得以任何方式复制或抄袭本书之部分或全部内容。
版权所有，侵权必究
举报电话：010-62752024　电子邮箱：fd@pup.cn
图书如有印装质量问题，请与出版部联系，电话：010-62756370

序 言

实施素质教育的先决条件和有效保障是提高教师的素质。教师的发展问题已经成为世界各国教育界普遍重视的战略性课题。在教师专业化发展这个整体性课题中,在职教师的继续教育是不容忽视的重要环节。换句话讲,教师发展的关键阶段是教师在职发展阶段,而继续教育是在职教师可持续发展的重要因素。最近教育部启动的"园丁工程",就是21世纪我国基础教育建设的一项具有深远意义的战略举措。

现代教育理论认为:在课程设置、教材编写、教学过程控制以及学生学习策略的培养等诸多方面,教师都起着至关重要的作用。多年来北京教育学院始终和全国其他兄弟教育学院一道承担着全国中小学教师继续教育培训的任务。全国中小学教师继续教育工程办公室就设在北京教育学院。北京教育学院还受教育部师范司的委托对全国教育学院系主任进行了参与式的培训。在培训期间,大家一起就继续教育的大事进行了研讨。人人畅所欲言,广开思路,就如何做好继续教育工作达成了共识。特别是做出了集中全国教育学院的优势,编写一套教育学院系统共同使用的继续教育教材的决定。

当代教育理论在教师研究中提出了"教师发展"这样一个概念。这是一个立足于当代教育理念的概念。运用这个概念可以使我们在终生学习和终生教育的高度上重新审视继续教育的价值和功能。在教师的专业发展阶段中,"持续发展阶段"指的是教师从事教育活动后的全部发展过程。对于中途不改变职业种类的教师来说,这个阶段带有终生的性质。在职教师的这个发展进程也被称为教师的专业化进程,即一种学习领悟教育教学观念,积累教育教学经验,逐步增长教育教学中的智慧,逐步学会反思并升华自己积累的经验的过程。从这个基点出发,我们认为实施中小学教师继续教育,关键问题是要搞好符合在职教师需求、推进教师专业化进程、促进教师可持续发展的教材建设。这套教师继续教育及教师专业发展系列教材的撰写,就是朝着上述方向孜孜探索的成果,其出版将为教师终身学习和专业化发展产生长久的功效。

在确定教材的内容时,编者首先对中小学教师继续教育的需求进行了调研,并经多次研讨提炼出教材著述的原则,如前瞻性和实效性相结合的原则,专业知识与教育科研相结合的原则等。即教材的选编具有先进性、实用性和针对性。在教材编写中,努力做到三个方面的整合:第一个层面,根据学科自然发展与中小学教学实践要求,对专业学科知识进行整合;第二个层面,以本专业学科为载体,教育学科知识和专业学科知识的整合;第三个层面,信息技术与教学内容、方法和手段的整合。

  在这套教材付梓之际,受诸位编者、也是我的同事们的委托,简要做出以上介绍。愿这套教材的出版,丰富和充实中小学教师继续教育教材的建设,并为广大中小学教师的学习提供切实的帮助。

李 方

2002年9月于北京

第四版前言

《小学英语教学法》自 2002 年第一次出版，经过 2007 年、2014 年两版的修订，已经整整 20 年了。这本书最早是在编者给英语专业师范生讲授《英语教学法》三年教案的基础上编写的。编写之初，教材主要针对一线的小学英语教师，特别是地县的英语教师设计的，突出比较强的实用性和操作性。两位编者在继续英语教学法研究和教学的同时，分别多次赴英国斯旺西大学、美国爱荷华州立大学和佛罗里达大学接受英语教学法培训和访学，为《小学英语教学法》第四版的修订提供了坚实的理论支持和实践启示。

《小学英语教学法》20 年的出版印刷，实属不易，得到了北京大学出版社、广大英语师资培养和培训同仁以及一线小学英语教师的大力支持和帮助。在心存感激的同时，也激发我们与时俱进更好地修订第四版，力争为一线小学英语教师提供更简洁、更实用、更简便、更符合教学实际需要的学习内容。

本次修订仍然保持原书编写的原则，即内容尽量贴近小学英语教学的实际情况，力图做到简明、形象、生动、实用、易学易用，具有一定的教学性、可操作性和示范性。在本次修订的过程中，我们听取了使用《小学英语教学法》的一线小学英语教师的意见和建议，并邀请了来自陕西师范大学凤凰城小学的张萌老师参与了第四章、第九章和第十一章的修订。

本次修订由王电建、赖红玲共同主持完成。

诚恳希望使用本教材的教师和学生继续提出宝贵的建议和意见。

编　者
2022 年 3 月

第三版前言

《小学英语教学法》在 2007 年修订之后，已经被多次印刷使用七年多了。在这期间，现代信息技术的飞速发展，给小学英语教学带来了非常大的变化。为了适应时代的发展和新世纪小学英语教学的需要，广大英语教师对使用《小学英语教学法》在网上提出了非常中肯的意见和建议。本次修订主要是以这些老师的意见和建议为参考，补充了一线英语教师认为比较需要的内容，以满足网络时代小学英语教学的需要。

本次修订仍然保持原书编写的原则，即内容尽量贴近小学英语教学的实际情况，力图做到简明、形象、生动、实用、易学易用，具有一定的教学性、可操作性和示范性。

本次修订的内容主要有：

1. 在第四章增加了 5 项小学英语语音训练活动。
2. 在第五章增加了 5 项小学英语词汇训练活动。
3. 在第六章增加了 3 项小学英语语法训练活动。
4. 在第七章增加了 6 项小学英语综合技能的训练活动。
5. 在第九章增加了 4 项通过歌曲、童谣进行小学英语训练的活动。
6. 对原书的部分章节重新编排，新增了"英语动画电影教学"一章。
7. 在原第十章第四节"小学英语课堂教学与文化意识培养"中增加了"文化教学资料的选择""文化教学活动设计"等内容。
8. 将原第十一章"教学辅助技术与小学英语课堂教学"重新编写，改为"现代信息技术与小学英语教学"。删除了部分过时的内容，新增了"信息技术与小学英语教学""PPT 与小学英语教学""网络与小学英语教学""电子游戏与小学英语教学"等内容。
9. 删减了各章中个别案例教学活动。

本次修订由王电建、赖红玲共同完成。

诚恳希望使用本教材的教师和学生继续提出宝贵的建议和意见。

编　者
2014 年 8 月

第二版前言

《小学英语教学法》是根据教育部基教司［2001］02号文件《教育部关于积极推进小学开设英语课程的指导意见》于2002年出版，已多次印刷。出版后，编者一直使用这本书作为小学英语教法课的教材，并多次作为小学英语教师义务培训的资料使用。在教学和培训过程中，我们经常和一线英语教师一起商讨适合小学英语教学、符合小学英语教学实情的教学方法。很多一线小学英语教师对本书提出了宝贵的意见和建议，我们自己在使用过程中也发现部分有待改进之处，有些材料需要补充，因此我们决定做较大程度的修订。这次修订的原则及内容是：

1. 保持原书编写的原则，即内容尽量贴近小学英语教学的实际情况，力图做到简明、形象、生动、实用、易学易用，具有一定的教学性、可操作性和示范性。

2. 在第二章增加了第三节"小学英语教学的目标与要求"。

3. 在第十章增加了第四节"小学英语课堂教学与文化意识培养"；第五节"小学英语课堂中教学管理技巧"；"小学英语教案示例"。

4. 增加了第十一章"教学辅助技术与小学英语课堂教学"。

5. 增加了第十二章"小学英语教师与科研"。

6. 增加了附录1"教育部关于积极推进小学开设英语课程的指导意见"；附录2"小学英语语音项目表"；附录3"小学英语课堂教学用语"。

7. 删减了第四、五、六、七、八、九各章中已经陈旧的案例教学活动，增加了一些实用性较强的教学活动。

《小学英语教学法》（第二版）中的最新教学理论和实践方面的内容，与我国基础教育课程改革以及小学英语教学所倡导的理念及方法相一致，英语教学理论深入浅出，教学内容全面丰富，教学案例具体实用，教学活动形象生动、易学易用，具有一定的教学性、可操作性和示范性。

本书可供小学英语教师、教师培训者、教育学院和师范院校英语教育专业学生使用。

本书主编为王电建、赖红玲。王电建负责全书统稿及第二、四、五、六、七、八、九章的修订及撰写,赖红玲负责第一、三、十、十一、十二章的修订及撰写,巩艳聘参与了第十、十一章的部分修订及撰写。

诚恳希望使用本教材的教师和学生对我们提出批评指正。

编　者
2006 年 7 月

第一版前言

教育部基教司[2001]02号文件《教育部关于积极推进小学开设英语课程的指导意见》指出：为了贯彻党的十五届五中全会和第三次全国教育工作会议的精神，进一步落实"教育要面向现代化，面向世界，面向未来"的战略指导思想，教育部决定，把小学开设英语课程作为21世初基础教育课程改革的重要内容。

小学阶段就开设英语课程，这是培养优秀人才的必要举措，也是今后发展的必然方向，在全民中普及英语，培养更多的外语人才已成为一项战略任务。目前，少儿英语教学社会需求量大，而师资、教材跟不上；在小学英语教学方面缺少一本实用性的指导书，也没有小学英语教师继续教育方面的教学研究实例；在儿童英语教学上，一直没有摸索出一条既适合儿童身心发展，又能使儿童轻松愉快地学习和掌握英语的途径。而且，英语教学的发展与教育理论和实践的发展有脱离的现象。这种状况使我国的小学英语教学既面临着改革与发展的机遇，也面临着十分严峻的挑战。

针对这样的挑战和机遇，针对小学英语教学的特殊性和其教学特点，根据国内外儿童英语教学法的论著和编者多年从事小学英语教学法课程教学和研究的基础上，我们编写了这本《小学英语教学法》，旨在帮助广大小学英语教师的教学，为他们的教学提供一定的指导和借鉴，促进小学英语教学方法的研究。

全书共十章。第一章绪论，研究小学英语教学的意义及其理论基础和学习方法。第二章论述了小学英语教学的特点和原则。第三章综述了一些主要的外语教学流派在我国小学英语教学中的具体应用。第四、五、六、七章研讨小学英语教学中语音、词汇、语法和听、说、读、写的具体教法，并分别提供了相应的教学活动和游戏案例。第八、九章研究了简笔画、童谣和儿歌在小学英语教学中的具体应用、应注意的问题及具体的游戏案例。第十章综述了小学英语课堂教学的组织。本书内容贴近小学英语教学的实际情况，力图做到简明、形象生动、实用、易学易用，具有一定的教学性、可操作性和示范性。

承蒙北京教育学院外语系王松美、林继玲两位教授审阅全部书稿，并为本书的编写给予大力支持和帮助，敬致谢忱。

本书由王电建、赖红玲共同编写。由于编写时间仓促,编者水平有限,书中不当之处,在所难免,诚请读者批评指正。

编 者

2002 年 1 月 6 日

目 录

第一章 绪论 ··· 1
　第一节　小学英语教学的意义及目的 ·· 1
　第二节　研究和学习小学英语教学法的意义及方法 ································ 2
　第三节　小学英语教学法中的语言观、学习观、教育观、哲学观 ············· 3
第二章 小学英语教学的特点和原则 ··· 7
　第一节　小学英语教学的特点 ·· 7
　第二节　小学英语教学的基本原则 ·· 11
　第三节　小学英语教学的目标和要求 ··· 14
第三章 外语教学法主要流派在小学英语教学中的应用 ····························· 24
　第一节　外语教学法主要流派简介 ·· 24
　第二节　外语教学法主要流派在小学英语教学中的具体运用 ················· 27
第四章 怎样教语音 ·· 31
　第一节　小学英语语音教学的意义 ·· 31
　第二节　小学英语语音教学的原则 ·· 32
　第三节　小学英语语音教学活动的内容和方法 ···································· 34
　第四节　小学英语语音教学中的游戏活动案例 ···································· 48
第五章 怎样教词汇 ·· 63
　第一节　小学英语词汇教学的意义和内容 ·· 63
　第二节　小学英语词汇教学的原则 ·· 64
　第三节　小学英语词汇教学的方法 ·· 67
　第四节　小学英语词汇教学中的游戏活动案例 ···································· 83
第六章 怎样教语法 ·· 93
　第一节　语法教学在小学英语教学中的位置 ······································· 93
　第二节　小学英语语法教学的原则 ·· 94
　第三节　小学英语语法教学的方法 ·· 95
　第四节　小学英语语法教学中的游戏活动案例 ·································· 100

第七章　怎样教听、说、读、写 … 109
第一节　小学英语教学中听、说、读、写教学的意义及原则 … 109
第二节　小学英语教学中听、说、读、写教学的方法 … 110
第三节　小学英语教学中听、说、读、写的游戏活动案例 … 118

第八章　简笔画教学 … 129
第一节　教学简笔画概论 … 129
第二节　教学简笔画的基本训练和基本技法 … 130
第三节　教学简笔画在小学英语教学中的应用 … 138
第四节　教学简笔画示例 … 142

第九章　英语童谣、歌曲教学 … 147
第一节　英语童谣、歌曲教学的意义和作用 … 147
第二节　英语教学中童谣、歌曲的选择 … 148
第三节　英文童谣、歌曲的教法 … 151
第四节　童谣、儿歌典型教学案例示范 … 156

第十章　英语动画电影教学 … 183
第一节　小学英语教学中使用动画电影的作用和意义 … 183
第二节　英语动画电影的选择 … 184
第三节　动画电影在小学英语教学中的应用 … 185
第四节　小学英语教学中动画电影的教法 … 188
第五节　小学英语教学中使用动画电影应注意的事项 … 190

第十一章　现代信息技术与小学英语教学 … 194
第一节　信息技术与小学英语教学 … 194
第二节　PPT 与小学英语教学 … 200
第三节　网络与小学英语教学 … 238
第四节　电子游戏与小学英语教学 … 245
第五节　希沃白板与小学英语教学 … 248

第十二章　小学英语课堂的组织 … 255
第一节　怎样备课 … 255
第二节　怎样编写教案 … 259
第三节　怎样上课 … 262
第四节　小学英语课堂教学与文化意识培养 … 269
第五节　小学英语课堂中教学管理技巧 … 277

第十三章　小学英语教育研究 … 287
第一节　小学英语教育研究的原则 … 287

第二节　小学英语教育研究的方法 …………………………………… 288
第三节　小学英语教育研究课题的选择 ………………………………… 296
第四节　小学英语教育研究中的文献综述 ……………………………… 298
第五节　小学英语教育研究方案的设计 ………………………………… 300
第六节　小学英语教育研究成果的表述 ………………………………… 302

附录 1　语音项目表 ………………………………………………………… 306
附录 2　小学英语课堂教学用语 …………………………………………… 308
主要参考书目 ………………………………………………………………… 312

第一章 绪 论

第一节 小学英语教学的意义及目的

当今世界,是以信息技术为主要标志的科技时代。人类科学技术的迅猛发展,社会生活的信息化以及经济的全球化,使英语日益成为国际交流的重要工具。在我国,随着改革开放的深化,特别是在加入WTO的新形势下,英语作为我国对外开放和与各国交往的重要工具,其作用也日益显著。学习和掌握英语不再只是对少数人提出的口号,它已成为新世纪公民素质合理构成的一个成分。事实上,英语语言素质已成为现代社会、现代人的标志。在小学开展英语教学,是从根本上落实教育部《全国教育事业九五计划和2010年发展规划》,使教育事业适应未来需要的精神,适应我国基础教育从"应试教育"向"素质教育"的转变要求,使学生在轻松活泼的气氛中愉快地学习和使用英语,为培养"面向现代化,面向世界,面向未来"的高素质人才奠定根基。

儿童心理学、儿童语言习得理论等的研究成果为我们在小学开设英语课程提供了科学的依据。对儿童的研究表明:儿童时期是人的世界观、价值观发展的初级阶段,也是发展思维能力和形成认知方式的重要阶段。不同的教育内容和方式以及不同的环境对以上因素的发展和培养有重大影响,因此这一阶段儿童的发展具有较大的可塑性。对外语学习的影响主要表现在:只要家长或老师适当地引导,儿童很容易对外语产生兴趣;儿童在这一时期容易培养有效的外语学习策略以及良好的学习习惯;在这一时期由于儿童心理负担轻,因害羞、胆怯、焦急等心理因素带来的副作用较小,他们敢于开口,积极参与活动,有利于创造轻松愉快的学习环境;儿童思想单纯,态度积极,生动活泼的学习方式和贴近他们生活的学习内容很容易调动他们的学习积极性,引发学习动机。以上这些对儿童的外语学习都非常有利,加之其在这一阶段有模仿力强、记忆力好等优越条件,因此,只要根据实际情况,制订相应的教学计划,采用相应的教学方法,就一定会为儿童实现人的可持续发展、人的主体精神的自我完善和发展奠定坚实的语言基础,为其成才满足文化素质的要求打下根基。

根据第三次全国教育工作会议"建立新的基础教育课程体系"的要求,国家制定了《英语课程标准》,对中小学英语课程提出了明确的质和量的规则。按照《英语课程标准》,结合小学英语教学的自身特点,小学阶段的英语学习目标(教学目标)是:通过听、说、玩、看等教学活动,激发和培养学生的学习兴趣,使其养成良好的学习习惯;通过学习使学生获取对英语的一些感性认识,掌握一定的语言基本技能,培养初步运用英语进行听、说的交际能力;开发智力,发展包括观察、记忆、思维、想象等内容的思维能力;培养学生建立科学的世界观、人生观、价值观,对通过英语传递的思想、文化、情感等有初步的跨文化认知的意识;培养学生的爱国主义精神以及世界公民的意识。

第二节 研究和学习小学英语教学法的意义及方法

小学英语教学法是研究小学英语教学规律的一门科学,是研究小学英语教学的全部过程及其规律的一个科学体系。研究的基本内容包括:小学英语教学的指导思想,小学英语教学的性质,小学英语教学原理、教学目的、教学内容、教学原则、教学过程、教学形式、师生关系以及教学方式、方法、评价手段等。

在我国,随着2001年秋季英语课程在全国城乡小学中开始设置,研究和学习小学英语教学法具有广泛的意义。

首先,研究和学习小学英语教学法,是我国小学英语教学实践的需要。众所周知,没有理论指导的实践是盲目的实践。小学英语教学是一项实践性很强的活动,它的开展在我国才刚开始不久。我国的小学英语教学实践能否科学合理地正常进行离不开小学英语教学法为其提供的科学理论指导,离不开搞小学英语教学的教育工作者对其的研究和学习。只有通过学习和研究小学英语教学法,掌握小学英语教学法存在和发展的客观规律和特征,用以指导我们的教学实践,我们的小学英语教学才能更加规范化、合理化和现代化,广大的英语教育者才能在遵循小学英语教学规律的基础上,发挥巨大潜能和创造力,保证教学质量。

其次,研究和学习小学英语教学法是提高小学英语教师素质、促进小学英语教学工作的需要。小学英语教学在我国刚开展不久,许多小学英语教师对小学英语的教学目的、教学原则缺乏足够的认识,教学方法多套用原有的陈旧的英语教学法,教学要求各异,故学生成绩差别和波动较大。如何有效地解决好上述问题,全面提高小学英语教学质量,刻不容缓地摆在了我们面前。为此,小学英语教师需要通过对小学英语教学法开展系统的研究和学习,掌握大量先进的英语教学理论,提高自身理论水平。在基本的先进的教学法理论指导下,结合儿童身心特点和认知规律,进行理论与实践的探讨,边教边学边研究,不断总结经验,选择和运用,甚而创新出行之有效、适应小学英语教学实践的教学方法,为全面实施素质教育、提高小学英语教学质量开辟有效途径。

小学英语教学法是一门理论与实践相结合的专业课。要学好这门课必须讲究方法。① 理论与实践相联系。理论来源于实践,反过来又指导实践活动的开展。小学英语教学法是研究小学英语教学全过程及其规律的科学,它的最终目的是用于指导我们的教学实践,而小学英语教学法也在教学实践中不断发展、充实和完善。因此要学好小学英语教学法,必须加强理论与实践的联系,用理论指导实践,在实践中练习、巩固和掌握教学法的基本知识以及在各种情况下可使用的具体方法、方式和技巧。② 采用对比系统法。现代英语教学法的流派众多、理论各异。各种教学法都有自身的特点和优缺点,因而在学习时,不宜采用全盘肯定或否定的态度,而应采用对比系统法。所谓对比系统法就是分析研究各派产生和发展的过程,了解其教学思想,加以分类,从整体上把握各学派及其相关教学法的一切方面,针对不同阶段、不同的教学对象,借鉴使用不同的方法,使英语教学取得最佳效果,达到整体优化,建立适合中国国情的英语教学法体系。③ 多读一些有关教学法的书籍、杂志,包括语言学、心理学、教育学等方面的论著。小学英语教学法同其他教学一样,是一门相对独立的新兴的边缘科学,它主要依据哲学、教育学、语言学、心理学和社会学等多学科的科研成果和理论,对小学英语教学过程中出现的各种现象和问题做科学的分析和解释,并总结、概括出小学英语教学的规律,形成自身独立的科学体系,从而指导小学英语教学的实践。因而要学好小学英语教学法,学习者要尽可能多读相关学科的书籍,开阔视野,拓宽思路,使小学英语教学法这门学科的学习更加活泼、深广。

第三节 小学英语教学法中的语言观、学习观、教育观、哲学观

小学英语教学法是从小学英语教学实践中发展起来并不断完善的,但它同时又依靠多种学科对它进行推进,受多种学科的影响并从中汲取滋养。下面我们将从语言学、心理学、教育学、哲学等方面来考察各学科对小学英语教学的影响。

一、语言观

小学英语教学的内容是一种语言,如何教语言必然涉及人们对人类语言和语

言活动本质的认识,即人们的语言观,它直接影响到具体教学原则的制定、教学方法的设计等。所以,探讨语言最基本的本质特征和属性,有助于我们对小学英语教学法的研究和学习。

目前,我们可以肯定语言有如下几个本质特征:

(1) 语言是人类最重要的交际工具。语言是社会交际需要和实践的产物。语言在交际中才有生命。人们在使用语言过程中才能真正学会使用语言。

(2) 语言是一个符号系统。它由两方面组成:形式和意义。整个语言系统是个符号关系的系统,而符号间的关系在一种语言中是绝对的。社会交际的需求构成潜在的意义系统,社会意义系统通过语义系统得到实现;语义系统通过语法系统以语音的形式得到实现。语音系统本身也是一个规则极其严密、丰富的系统。语言系统内部由各种分支系统组成。系统内部各符号单位之间都处在纵向和横向,即聚合和组合关系中。各语言单位之间和分支系统之间既相互独立又相互依赖。

(3) 语言是人类的思维工具和文化载体。人类思维依赖语言这个工具,而语言又是思维过程和结果的体现。人类的思维方式必然要在语言中反映出来,而语言结构和习惯又在一定程度上反作用于思维方式和习惯。语言是文化信息的代码,一种语言的历史,可以说也就是该民族思维活动和文化发展的历史。

(4) 语言是一种有声音、有形象的可感物质,它有特殊的生理基础。

从以上语言的本质中我们可以得出结论:任何语言教学,必须把语言作为一种交际工具教给学生,因为只有在实际交际过程中,学习者才能真正理解学习语言的目的,才能真正学会运用语言进行交际;必须把语言作为一种符号系统来教,因为只有通过对语言形式及其组合规律的分析,学习者才能认识其规律性和系统性,掌握并灵活运用规则,创造性地运用该语言进行交际活动,满足其实际的交际需要,使其对该语言的学习更经济、有效。

此外,语言是一种可感的有声物质,它具有特殊的生理基础。我们可利用此属性,通过一系列有趣的听、说活动,对眼、耳、口、手的有意义的操作,增强学生对语言学习的兴趣。同时,英语所隐含的语言规则也伴随着物质操作在大脑中形成,学生在大量操作中逐步认识、掌握拼写规则、语法规则、语用规则,直至灵活运用。

最后我们还需注意:教一种语言必须讲解其负载的文化知识和思维方式。因为语言是思维的工具、文化的载体,学习一门外语就意味着学习跨文化的交际,学习另外一种思维方式和习惯。任何偏离原有文化传统和习惯的行为都有碍于我们对该语言的学习和运用。

二、学习观

教学是教师和学生的双边活动,教师要想知道如何"教",先要知道学生如何

"学"。只有把"教"建立在"学"的基础上,才能取得良好的教学效果。学生是怎样学英语的?学生学习英语的活动是一个复杂的生理和心理活动,影响其英语学习的主要因素包括学习者的学习动机、心理素质及个人学习方法。

学习者的学习动机指的是学习者积极主动学习的心理状态,表现为渴求外语学习的强烈愿望和求知欲,是直接推动外语学习的一种内部动因。教师如果能引导学生把个人需求和社会需求有机结合起来,必将激发学生学习外语强烈的愿望,保证其外语学习的主动性与持续性。

学习者个人的心理素质对英语学习也有很大影响。学习者能否客观地分析自身的特点,在英语学习中扬长避短,能否在学习中承受一定的学习压力和竞争压力,能否与他人和睦相处、宽容、尊重他人,利用环境中有利因素充实、完善自己,这都会影响其英语成绩、交际能力能否得到较快发展和提高。因而,怎样利用非智力因素对学习的影响,是教师在教学中需重视且亟待解决的问题。

学习者的学习方法是影响学习者学习成果的直接因素。外语学习者在着眼于语言知识和言语技能学习的同时,还应注意学习方法的掌握和学习能力的完善。科学的英语学习不把学英语仅看做模仿或者记诵,而是语言习惯的强化和形成、语言模式的领悟和掌握、语言规则系统的研究和概括,在运用中全面发挥人的学习潜力。因而英语学习是多方面多层次的。学习者必须根据自身特点,吸取书本及他人的经验,反复实践,总结出一套科学的适合自己的行之有效的学习方法。

三、教育观

小学英语教学是整个素质教育的一个组成部分,应该反映人们对教育的认识。

从小学英语的教学目的来看,小学英语教学不仅包含了以英语交际功能为标志的语言教学目的,还包含了全面发展的教育目的。全面发展即指在教英语中培养人,在培养人中教英语,促进英语学习者在德、智、体、美、劳诸方面的素质培养,这体现了"教书育人"的教育思想。

从教师的作用来看,教师在整个小学英语教学过程中起绝对的主导作用。虽然现代外语教学理论研究越来越强调"以学生为中心"组织教学活动的原则,但是如果因此而低估甚而忽略小学英语教师在整个外语教学过程中的地位和作用,就走上了一条极端之路。事实上,小学英语教学是全体学生必须在教师指导下的言语实践活动。这种教育观对小学英语教学有着原则性指导意义和实践价值。从这一角度出发,小学英语教师是否具备良好的素质决定了小学英语教学目的是否能得以顺利实现。作为一名小学英语教师,应具备哪些方面的素质才能保证小学英语教学的质量呢?

首先,小学英语教师必须热爱英语教学,对教学工作有高度的责任心,爱自己的学生,对学生一视同仁,平易近人,谦虚和蔼。任何教师只有充满爱生之情,充满责任心,才能换赢得学生的尊敬和爱戴,才能焕发学生的学习积极性,激励学生的学习上进心。

其次,小学英语教师必须掌握扎实的语言基本功和必要的语言基本知识。小学英语教师必须具备英语语音、词汇、语义、语用方面的知识,必须具备较高的英语听说读写的技能;另外,还必须具备一定的现代语言学方面的知识,用以指导教学实践。

再次,小学英语教师还应掌握一定的教育基本理论和教学基本技能,有较强的教学组织能力和教育实施能力。小学英语教师必须具备心理学尤其是教育学和教学法方面的理论知识,熟悉教学组织的步骤和基本的教学原则,具备能唱、会画、会制作、善表演的综合教学技能;具备运用传统的和现代化的教学辅助工具和手段进行教学的能力,使之更好地为英语教学服务。

最后,作为一名合格的小学英语教师,还应具备较高的人品修养和令人愉快的性格。小学英语教师的性格因教学的需要,应该比较外向,活泼热情,风趣幽默,耐心宽容,同时又冷静、沉着。这样才能把教学组织得井然有序,生动活泼,使学生在愉快的学习氛围中提高学习效率。

四、哲学观

从哲学上讲,世界观即是方法论。马克思主义哲学思想体系中辩证统一的观点、发展变化的观点、实践的观点是英语教学实践的最高原则、最大的方法,是认识的普遍规律。我们要在这些思想指导下进行小学英语教学,研究小学英语教学中的各种问题,并在国内外外语教学的现有成就的基础上,不断发展和完善具有我国特色、适合我国国情的小学英语教学法体系。

在具体的教学实践中,在教学法的具体选择和运用中,把握"教书育人"是大根本,因材施教是总原则。小学英语教学应依据国家教育方针、大纲教学目标,培养学生的全面素质,增强学生自我教育、自我学习的能力;注意教学阶段的特点、教学内容的不同,学生的年龄阶段的不同心理特征以及教师本人的特点,学校教学设备和条件以及教学法适用的"经济性",努力使教学过程达到最优化的标准。

第二章　小学英语教学的特点和原则

第一节　小学英语教学的特点

一、儿童语言习得的理论

小学英语教学的对象是儿童,所以了解小学英语教学的特点,必然涉及儿童语言习得的理论。作为一个语言教学的工作者,我们应该了解:儿童的语言能力是先天具有还是后天习得?儿童在语言习得过程中是主动的创造者还是被动的模仿者?……为了弄清楚这些问题,我们搜集整理了学者们因对这些问题所做的不同解释而形成的各种关于儿童语言习得的观点和理论,以帮助广大小学英语工作者进一步探索儿童学习的特点。

1. 环境论

环境论强调环境和学习对语言获得的决定性影响。环境论有以下几种:

(1) 模仿说

阿尔波特(Allport)首先提出传统模仿说,认为儿童学习语言是对成人语言的临摹,儿童的语言只是成人语言的简单翻版。

乔姆斯基(Chomsky)和其他一些学者强调儿童在语言习得过程中的主动性和创造性,并对模仿在语言获得中的作用进行了研究。他们认为:① 如果要求儿童模仿某种与儿童已有的语法水平距离较大的语法结构,儿童不能模仿,他总是用自己已有的句法形式去改变示范句的句型,或顽固地坚持自己原有的句型;② 儿童经常在没有模仿范型的情况下产生和理解许多新句子,具有创造性,而且按语言能力的发展顺序说,理解总是先于产生,即在儿童能说出某类句子之前,已能理解该类句子,也就是说理解是产生的基础。

怀特赫斯特(Whitehurst,1975)等主张对传统的模仿概念加以改造,提出了"选择性模仿"的新概念,他们认为儿童学习语言并非是对成人语言的机械模仿,而是有选择性的。儿童能够把范句的句法结构应用于新的情境以表达新的内容,或将模仿到的结构重新组合成新的结构。

(2) 强化说

强化理论源于巴甫洛夫(Pavlov)的条件反射和两种信号系统的理论,认为语言的发展是一系列刺激反应的连锁和结合。布龙菲尔德(Bloomfield)把语言定义为一系列刺激和反应:听到的,看到的,感觉到的东西是刺激,说出的话是反应,有什么样的刺激就会有什么样的反应,可以用公式 S(刺激)—R(反应)表示。

斯金纳(Skinner)把儿童的语言获得看成是刺激—反应—强化的过程。在这一过程中,儿童对一个刺激做出正确的反应就会得到成人的强化(口头赞许或物质上的满足),这就增加了在类似情境中做出正确反应的可能性。成人的赞许往往是用话语表达,这些话语往往与特定情境相联系,因此成人的话语就成为有区别意义的刺激,既是下一个反应的刺激,又是对反应的强化因素,儿童就这样学到了语言。

2. 先天决定论

先天决定论否定环境和学习对语言获得的决定因素,强调先天禀赋作用。

乔姆斯基提出的先天语言能力说认为:决定人类幼儿掌握说话的因素不是经验和学习,而是在于人的先天掌握语言规则的能力,即语言能力,这是一种能将头脑中已经具有的普遍语法规则转换为母语语法规则的能力。

勒纳伯格(Leneberg)的自然成熟说从生物学和神经生理学的角度认为:生物的遗传素质是人类获得语言的决定因素,语言以大脑的基本认识功能为基础;语言是人类大脑功能成熟的产生物,因而语言的获得必然有个关键期,约从 2 岁左右开始到青春期(11—12 岁)为止。

3. 认识相互作用论

以美国心理学家斯洛(Slov)和瑞士心理学家皮亚杰(Piaget)为代表的一派主张从认知结构的发展来说明语言的发展。他们既重视先天因素,也重视后天因素,认为儿童的语言是在先天因素与后天因素相互作用之中发展起来的。其主要观点如下:

- 语言是儿童许多符号功能中的一种。符号功能是指儿童应用一种象征或符号来代表某种事物的能力。研究儿童的语言获得,不能脱离符号功能的整个情境,符号功能的出现预示着真正语言的到来。
- 认知结构是语言发展的基础,语言结构随着认知结构的发展而发展。由于儿童的认知结构发展顺序有普遍性,相应地,儿童的语法结构发展顺序也具有普遍性。
- 语言的发展通过同化和顺应过程——用熟悉的形式去理解不熟悉的话语(言语理解),用熟悉的结构去创造新的用法(言语产生)与认知发展整合在一起。

4. 社会相互作用论

社会相互作用论把相互作用因素扩大到社会环境、认知发展、语言知识和先天成熟因素，是这些因素相互依赖相互作用共同促进儿童的语言发展。该理论把儿童及其语言环境看做一个动态系统，认为儿童不是语言训练的被动受益者，而是一个有着自己意图和目的、积极主动的语言加工者。该理论也重视模仿的作用，认为儿童可以通过模仿来推测语言假设。

5. 博采众长，为我所用

从以上对儿童语言习得理论的简单介绍中可以看出，心理语言学界对儿童语言习得问题的研究已经取得了丰富的成果。尽管如此，我们在教学中仍要把各种理论与自己的经验及实际情况结合起来，得出自己对儿童语言习得问题的看法，尤其是通过对儿童语言习得理论的学习、了解，帮助我们在儿童外语教学中选择有效的教学方法。

二、儿童的外语学习

从儿童获得言语的过程来看，其获得言语的规律大致表现为：言语获得要具有正常的头脑，需要正常的语言环境，离不开模仿，依赖于认知的发展。儿童掌握母语和外语的规律虽说是一致的，但学习的途径却有很大差异。这具体表现为儿童母语和外语的学习差异，儿童心理和年龄特征方面的差异。

1. 儿童母语和外语两种语言学习的差异

儿童从出生之日起就生活在一个母语环境中，因此儿童掌握母语的过程主要是通过习得（acquisition）这一途径，即它的学习常常是一种无意识的过程，儿童在习得母语的时候通常并不意识到自己在学习一种语言，而只知道在自然的交际中或多或少地运用这种语言，因此这是一种不明显的、非正式的、自然的学习。

儿童掌握外语的过程则主要是通过学习（learning），即儿童是在一种有意识创造的外语环境中学习。这种学习必须通过成人或教师有意识地强化教导，儿童刻意地去模仿、记忆，才能了解把握语言的基本语音、语义、语法结构和规则。因此，儿童掌握外语的学习过程是一种明显的、正式的学习。

由于儿童学习母语和外语的环境不同，学习的效果也就不大相同。因此，小学英语教学中，教师要千方百计地创造、设计一些真实或半真实的语言情景，让儿童尽可能轻松、愉快、自然地在实际运用中掌握英语，让他们在尽可能创设的英语环境中，通过听听做做、唱唱玩玩，尽可能多地"习得"英语，积累一定的英语语言材料，然后逐步增加"学得"英语的活动，帮助学生从不自觉、无意识地"习得"英语逐步过渡到自觉、有意识地"学得"英语。

另外，小学阶段的儿童对母语的习得已基本完成。对母语的学习从发音到书写，从外部语言结构到内部都趋于成熟，已经建立了一套使用母语的语言习惯。在这种情况下，再学习与母语完全不同的一种语言，必然要产生一定干扰。母语对儿童学习外语的干扰主要表现在以下几个方面：

（1）发音和语调上

外语的学习是建立一套新的、独立自主的言语系统的过程，每种语言都有它自己独立的语音、词汇、语法系统。刚刚接触外语时，儿童已建立了一套母语的语音系统，外语反应系统尚未建立、固定，外语语音、语调的差异处于泛化阶段。要想让儿童学习到准确的外语发音、流利的外语语调，必须对儿童进行强化训练，培养其对外语的语感，与母语错开，不受母语语音习惯的支配和影响。

（2）语法上

儿童在组织外语句子时，常常会用母语的句子关系代替外语的句法关系。

从本质上讲，儿童外语的学习过程是从领会语言、掌握语言开始到自发言语结束的过程；而母语的习得是从自发地、模仿地使用语言开始，到自觉地领会语言、随意掌握语言而结束的。因此，在外语教学中要特别注意领会的重要作用，要重视对语言的感知，使儿童对新的语言材料有浓厚的学习兴趣和愿望，要借助直观、具体、生动、形象的语言背景，针对儿童的特点呈现语言内容，使儿童通过对感知所获得的感性语言素材进行加工改造，在大量的语言实践和反复练习中更准确地掌握外语语音、词汇、语法、句型、习惯用语等基本规律。

2. 儿童的心理和年龄特征对外语学习的影响

心理和年龄特征的差异是造成外语学习结果差异的两个重要因素。在小学英语教学中，儿童心理、年龄特征及其对外语学习的影响大致可归纳如下：

（1）可塑性强

儿童的这一年龄特征使得他们容易接受或改变一些观念，容易培养浓厚的学习兴趣、良好的学习策略和习惯。和成人相比，他们对新鲜事物的接受要快得多、主动得多；对固有的一些习惯、观念改正起来也比较快，就好像一张白纸好画画，就看教师怎样引导。从这个角度来说，儿童学习外语具有一定的优越性，因为本民族的语言、文化系统虽已建立，但尚未在他们身上根深蒂固，因此对他们外语学习的负面影响相对少一些。但也有不利的一面，可塑性强了，自控能力却很差，不像成人那样能够自觉地学习，控制自己，克服困难，他们总是难以长时间集中注意力。因此，在小学英语教学中，教师要针对儿童这一特征不断变化活动方式，以吸引学生的注意力，使他们对学习保持兴趣，因为对儿童来说，保持兴趣比培养兴趣更重要。

（2）模仿能力强

儿童的模仿能力远远超过成人，尤其在语言方面。成人在学习外语时，总是改不了家乡口音,地方味很浓。儿童能很快掌握新语言的发音方法,他们不是有意去纠正自己的发音,而是无意中就能模仿到纯正的英语语音语调,所以在小学英语教学中,如果教师的发音准确、口语流畅,孩子一般都能做到很相像的模仿,这一点往往使成人望尘莫及,成为儿童学习英语的一大优势。

(3) 机械记忆能力强

语言学习中,有很多在逻辑上毫无关联的内容,是靠多次重复,不断地机械记忆去识记它们。对此,许多成人感到束手无策,发出外语难学的感慨。儿童虽然缺乏成人所特有的抽象思维能力,缺乏意义识记,但他们的机械记忆能力很强,或许某些东西他们理解得不是很透彻,但经过反复实践,他们也会记得很清楚,弥补了思维能力不够完善这一缺陷。同样的几个毫无关联的数字放在一起,比如说电话号码,往往孩子比成人要记得多,记得好。

(4) 心理负担轻

儿童在学习英语的过程中,无论是社会、家庭,甚至他们自己,都不会给自己很大压力,他们学英语既不是为了参加考试,也不是为了参加评选。在孩子们的意识中,没有太多太复杂的学习目的,他们的心理压力少,可以在轻松的环境中学习。他们的情感因素比较简单,不会对外语、外国人、外国文化产生负面消极影响,思想单纯,态度积极,没有压力,学习起来会感到轻松、愉快。

因此,在小学英语教学中,要充分考虑儿童的心理和年龄特征,根据实际情况,制订相应的教学计划,采用相应的教学方法。

第二节 小学英语教学的基本原则

英语教学原则是根据英语教学的目的和任务,在教学理论指导下,经过长期探索、积累而总结出来的典型教学经验。它们是英语教师在教学中处理教材、选用教学方法的依据,是提高教学质量的指针,也是完成英语教学活动的指导。小学英语教学中所遵循的教学原则,必须针对小学英语教学的目的、任务、教学对象的年龄特征和教学规律来制定。

一、情境匹配原则

儿童学习外语与学习母语的一大差异便是没有真实的语言环境。因此,在小学英语教学中,最好能做到单词、句子、话语与语言环境相匹配。儿童的思维特点具有极强的"具象性"(具体、形象)。根据这一特点,在英语教学中应利用直观、形象的手段来创设情境,人为地有意识地创设、优化有利于儿童发展的外界环境。儿童在教师语言的支配下,置身于特定的情境中,利用直观使抽象的知识具体化、形象化,有助于学生感性知识的形成,激发学生的学习情绪和学习兴趣,使学习活动成为学生主动的、自觉的活动。

情境匹配原则要求在教学过程中引入或创设许多生动、形象的场景,为学生提供更多的感知对象,使学生身临其境,触景生情,见情思意,能加深感性知识,增加学生课堂实践的广度、密度和浓度。因此,实物、图片、简笔画、幻灯等直观手段应在小学英语教学中经常使用,使语言符号形象化,既有助于儿童对英语词汇的理解和记忆,又能使英语教学活动生动活泼,丰富多彩。只有使语言同语言情境密切匹配,才能使学生把语言和它表达的情境直接联系起来,使学生在情景中学,在情景中用,在情景中理解。比如:在"动物名称"这样的单元里,最好的语言环境应该是动物园,孩子不仅记住了 tiger,peacock 等,而且记住了它们各自的形象、生活习性等其他常识。再如教单词时让学生看幻灯,耳听录音,使学生感知英语单词的过程为:图像——声音——意义,教课文时让学生看幻灯,同时听录音,让学生在视听时抓住文章大意,并能复述或回答有关视听内容的事实类或理解性问题。

二、扩充性原则

引导儿童从已有的语言水平向最近语言发展区前进,较为常用的方法是对儿童的话语进行适宜的扩充,也就是说,从甲原型为基础学习的语言单位再迁移到相关的其他实物上。比如,老师在教"香蕉"这个词时,可以用实物做下列问答活动。

教师:"这是什么?"
学生:"这是香蕉。"(引出基础词"banana")
教师:"banana 是什么颜色?"
学生:"banana 是黄色的。"(引出扩充词"yellow")
教师:"banana 是蔬菜吗?"
学生:"不,是水果。"(引出扩充词"fruit")
……

甚至可以扩充到句子。通过扩充,儿童可以掌握其语言单位的各种用法,并掌握与之有关的一些句式、句型和句类,从而提高语言能力和语言运用能力。

三、交际性原则

英语教学的目的是培养学生掌握听说读写的言语交际能力。语音、词汇、语法、句型结构,是学习言语交际能力不可缺少的语言材料,并有助于掌握交际能力。言语交际能力主要通过言语交际活动才能实现。交际活动应紧密联系学生的生活实际,符合所学语言国家的文化生活、风俗习惯,并力求根据交际性原则努力创造学习英语的环境,特别是在呈现新句型时要注意设计情景,充分运用幻灯、图片、简笔画、表演对话等形式,只有贯彻交际性原则,课堂教学模式才会真正成为动态模式。

四、活动性、趣味性原则

小学英语课是实践活动课,而不是知识课。小学英语课中的每一个教学步骤,都是一个活动,整节课就是由各种不同的活动组成的"活动包"。因此在设计课时,要围绕实践活动,注意密度、深度和趣味性、多样性。所谓密度,就是教师充分利用课堂时间,合理分配教学内容,注意教学效果,进行密集快速的活动形成教学高潮。所谓广度,就是活动要面向全体,让全体学生都动起来,融入教学实践活动之中,每节课学生的活动面尽可能地大一些。所谓深度指教学实践活动要由浅入深,由易到难,由机械模仿到灵活交际。兴趣是最好的老师,是最基础的学习动力和源泉。因此教儿童学外语,首先要注意教学活动的趣味性和多样性,培养他们的学习兴趣。所谓趣味性、多样性,指教学活动要借助各种直观、形象手段,寓教学实践于游戏、歌曲等儿童喜闻乐见的形式之中,调动学生各种感官的功能,让学生动口、动手、动耳、动眼、动脑,使学生在说说、唱唱、做做、听听、认认、读读、玩玩中对英语发生兴趣,从而获得对英语语感的培养,提高听说读写的初步能力。在实践活动中,学生要积极"动",老师要善"诱","诱"与"动"配合默契,顺利完成教学实践活动。

五、视听说与读写结合的原则

英语教学应根据不同的对象,不同的阶段,提出不同的目的要求,分阶段培养。根据小学英语教学目的和任务要求:在小学阶段以培养听说能力、朗读能力和基本书写技能为主,在小学高年级兼顾阅读和写作能力的培养。教学要采用视听说领先,读写及时跟上的方法。

在英语教学实践中,听说读写既是教学目的又是教学手段。只有正确处理了四者之间的关系,让学生能力全面发展,才能掌握教学的主动性,防止盲目性,从而提高教学效果。

六、尽量用英语上课,同时恰当地借助母语

中国学生能接触到的全英语环境较少,因此,学习英语一开始就应尽量用英语,争取尽早创造一个完全的英语氛围,以利于培养学生对英语的语感,加速掌握用英语表达思想的能力。在小学低年级,使用英语组织教学很困难,因为学生知道的英语不多,教师可以用身体语言来说明一些教学用语,也可利用母语帮助组织教学,但不宜过多。同时,教师也应要求学生在英语课程上尽量使用已学过的英语,

学生有困难自我表达时,可以告诉他们使用简单的一个词来表达,以助理解。另外,在讲解抽象的语言知识,解释文化背景,对比较复杂的词汇、语法现象进行归纳总结,检查学生是否掌握、理解教学内容时,恰当地借助母语教学,讲解易为学生理解和掌握。用英语组织教学,可尽量使用学生已学过的单词、句型,尽可能用同义词或反义词替换已学语言,用的词、句型应尽量简单,同时借助板书、手势、表情、动作、直观图片、简笔画等手段来降低语言难度,让学生能够听懂,加强交际效果。

七、重复性原则

小学英语教学中的单音音素、拼音、词汇、语法,主要通过句子来操练,句子主要在句子和话语的语流中来进行教学。词汇、语法、句型只有在句子和话语中反复操练运用才能被理解和掌握。而儿童学习的一大特点是,他们喜欢多次重复听、唱、说他们已熟悉的儿歌、童谣、往事,喜欢玩他们已玩过多次的游戏,喜欢做机械性的重复。利用儿童的这一特点,在小学英语教学时应注意前后内容的衔接、连贯,注意从旧知识中逐渐引出新知识,学习新内容时复习以往学过的内容,温故而知新,新中有旧,旧中有新。这样一方面可以使新内容比较自然,不会影响儿童的学习兴趣;另一方面,也使学生学到的英语语言知识技能得到连续强化,使他们的语言知识学习像滚雪球一样不断增多,从而起到巩固的作用,也保持了儿童学习英语的自信心。

第三节 小学英语教学的目标和要求

根据中华人民共和国教育部2022年制定的《义务教育英语课程标准(2022年版)》,通过本课程的学习,小学阶段英语课程目标是以学生语言能力、文化意识、思维品质、学习能力四个方面为基础,培养学生的英语综合语言运用能力。

义务教育英语课程分为三个学段,各学段目标设有相应的级别,即一级建议为3~4年级学段应达到的目标,二级建议为5~6年级学段应达到的目标,三级建议为7~9年级学段应达到的目标。

义务教育英语课程各学段分级目标结构如下:

三级——九年级毕业时应达到的要求
二级——六年级毕业时应达到的要求
一级——四年级结束时应达到的要求

在英语课程内容上兼顾小学英语开设起始年级区域差异,设置预备级和三个

"级别+"(见下图)。预备级主要满足1~2年级教学需要,以视听说为主。"级别+"为学有余力的学生提供选择。对各"级别+"的内容要求用"+"标识(中华人民共和国教育部,2022)。

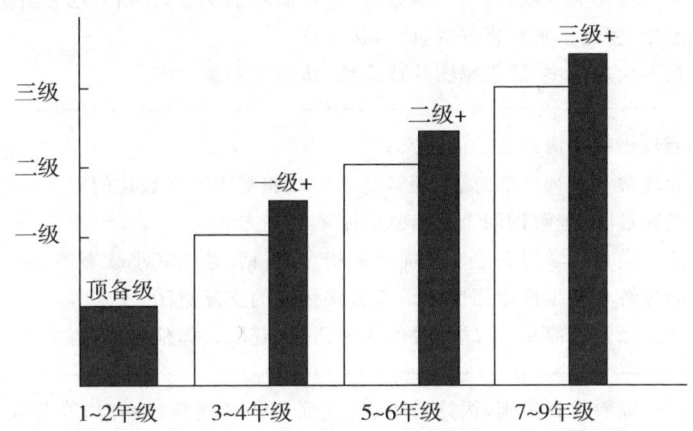

一、小学英语课程学段目标

小学英语课程各学段目标之间具有连续性、顺序性和进阶性。基于语言能力、文化意识、思维品质、学习能力四个方面的小学英语课程学段目标如下表所示(中华人民共和国教育部,2022):

1. 小学英语语言能力学段目标

级别	表现	目标描述
一级	感知与积累	能感知单词、短语及简单句的重音和升降调等; 能有意识地通过模仿学习发音; 能大声跟读音视频材料; 能感知语言信息,积累表达个人喜好和个人基本信息的简单句式; 能理解基本的日常问候、感谢和请求用语,听懂日常指令等; 能借助图片读懂语言简单的小故事,理解基本信息; 能正确书写字母、单词和句子。
	习得与建构	在听或看发音清晰、语速较慢、用词简单的音视频材料时,能识别有关个人、家庭,以及熟悉事物的图片或实物、单词、短语; 能根据简单指令作出反应; 体会英语发音与汉语发音的不同; 能借助语音、语调、手势、表情等判断说话者的情绪和态度; 能在语境中理解简单句的表意功能。

(续表)

级别	表现	目标描述
一级	表达与交流	能围绕相关主题,运用所学语言,进行简单的交流,介绍自己和身边熟悉的人或事物,表达情感和喜好等,语言达意; 在书面表达中,能根据图片或语境,仿写简单的句子。
二级	感知与积累	能领悟基本语调表达的意义; 能理解常见词语的意思,理解基本句式和常用时态表达的意义; 能通过听,理解询问个人信息的基本表达方式; 能听懂日常学习和生活中简单的指令、对话、独白和小故事等; 能理解日常生活中用所学语言直接传递的交际意图; 能读懂语言简单、主题相关的简短语篇,获取具体信息,理解主要内容。
二级	习得与建构	在听或看发音清晰、语速适中、句式简单的音视频材料时,能获取有关人物、时间、地点、事件等基本信息; 能识别常见语篇类型及其结构; 能理解交流个人喜好、情感的表达方式; 能根据图片,口头描述其中的人或事物; 能关注生活中或媒体上的语言使用。
二级	表达与交流	能围绕相关主题,运用所学语言,与他人进行简单的交流,表演小故事或短剧,语音、语调基本正确; 在书面表达中,能围绕图片内容或模仿范文,写出几句意思连贯的话。

2. 小学英语文化意识学段目标

级别	表现	目标描述
一级	比较与判断	有主动了解中外文化的愿望; 能在教师指导下,通过图片、配图故事、歌曲、韵文等获取简单的中外文化信息; 观察、辨识中外典型文化标志物、饮食及重大节日; 能用简单的单词、短语和句子描述与中外文化有关的图片和熟悉的具体事物; 初步具有观察、识别、比较中外文化的意识。
一级	调适与沟通	有与人交流沟通的愿望; 能大方地与人接触,主动问候; 能在教师指导下,学习和感知人际交往中英语独特的表达方式; 能理解基本的问候、感谢用语,并作出简单回应。

(续表)

级别	表现	目标描述
一级	感悟与内化	有观察、感知真善美的愿望； 明白自己的身份，热爱自己的国家和文化； 能在教师指导下，感知英语歌曲、韵文的音韵节奏； 能识别图片、短文中体现中外文化和正确价值观的具体现象与事物； 具有国家认同感，对中华优秀传统文化感到骄傲。
二级	比较与判断	对学习、探索中外文化有兴趣； 能在教师引导下，通过故事、介绍、对话、动画等获取中外文化的简单信息； 感知与体验文化多样性，能在理解的基础上进行初步的比较； 能用简短的句子描述所学的与中外文化有关的具体事物； 初步具有观察、识别、比较中外文化异同的能力。
二级	调适与沟通	对开展跨文化沟通与交流有兴趣； 能与他人友好相处； 能在教师引导下，了解不同文化背景下人们待人接物的礼仪； 能注意到跨文化沟通与交流中彼此的文化差异； 能在人际交往中，尝试理解对方的感受，知道应当规避的谈话内容，适当调整表达方式，体现出礼貌、得体与友善。
二级	感悟与内化	对了解中外文化有兴趣； 能在教师引导下，尝试欣赏英语歌曲、韵文的音韵节奏； 能理解与中外优秀文化有关的图片、短文，发现和感悟其中蕴含的人生哲理； 有将语言学习与做人、做事相结合的意识和行动； 体现爱国主义情怀和文化自信。

3. 小学英语思维品质学段目标

级别	表现	目标描述
一级	观察与辨析	能通过对图片、具体现象和事物的观察获取信息，了解不同事物的特点，辅助对语篇意义的理解； 能注意到不同的人看待问题是有差异的； 能从不同角度观察周围的人与事。
一级	归纳与推断	能根据图片或关键词，归纳语篇的重要信息； 能就语篇信息或观点初步形成自己的想法和意见； 能根据标题、图片、语篇信息或个人经验等进行预测。

(续表)

级别	表现	目标描述
一级	批判与创新	能根据个人经历对语篇内容、人物或事件等表达自己的喜恶； 初步具有问题意识，知晓一问可有多解。
二级	观察与辨析	能对获取的语篇信息进行简单的分类和对比，加深对语篇意义的理解； 能比较语篇中的人物、行为、事物或观点间的相似性和差异性，并作出正确的价值判断； 能从不同角度辩证地看待事物，学会换位思考。
二级	归纳与推断	能识别、提炼、概括语篇的关键信息、主要内容、主题意义和观点； 能就语篇的主题意义和观点作出正确的理解和判断； 能根据语篇推断作者的态度和观点。
二级	批判与创新	能就作者的观点或意图发表看法，说明理由，交流感受； 能对语篇内容进行简单的续编或改编等； 具有问题意识，能初步进行独立思考。

4. 小学英语学习能力学段目标

级别	表现	目标描述
一级	乐学与善学	对英语学习感兴趣、有积极性； 喜欢和别人用英语交流； 乐于学习和模仿； 注意倾听，敢于表达，不怕出错； 乐于参与课堂活动，遇到困难能大胆求助。
一级	选择与调整	能在教师帮助和指导下，制订简单的英语学习计划； 能意识到自己英语学习中的进步与不足，并作出适当调整； 能尝试借助多种渠道学习英语。
一级	合作与探究	能在学习活动中尝试与他人合作，共同完成学习任务； 能在学习过程中积极思考，发现并尝试解决语言学习中的问题。

(续表)

级别	表现	目标描述
二级	乐学与善学	对英语学习有较浓厚的兴趣和自信心； 能积极参与课堂活动，注意倾听，大胆尝试用英语进行交流； 乐于参与英语实践活动，遇到问题积极请教，不畏困难。
	选择与调整	能在教师指导下，制订并完成简单的英语学习计划，及时预习和复习所学内容； 能了解自己英语学习中的进步与不足； 能在教师指导下，初步找到适合自己的英语学习方法； 尝试根据学习进展调整学习计划和策略； 能借助多种渠道或资源学习英语。
	合作与探究	能在学习活动中与他人合作，共同完成学习任务； 能在学习过程中认真思考，主动探究，尝试通过多种方式发现并解决语言学习中的问题。

二、小学英语课程教学中的语言学习要求

1. 小学英语课程教学中语言技能的学习要求

级别	技能	学习要求
一级	听做	1.能根据听到的词语识别或指认图片或实物； 2.能听懂课堂简短的指令并做出相应的反应； 3.能根据指令做事情，如：指图片、图颜色、画图、做动作、做手工等； 4.能在图片和动作的提示下听懂简单的小故事并做出反应。
	说唱	1.能根据录音模仿说英语； 2.能互相致以简单的问候； 3.能互相交流简单的个人信息，如：姓名、年龄等； 4.能表达简单的情感和感觉，如：喜欢、不喜欢； 5.能根据表演猜测意思、说词语； 6.能唱英语儿童歌曲15—20首，说歌谣15—20首； 7.能根据图、文说出单词或短语。
	玩演	1.能用英语做游戏并在游戏中用英语进行简单的交际； 2.能做简单的角色表演； 3.能表演英文歌曲及简单的童话剧。

(续表)

级别	技能	学习要求
一级	读写	1. 能看图识字； 2. 能在指认物体的前提下认读所学词语； 3. 能在图片的帮助下读懂简单的小故事； 4. 能正确书写字母和单词。
	视听	1. 能看懂语言简单的英语动画片或程度相当的教学节目； 2. 视听时间每学年不少于 10 小时(平均每周 20—25 分钟)。
二级	听	1. 能在图片、图像、手势的帮助下，听懂简单的话语或录音材料； 2. 能听懂简单的配图小故事； 3. 能听懂课堂活动中简单的提问； 4. 能听懂常用指令和要求并做出适当反应。
	说	1. 能在口头表达中做到发音清楚、语调达意； 2. 能就所熟悉的个人和家庭情况进行简短对话； 3. 能运用一些最常用的日常套语； 4. 能在教师的帮助下讲述简单的小故事。
	读	1. 能认读所学词语； 2. 能根据拼读的规律，读出简单的单词； 3. 能读懂教材中简短的要求或指令； 4. 能看懂贺卡等所表达的简单信息； 5. 能借助图片读懂简单的故事或小短文，并养成按意群阅读的习惯； 6. 能正确朗读所学故事或短文。
	写	1. 能模仿范例写句子； 2. 能写出简单的问候语； 3. 能根据要求为图片、实物等写出简短的标题或描述； 4. 能基本正确地使用大小写字母和标点符号。
	玩演视听	1. 能按要求用简单的英语做游戏； 2. 能在教师的帮助下表演小故事或童话剧； 3. 能表演歌谣或简单的诗歌 30—40 首； 4. 能唱英语歌曲 30—40 首； 5. 能看懂英文动画片和程度相当的英语教学节目，每年不少于 10 小时(平均每周不少于 20—25 分钟)。

2. 小学英语课程中语言知识的学习要求

级别	知识	学习要求
一级	语音	识别并读出 26 个大、小写字母； 感知字母在单词中的发音； 感知简单的拼读规则，尝试借助拼读规则拼读单词； 感知并模仿说英语，体会单词的重音和句子的升调与降调。
	词汇	知道单词由字母构成； 借助图片、实物理解词汇的意思； 根据视觉或听觉提示，如图片、动作、动画、声音等，说出单词和短语； 根据单词的音、形、义学习词汇，体会词汇在语境中表达的意思。
	语法	在语境中感知、体会常用简单句的表意功能； 在语境中理解一般现在时和现在进行时的形式、意义、用法； 围绕相关主题，在语境中运用所学语法知识描述人和物，进行简单交流。
二级	语音	借助拼读规则拼读单词； 使用正确的语音、语调朗读学过的对话和短文； 借助句子中单词的重读表达自己的态度与情感； 感知并模仿说英语，体会意群、语调与节奏； 在口头表达中做到语音基本正确，语调自然、流畅。
	词汇	在语境中理解词汇的含义，在运用中逐步积累词汇； 在特定语境中，运用词汇描述事物、行为、过程和特征，表达与主题相关的主要信息和观点； 能初步运用 500 个左右单词，就规定的主题进行交流与表达，另外可以根据实际情况接触并学习三级词汇和相关主题范围内 100—300 个单词，以及一定数量的习惯用语或固定搭配。
	语法	在语篇中理解常用简单句的基本结构和表意功能； 在语境中理解一般过去时和一般将来时的形式、意义、用法；在语境中运用所学语法知识描述、比较人和物，描述具体事件的发生、发展和结局，描述时间、地点和方位等。

三、目标要求和相应的教学活动案例

目标要求（一级）

能根据听到的词语识别或指认图片或实物。

教学活动案例
（案例1）
  Listen and stick.
  Listen and number the pictures.
  Listen and point.
  Listen and tick.

目标要求（一级）
能根据指令做事情，如：指图片、图颜色、画图、做动作、做手工等。
教学活动案例
（案例2）
  Listen and colour.
  Listen and mime.
  Listen and draw.
  Listen and draw the child's face.

目标要求（一级）
能互相交流简单的个人信息，如：姓名、年龄等。
教学活动案例
（案例3）
  Make an investigation. Then ask and answer in pairs.
  Let's ask and answer in pairs.

目标要求（二级）
能就所熟悉的个人和家庭情况进行简短对话。
教学活动案例
（案例4）
  Talk about Nick and Mark.

目标要求（二级）
能根据要求为图片、实物等写出简短的标题或描述。
教学活动案例
（案例5）
  Listen and fill the numbers. Then write the words below the pictures.

目标要求(二级)
能按要求用简单的英语做游戏。
教学活动案例
(案例 6)
  Look and remember.
  Close your book and play the game.

目标要求(二级)
能在教师的帮助下表演小故事或童话剧。
教学活动案例
(案例 7)
  A musical play.
  Story time.
  Act it out.

目标要求(二级)
能表演歌谣或简单的诗歌 30—40 首。
教学活动案例
(案例 8)
  Say the chant.
  Listen to the poem. Then read it out.

第三章 外语教学法主要流派在小学英语教学中的应用

第一节 外语教学法主要流派简介

一、直接教学法(Direct Method)

直接教学法的方式很多,但总的要求有以下几点:

(1) 课堂的全部活动,包括教师的指令和学生的回答,全部要用英语来进行;

(2) 采用直观手段来教词汇;

(3) 从口语入手,强调语音教学的重要性;

(4) 语法规则是从大量的课堂实践中归纳出来的;

(5) 强调用英语讲解,但不完全排斥母语。当教师发问学生回答,反复几轮之后,教师认为语法目标集中了,学生的回答已提供了充足的例证,他便可以用母语对有关语法规则扼要地加以概括和总结;

(6) 学习英语必须进行大量的、控制的、有目的的模仿练习。

二、听说法(Audiolingual Method)

听说法是在行为主义心理学派和英语结构派语法的影响下兴起的,该教法的语言基础是以布龙菲尔德(Bloomfield)为代表的结构主义和描写语言学。听说法强调模仿,重视句型教学和口语能力的培养,采用以对话为体裁的教材,主要以训练学生听和说的语言实践能力为目的。

听说法又叫模仿记忆法(Mim-mem Method),因为在对话形式的课文中包含了一课要教的语法结构和词汇。教师先示范对话,让学生听,然后要求学生模仿和记忆这些对话。对话的听说训练之后,教师从对话中摘出一定的结构,带领学生做大量的句型操练。句型操练的目的是强化学生的语言习惯以求达到运用自如。句型操练一般有四种形式:简单重复、替换练习、转换练习、套用句型练习。

听说法的特点是：
(1) 重视听、说能力的培养；
(2) 强调语言的实践性；
(3) 以句型教学为中心；
(4) 初学阶段强调语音和结构，其次才是词汇；
(5) 要学习人们日常说的口语；
(6) 通过大量的听说操练，培养新的语言习惯；
(7) 及时纠正错误，使学生养成正确运用外语的习惯。

三、情景教学法(Situational Approach)

情景教学法又称视听法，是由南斯拉夫大学语音研究所主任古希里纳(Guberina)于 1954 年提出。该教学法利用电视、电影、录像、录音等电教设备重现实际生活情景，使学生身临其境，耳闻其声，目睹其形，通过具体情景学习外语，培养对外语的逻辑思维、理解和形象感知能力。

情景教学法是以行为主义心理学为理论基础，把英语归纳为刺激—反应—强化的过程，即通过幻灯图像和英语录音刺激视听感官，学生做出模仿反应，并进行反复强化训练，形成自动化习惯。语言和情景相结合，创造出类似语言习得的学习过程，在情景中先学会口语，再学会书面语。

情景教学法主张：
(1) 先听后说，听说结合；
(2) 强调语言情景的作用；
(3) 重视整体结构的对话教学；
(4) 强调用英语教英语以培养英语语感。

四、交际教学法(Communicative Approach)

交际教学法产生于 20 世纪 70 年代初期，是西欧的一种培养语言交际能力的教学体系。该教法主张：外语教学内容的安排需针对外语学习者对外语的特定需要，语言的社会交际功能是语言的主要功能，强调以语言的功能意念和交际活动为内容。

理解交际教学法的主要教学原则，需注意以下几点：

1. 运用交际法的目的

运用交际法的目的在于使学生具有交际能力。交际能力包括能在提供的社会背景下恰当地运用语言，即学生要有语言形式、意义和功能方面的知识，并且能够运用这些知识在不同的场合中对不同的对象选择适当的形式，进行有效的、成功的交际。

2. 教学过程交际化

强调整个教学过程是一个交际过程,运用外语组织以学生为中心的教学活动。

- 教师扮演的角色是课堂活动的组织者、管理者、顾问,是学生学习语言的促进者,同时也是参与交际活动的交际者。学生首先是交际者,是教学活动的中心,在教师所提供的交际活动中学会交际,学会英语。
- 每个教学活动都有一个交际意图,使学生通过交际活动运用大量的语言知识。如:游戏、扮演角色和解决问题。
- 教学活动的练习形式多样。交际法注重学生—教师和学生—学生之间的相互作用,采用二人、三人、小组和全体的相互交流形式。
- 强调语言的流畅性。交际法要求鼓励学生从初学阶段就能运用所学语言流畅表达思想,进行交际,认为学生犯语言错误是正常的,不强调教师随时纠正学生的错误,以免分散学生的注意力。
- 教学活动中强调文化在学习语言中的作用。为了恰当地表达意图,达到成功交际,学生必须了解和掌握操目的语的本族人的文化背景——日常生活方式、习俗、宗教、礼仪。
- 教学活动中强调目的语的重要性,但不完全排斥母语的使用。

五、信息认知法(Cognitive-Code Method)

信息认知法是在完形心理学派和乔姆斯基的转换生成语法的影响下兴起的一种教学法。它类似于语法—翻译法,不同在于语法—翻译法以发展学生英语的读写能力为目标,而信息认知法力求发展学生听说读写的语言实践能力。

该教学法主张先用学生的母语对英语语法规则加以解释说明,然后做语法练习,帮助学生有意识地实践这些语法规则。要求教师要充分调动学生的思维能力,实行对英语语法规则严格的监控。语法练习之后,教师要组织学生进行大量的语言活动,如对话、游戏、扮演某一情景中的角色等,以提高学生语言的流利程度和实用能力。

六、TPR(全身反应)教学法

这种方法基本上是教师用英语发号施令,学生按指令做出反应的动作。教师在上课前,将教学内容设计成一系列指令性语言项目,然后请学生对这些语言项目用身体做出反应。其教学总目标是:训练初级程度的外语口语能力,注重听力理解并将其作为培养基本口语技能的一种手段。

TPR 的创立者阿歇(Asher)将这种方法的理论依据概括如下:

（1）学生对口语理解能力的培养应先于说话；
（2）学生应通过身体对语言的反应动作来提高理解力；
（3）学生通过身体动作反应来感受语言，内化语言，从而加深对语言的记忆。通过对听到的语言材料的理解，内化了目标语言的认知结构，到一定的时候自然会开口说话。

TPR教学法所遵循的原则：
（1）TPR采用以句子为单位的教学，注重语言的意义而不是语言形式、语法概念及语法规则，通过归纳法施教；
（2）学生主要通过教师的指令获得听英语的能力；
（3）通过轻松愉快的活动让听英语的能力达到"内在化"后，再让学生开口说英语。

七、自然教学法（Natural Approach）

自然教学法是由德国外语教学法家贝利兹（Berlitz）创立的，他主张在外语教学中力求创造与幼儿学习母语的自然环境相仿的环境（条件），并采用与幼儿习得母语相一致的自然方法。

自然教学法有以下几条原则：
（1）教师在课堂上只讲英语，用实物、教具、图表设法使自己说的话让学生听懂，通过各种直观手段教一切新的语言现象，用联想方法教抽象词语；
（2）全部新的语言材料首先由教师口头传授，先听说，后读写；教材安排遵循由具体到抽象、由近及远、由易到难的原则；
（3）教师设计各种活动，激发学生的学习兴趣，吸引学生的注意力，尽可能为他们提供语言素材，让学生自然地受到英语的熏陶；
（4）自然教学法把概念思想与英语说话声音直接联系起来，整个教学是以"语义"为纲，不是以"语法"为纲；
（5）学生作答时所犯的错误，如果不直接影响对话的进行，教师一般不予纠正，让教师自然熏陶，让英语能力自然发展；
（6）家庭作业中要安排语法练习内容，作业中的错误要逐一纠正。

第二节 外语教学法主要流派在小学英语教学中的具体运用

"教学有法，教无定法。"各种各样的教学流派的产生、发展都有其可借鉴的一面,但也不可全盘照搬,因为没有某一种教学法可以适合整个外语教学过程。每个教师要根据自己所教的实际情况,借各流派的精华之处,创造性地运用适合自己的操作性强的教学方法。最近几年来,我国中小学外语教师针对小学生天真活泼、好唱好跳、争强好胜、模仿能力强、记忆力好、听觉灵敏等特点,不失时机地利用儿童智力发展的最佳期,积极挖掘教材,钻研大纲,研究出了一些适合小学英语课堂教学的、具体的可操作的教学方法;并针对小学生的年龄特征,在这些方法中加进了一系列轻松、愉快、有趣的教学方法。这些方法有机地结合起来,既重形式,又重实际效果,更重把儿童愉快的学习方法带进课堂。本节将主要介绍近几年来在我国小学英语教学中,广大小学英语教师和研究工作者所创造的适合我国小学英语教育的一些具体的方法。

一、形象直观法

运用生动的语言或借助实物、图片、模型、标本、幻灯等直观性教具,充分调动学生多种感官的参与,使他们在看得见、听得到、摸得着的教学过程中学习知识,发展思维,培养能力。如利用挂图、简笔画或幻灯创设一个语言情景来教"The Cock and the Fox"一课。可以把整个故事设计成四幅图,每幅图提供一个情景,教师可逐幅图用英语讲解,并组织学生就图画练习词汇、句型,进行问答、复述,然后把四幅图画用英语串起来,做综合练习。学生可以不打开课本,只在图画提供的情景中,在教师的带领和指挥下听说,就能充分理解故事的意义,掌握词汇句型,并能讲述整个故事,使学生产生亲切感,印象深刻,效果好。

二、愉快游戏法

游戏是儿童的天堂,做游戏可以满足他们爱动好玩的心理,使注意力不但能持久、稳定,而且注意的紧张程度也较高。游戏,是最受儿童喜爱的一种活动,也是英语课堂教学的一种好形式。在游戏中,教师结合教材内容在课堂上做英语游戏,采用游戏方法讲授和巩固知识,把知识寓于游戏中,如在游戏中运用语法结构练习词汇、套用句型等。游戏种类很多,在小学英语课堂中就可有听、说、读、写、语音、语调、词汇、语法等几大游戏训练种类,只要教师运用得当,就可以为课堂创造一种适合小学生身心健康的、轻松愉快的气氛,有效地防止学生疲劳和产生厌烦情绪,充分调动学生的积极性,提高教学效果。

三、情境表演法

根据教材的内容,创设生动有趣的情境,通过扮演角色表演,让学生受到形象化的感染,既能加深学生对教材的理解,又符合儿童爱玩好动的心理特征。表演既可以是分角色会话表演,也可以是制作简单道具,在讲台上表演。再如"The Cock and the Fox"一课,在教授完后,可以通过制作动物的面具和简单道具——一棵大树,让学生三人一组上台表演。这种方法可以使演的、听的、看的学生全部进入角色,在表演中巩固所学知识。

四、电化教学法

  电化教学是利用现代科学技术来教学。它具有形、声、光、色等特色,能优化教学过程。利用电化手段,可以有效地创设情景,可以使抽象的内容具体化,静态的内容动态化,复杂的内容简单化,深难的内容通俗化。小学阶段的儿童对具体、形象、鲜明的内容比较感兴趣,符合小学生的心理规律,有利于调动学生学习英语的积极性。

  电教法是英语教学不可缺少的手段。一般都是利用录音带组织学生模仿,提高语音、语调的准确性和流畅性。也可利用幻灯、录像、多媒体来让学生边看、边听、边说、边写,充分调动学生用耳、用眼、用手、用嘴的积极性,使学生养成见景生情、情中有感、有感即说的大胆用英语表达思想的习惯。

五、趣味练习法

  利用教学内容设计一些有趣的活动,使小学生产生一种积极情感,这对促进学生思维的发展有很大的作用。人在愉快时则感知比较敏锐,记忆力比较牢固,想象比较活跃。在教学中,设计这样一些富有趣味的活动,能使学生在愉快的气氛中学习。比如,针对小学生爱猜谜语的特点,教师把一些教材内容编成谜语,让儿童猜谜巩固所学知识,既可调动其积极性,也可通过对谜语的分析、综合培养其思维能力。有位老师在学过字母之后编出了以下谜语,帮助学生记忆字母:

三合一(打一大写字母) （Y）
一条曲折的人生之路(打一字母) （S）
半把剪刀(打两个小写字母) （d p）
幼苗初绽(打一小写字母) （r）
永远走不完的路(打一元音字母)(o)

六、轻松音乐法

  针对小学生喜欢唱歌、跳舞,教师可以把一些教学内容有机地改编成教学歌曲,让学生在哼一哼、唱一唱、跳一跳的活动中记忆单词、套语等,因为好的节奏和旋律已经和有关教学的歌词一块儿记住了。也可以把一些教学内容编成富有节奏的童谣、儿歌,让学生用说唱的形式背诵,这种形式文字简练,容易上口,好读,好记。在教唱、跳、说唱时,也可利用表情、动作和手势,使教学活动有声有色,有动有静,充满欢乐,引导学生学会记住语言知识。(具体内容见第九章)

七、鼓励、表扬法

儿童的好胜心、自尊心强,爱表现自己,好表扬。针对这些特点有意使用激励手段,激发他们的兴趣。教师要随时注意发现小学生的闪光点并予以肯定,使学生产生一种愉快的感情体验,它会有效地支持学生奋发向上,最大限度地调动学生的积极性,使其不断体会到学习进步的喜悦,从中得到心理上的满足。

八、真实运用任务法

运用任务就是需要学生通过学习来完成运用英语的任务,如给学生一项任务,学生需要学习如何完成这项任务以达到运用语言的目的。这项任务应该语用真实,语境真实,语义真实,符合学生真实兴趣;针对学生真实困难,大多应是交际性、运用性的任务,而且应该是经常变化,不断调整的。我们可以运用的任务很多,如:用英语给外国人打电话、用英语谈话、留言、发通知、发出邀请、问候、告别,听英语报告,按字母顺序为人名、地名、国家名排序,填英文表格、查英文字典……

九、其他

广大英语教师和教育工作者还摸索创造了许多类似的教学法,比如:图片对比法、动态图片法、故事感染法、快乐教学法、情趣教学法、活动教学法、问答法……所有这些方法各有千秋,形式各异,但总的思路和原则都是一致的,即针对小学生的年龄、心理和生理特征,在教学过程中有目的地引入或创设一定情绪色彩的、以形象性、趣味性、愉快性和可操作性为主体的生动具体的活动,注意发挥情感作用,充分调动学生的积极性,激发学生学习英语的兴趣,使学生轻松愉快地掌握英语,学会运用英语。

第四章　怎样教语音

第一节　小学英语语音教学的意义

作为交际工具的语言首先是有声语言，文字只不过是有声语言的记录符号，语音作为语言存在的物质基础，不仅是语言的本质，也是语言教学的基础。语言丢掉了语音，就成了死的语言，它的交际作用将受到极大的限制。如果一个人发音不准，语调不顺，听别人谈话或别人听自己的谈话，都会有困难。相反，如果一个人学好了语音，有了正确的发音，流利的语调，就能运用该种语言进行顺利的交际，即能够准确、迅速地听懂别人的说话，也能够自如地表达自己的思想。例如，不了解英语语音、语调的知识，下面的交际就无法完成。

A：Would you please turn down the radio a little bit?
B：Sorry.　↓　(No, I don't want to.)
B：Sorry?　↑　(Pardon, what did you say?)
B：Sorry.　→　(A normal apology)

学好语音不仅是言语交际活动的需要，也是学好英语的基础。在语言三要素中，词汇和语法都是通过语音这个物质外壳表现出来。学不好语音，说明语音基本技巧自动化程度不够，它将严重影响以后的教学进度，影响学生的语言能力和学习能力的发展。词汇、语法和听、说、读、写的教学，无不受到阻碍。事实证明：英语语音好的学生，他们能利用单词的拼写规律识记单词，听、说、读的能力强。目前英语学习严重分化的现象和入门阶段是否打好语音基础直接相关。

因此，英语语音教学是入门阶段英语教学的关键。英语语音是英语的本质，学习英语无不从学其发音开始。英语语音训练要贯彻始终，从一开始就要严格要求，使学生养成良好的发音习惯。

第二节　小学英语语音教学的原则

一、示范性

有效的指导和示范,对学生来说即要注意观察、理解,以便于模仿。

语音教学时,教师首先要示范发音,让学生通过观察教师示范的口型,听教师的示范发音,来感知英语的语音、语调,为学生在语音的表达上提供模仿的榜样。听示范音是模仿发音的先导,听准了才能仿得像,发得准。

做好语音示范,应注意以下几点:

(1) 教师的语音示范要做到口型正确,发音清楚准确,语调基本合乎标准。

(2) 示范原则上由教师承担,也可利用电教设备、直观发音口型图、模型等。

(3) 在示范时,教师的角色是"组织者"和"示范表演者",学生的角色是"被组织者"和"观察、模仿者",认真听,仔细观察,做到听得清,看得见,仿得像。

(4) 教师应站在学生都看得见的位置,也可要求学生用照镜子的方法来观察,对照口型发音。

(5) 运用示范方法时,应结合讲解,边示范边讲解应注意的要点和难点,讲解要适时、适量、适度,做到具体、简单、明了。

示范步骤如下:

单音示范──→结合单词示范──→对比其他音示范──→书写到黑板上示范──→讲解怎样发音──→学生集体模仿──→学生单个模仿──→教师纠正,练习

二、模仿性

在有效的示范和指导的基础上进行模仿是习得语言最有力的手段,对语音教与学来说,尤其重要。模仿在心理上是一个随着感知进行再现或尝试的过程。离开了模仿几乎可以说不可能掌握任何语言。小学英语语音教学的目的只在于让小学生实际学会发音,只要能正确发音并不要求对每个音做出科学的解释。因此通过简单的模仿能够正确发出的那些音位,使用直接模仿就可以了。对一些较难掌握的音,还需在讲解的基础上,让学生理解发音的部位和有关特点后再进行自觉模仿。利用这个特点来练习发音,是最基本的也是最有效的方法。只有通过模仿,狠抓练习,才能培养学生良好的听音、辨音和发音的能力。

儿童学习发音,是靠模仿来形成反应的,这种最初的反应必须经过多次的重复才能巩固。因此,每学一个新的词音都要及时让他们重复练习,通过练习,既提高

他们听觉的感受性,使之辨别出语音的细小变化,区别正确的和错误的发音,又能牢固地掌握词的发音。

模仿练习时,应注意以下几点:

(1)模仿应先集体后个别,先低声后高声或高声、低声交替进行。

(2)在听得清,发得准的基础上,借用所学词汇在理解的基础上多次练习。

(3)模仿练习的方式方法要多样化,避免枯燥乏味。对小学生最好运用游戏方法,效果比较好。

(4)教师发现学生模仿练习时出现的缺点,要及时指导、纠正。对于学生错误的发音,不要重复,不要给予强化,以免引起错误的模仿。同时也不能责怪和取笑学生,以免学生害怕而不敢说话。教师要耐心地正面指导,纠正并给予鼓励。

(5)对个别沉默寡言的学生,教师要多和他交流,加强个别指导。

三、对比性

教师通过对英英、英汉语音系统的对比,使学生体会英语语音的特点,觉察出特点,然后按照读音差异进行教学,这种方法的优点在于让儿童一开始就注意、区别汉语语音和英语语音的差异,形成准确的英语读音,有利于学生正确的模仿。如,把新学的英语语音和已学过的相近的或有关的英语语音进行对比;也可对比英语语音和相近的汉语语音,指出两者在发音方法和部位上的细微不同。这样,学生对新的语音就容易掌握和模仿了。比如,用最小派对对比英语单词 will 和 well,听并找出其差异;再如有位老师采用与汉语拼音区别的对照法学习 g, h, w, y, r 这五个辅音字母中的辅音音素(见下表)。

	汉语拼音	英语音素
g	发 g(哥)时,声带不振动,如 ge ge(哥哥)	发[g]时,声带要振动
h	发 h(喝)时,舌根和软腭发生摩擦	发[h]时,没有摩擦,很像喘气声
y	在 yao(药),ye(叶)中 y 的读音与英语字母 y 的读音[j]不同	y 读[j],声带振动,有摩擦
w	发 w(乌)时(如吴,五),常将上唇轻抵下唇	发[w]时双唇收圆并稍突出
r	发 r(日)时,舌端向上腭卷起	发[r]时,舌端向上齿后部卷起,双唇突出

四、整体性

小学英语教学中的语音教学的整体性体现在以字母带音标,以音标学单词,以单词学句子或以句子学单词,以单词带音标,以音标带字母,字母音标一体教学,字母、音素、单词三位一体教学,音标词汇归类教学等互相渗透,反复循环。

小学英语教学中的语音教学具有全面性,语音知识不仅包括字母、音标、句子,而且包括重音、停顿、连读、失去爆破、语调、节奏等。在日常交际中,人们所听到的话语不是一个个单个的字母、音标,而是把音素、节奏、语调统一起来的句子。小学英语教学的目的之一是培养学生的英语语感,培养对听、说的感性认识,这样需要小学英语教师在教学时既要练好单音,更要始终注重在英语语流中练习语音和语调。

语音单项(字母、音标等)本身没有意义,只有将他们有规律地结合起来,和词汇、语法一起作为一个整体才能表示意义。入门阶段的语音教学仅是一个重要的开始,培养语音熟练的工作不可能在语音阶段结束;特别是语音、语调的训练,只能随着语言材料的增加逐渐增加,要学好英语语音、语调,还需在入门阶段以后继续在其他英语教学方面(课文、句型)不断加强训练,进一步学习语音,使语音、语调更加自然、流畅,逐渐合乎标准。

五、真实性

有的老师在教英语语音时,使用的语音和语调不自然,刻意模仿,不是在真实交际中应该使用的语音语调,而是唱读或其他形式的语音语调。这就容易使儿童在一开始学习英语时就养成不正确的语音语调习惯。因此,小学英语教师首先要注意自己语音语调的训练,其次要从语音教学的一开始就注意按照真实的交际形式教儿童读英语、说英语,千万避免那种在小学语文教学中广泛存在的拖着长腔的唱读,这不仅会导致儿童说不好英语,而且影响他们听力的提高。

第三节　小学英语语音教学活动的内容和方法

一、内容

小学英语语音教学的内容可包括以下几个方面:字母和音标的单音教学;单词的拼读教学;语调、连读、重音、意群停顿和节奏等语调、语流教学。小学英语语音教学的任务不是让小学生学些语音理论,而是教会小学生运用英语语音的基本知识,发展听、说、读、写的基本技能,培养对英语的语言感觉。

二、方法

1. 小学英语语音教学的常用方法

（1）示范—模仿法

教师运用示范，提出要求，让学生注意观察，认真模仿，对某些难发的音，采用边示范边讲解的方法。

（2）对比启发强化训练法

所谓对比启发就是教师在课堂上尽力启发学生去找出英语中音与音、字母与字母、单词与单词以及汉、英两种语言之间的联系，然后加强练习，加深理解，巩固记忆。如：有些学生常常把双元音[ai]、[ei]、[au]分别读成汉语拼音[ɑi]（埃）、[ei]（诶）、[ɑo]（熬）。对此，及时向学生指出，英语双元音和汉语二合韵母除音长不同外，它们的构成方式也不一样。通过这样的对比，学生就能排除本族语的负迁移，同时也利用它的正迁移作用纠正发音，找出容易混淆的内容，结合读、练，分清异同，通过各种练习，如比赛、分组、对练等强化记忆。

（3）归纳—演绎法

将符合同一读音规则的语汇归类来进行教学。这些词汇可能是已学过的，也可能是生词。归类通常可以多次重复，将一个单词在元音、辅音、重读音节、非重读音节中多次归类，归类的目的是帮助儿童掌握这些单词的读音，归纳之后再用演绎法操练。例如，教音素[əu]，先让学生说出学过单词中含有音素[əu]的单词如：go，no，rose，goat 等。然后，把元音字母和元音字母组合 o，o-e 和 o-a 归纳为[əu]再写出含有 o，o-e 和 o-a 的单词，要求学生练习发音。另外，对英语单词重音的规则、英语句子语调的规则进行分类总结，逐个强化操练，一开始就让儿童有良好的重音语感是很关键的。

（4）纠正鼓励法

教师对小学生发音上的缺点要及时指导、纠正，教给他们正确的发音，要耐心认真地正面诱导，并给予鼓励；不能责怪和取笑学生，不能复述学生的错句，以强化错误信息；要抓住时机，鼓励表扬，因为"好表扬"是小学生的一个重要心理特点，鼓励是促进学习的重要手段。在教学中教师要随时注意心理效应，要善于发现学生的闪光点并加以肯定，使学生产生一种愉快的情感体验，有效地支持学生奋发向上，最大限度地调动学生的学习积极性，增强克服困难的勇气，增添对学习的兴趣。

（5）自然拼读法

自然拼读法是根据语言发音的自然规则归纳而成的一种发音学习方法，它通过直接学习 26 个字母及字母组合在单词中的发音规则，建立对字母及字母组合发音的感知。它是根据"字母"本身代表的"发音"，以及不同"字母组合"的发音，找出相同的音源,做有条理、有系统的整合。通过认读字母及字母组合所代表的发音训练学生看到大部分单词立即直觉反应如何发音,锻炼学生的正确发音和独立音感,从而达到"看字读音,听音辨字"的效果。

英语是拼音文字,所有的词汇都是由 26 个字母拼出来的,而在成千上万的不同拼法中,基本发音因素却只有 39—47 个,这说明 26 个字母与基本音素间是有着一定的关联的。例如:b—ball; d—dog; f—fish; bl—black, blame, bless, blue; st—stop, stack, stay, step, still; squ—square, squad, squirrel, squat, squeak 等。

(6) 绕口令练习法

语音练习往往很枯燥,不易引起学生的兴趣,绕口令这一练习活动旨在练习特定的语音,用语言创造性地开展游戏。适当编排的绕口令是一种目的明确、富有趣味而且很有效的练习材料。绕口令可以用来训练元音、辅音和特殊的语音现象。绕口令是语音辨别区分的好办法,宜用于儿童在基本掌握语音的准确读音之后进行相似音的辨别区分。

用绕口令练习发音,使学生能辨认某些元音发音的(细微)差别。例如:

Peter Piper picked a peck of pickled pepper.　　练习辨认元音[e][i]
A big bug bit the back of a big black pig.　　练习辨认元音[i][æ]

这种简单的绕口令儿童比较容易掌握,教师可根据本地区儿童语音辨别存在困难较多的语音编写此类绕口令。教师所编写的绕口令应该是能够真实地运用在真实的语境中的,这些绕口令应该尽量用简单而常用的,甚至以后会学到的要求儿童掌握使用的词汇。在编写绕口令时,教师可先决定绕口令的训练目的,利用学生学过的词汇编一些例子,写在黑板上,然后要求学生参与编写,接着要求学生反复、连续朗读,在正确朗读的基础上加快速度。

(7) 说唱练习法

低年级学生特别喜欢唱歌、跳舞,如果把一些教学内容有机地改编成歌曲、口诀,则是一种很好的辅导学习方法,因为歌曲、口诀能加深记忆,只要一哼歌曲就想起来了,这是因为好的节奏和旋律已经和有关教学的歌词一块儿记住了。童谣、儿歌读起来朗朗上口,文字简练,通俗易懂,易读,节奏感强,有韵味。可通过说唱童谣、儿歌,练习发音、节奏、连读、语调等。如:

Rain, rain, go away.
●　　●　　●●　●
Peter and Mary want to play.
●●　●　●●　●　●　●
Rain, rain, go away.

Come again the other day.
• •• •• •

也可用唱儿童歌曲来练习发音。现在各种小学英语教材及少儿英语教材中有许多练习发音的歌曲,比如"字母歌""AEIOU Song""Bingo"等。上面这首儿歌也可用歌唱形式来练习。

Rain, Rain, Go Away

1=C 2/4

5	3	5 5	3	5 5	3 6	5 5	3
Rain,	rain,	go a-	way.	Peter and	Mary	want to	play.

4	2	4 4	2	5 4	3 2	3 1	1
Rain,	rain,	go a-	way.	Come a-	gain the	other	day.

(8) 游戏练习法

教师根据实际情况和所教授的内容,设法编排、设计一些游戏活动来进行轻松愉快、积极主动的练习。比如,在教字母时,有的老师没有死板地从头到尾教呀、念呀、背呀,而让学生分别充当 A,B,C……然后用 "Who is A?""Who is B?""Where is C?""Hello, A!"等已学过的句型来提问,学生回答"I'm A.""I'm B.""I'm here.""Hello, B!"这样教起来,学生有兴趣,学得快,记得牢。

2. 怎样教字母

字母教学活动 1 (各单元已出现过字母 A—L)

教学目的:复习 A—L 字母的发音
教学准备:绘制已学过的含有 A—L 字母的挂图数张,字母歌的录音磁带一盘
教学步骤:

(1) 齐唱字母歌。

(2) 教师把字母 A—L 写在黑板上,当教师写字母时,边写边要求学生读出它们的字母音,或边写边领读字母音。

(3) a. 教师让学生看挂图。

b. 教师按顺序指着并说出每张图的名称,学生跟读,也可要求学生说出每张图的名称(因为学生已学过这些单词)。

c. 教师指着每一幅画的名称的第一个字母问,"What's the first letter?"

(第一个字母是什么?)让学生自愿回答,教师重复纠正。

d. 教师应提醒学生,英语的字母名称音和音素不同。教师再指着图问,"What's the first sound?"(第一个音是什么?)让学生自愿回答,老师重复纠正。

e. 教师打乱顺序指着图问学生:

"What's this?"

"What's the first letter?"

"What's the first sound?"

学生自愿回答。

(4) 教师把学生分成两大组,一组问,一组答,教师出示字母A卡片:

小组1问:What's this?

小组2答:It's A.

(5) 用同样的方法练习其余字母卡片,然后变换问答形式。

(6) 教师在黑板上写出A—L中的任何三个字母,给它们标上1、2、3,说出一个以这三个字母中任何一个字母开头的物品,或者说出三个字母中任何一个字母的音素音,学生举起相应的手指表达数目。

(7) 用同样的方式练习其他的字母。

(8) 教师放歌曲录音,同时挂出预先准备的歌词:

```
A is an apple      a   a   a
● ● ●              ●   ●   ●
B is a book        b   b   b
● ● ●              ●   ●   ●
C is a coat        c   c   c
● ● ●              ●   ●   ●
D is a dog         d   d   d
● ● ●              ●   ●   ●
E is an egg        e   e   e
● ● ●              ●   ●   ●
F is a flag        f   f   f
● ● ●              ●   ●   ●
G is a goat        g   g   g
● ● ●              ●   ●   ●
H is a hat         h   h   h
● ● ●              ●   ●   ●
I is an "it"       i   i   i
● ● ●              ●   ●   ●
```

J is a jacket　　j　j　j
● ● ●　　　　　● ● ●
K is a king　　　k　k　k
● ● ●　　　　　● ● ●
L is a lion　　　l　l　l
● ● ●　　　　　● ● ●
I can sing my A B C. All the way from A to Z.

(9) 学生静听一遍歌曲,教师随录音有表情地示唱。

(10) 教师按步骤8中的节奏示范说唱念歌词,学生模仿,各2—3遍。

(11) 再放录音,教师和学生一起随录音唱1—2遍。

(12) 分组念、唱:小组1念一句歌词,小组2唱一句歌词,教师每组都参加。

(13) 齐说唱一遍,齐演唱一遍。

字母教学活动 2

教学目的:学习26个英文字母名称

教学准备:搜集学生在日常生活中所学学科中接触到的字母

教学步骤:

(1) 借助音乐知识,对照教授字母 O、K、F、G、C,如卡拉 OK、C、F、G 调。

(2) 借助理科知识,对照教授字母 a、b、d、n、r、s、l、m、x、y、z、v、t、i,如方程式中 $a+b$、d 为圆的直径,s 表示面积,t 表示吨,h 表示三角形的高,I 表示电流,l 表示升,m 表示米,未知数 x、y、z、v 表示体积,n 表示几次幂,r 为半径等。

(3) 借助常识,对照教授字母 W、J、C、T、V、S、O、Q、A、B、P、E、U。
如:SOS(呼救缩写)、CCTV、WC、《阿 Q 正传》、U.S.A.、WTO,维生素 C,扑克牌中的 J 等。

(4) 边出示这些字母边启发、提问,然后领读。

(5) 待熟练之后,利用黑板上的例子指出英文字母有大小写,并继续采用启发、提问来填写完成下列大小写字母对照表。

方程中的	a	VOA	A	一个数的 n 次幂	n		N
方程中的	b	AB 血型	B	圆心为 o	o	卡拉 OK	O
方程中的	c	CCTV	C		p	PC 机	P

(续表)

	d	D 大调	D		q	阿 Q 正传	Q
d 为圆的直径	e	维生素 E	E	r 表示半径	r		R
	f	歌曲中的 F 调	F	21st	s	SOS	S
	g	歌曲中的 G 调	G	t 表示吨	t		T
表示三角形的高	h		H		u	U.S.A.	U
	i	I 表示电流	I		v	V 表示体积	V
	j	扑克牌中有 J	J		w	WTO	W
	k	扑克牌中有 K	K	未知数 x	x	X 光透视	X
	l	L 表示升	L	未知数 y	y		Y
表示米	m		M	未知数 z	z		Z

(6) 领读、反复操练。

(7) 听英文字母歌。

(8) 唱英文字母歌。

(9) 做字母游戏：

(把学生分成两组和教师一起按下列方式大声说唱，教师先示范，学生静听，然后一起做。)

小组 A：ABCDEFG

小组 B：Very good!

全体：$\begin{bmatrix} \text{clap-} & \text{clap-} & \text{clap} \\ \text{拍手} & \text{拍手} & \text{拍手} \end{bmatrix}$

教师：OK! Let's go on!

小组 A：HIJKLMN

小组 B：Well done!

全体：$\begin{bmatrix} \text{clap-} & \text{clap-} & \text{clap} \\ \text{拍手} & \text{拍手} & \text{拍手} \end{bmatrix}$

教师：OK! Let's go on!

小组 A：OPQRST

小组 B：You are clever!

全体：$\begin{bmatrix} \text{clap-} & \text{clap-} & \text{clap} \\ \text{拍手} & \text{拍手} & \text{拍手} \end{bmatrix}$

教师：OK! Let's go on!

小组 A：UVWXYZ

小组 B：Very good!

全体：$\begin{bmatrix} \text{clap-} & \text{clap-} & \text{clap} \\ \text{拍手} & \text{拍手} & \text{拍手} \end{bmatrix}$

教师：OK! Very good. Let's stop.

(10) 结束。

字母教学活动 3

活动目的：掌握 26 个英文字母的发音、顺序及字母大小写的规范书写。

活动准备：多媒体、字母大小写图片或笔顺动画、字母卡片、自然拼读卡片、四线三格磁贴。

活动步骤：

1. 跟做字母操热身；
2. 听字母歌；
3. 教师示范；

    (1) 字母 A—Z 的发音教学：张口度、舌位；

    (2) 26 个字母的顺序教学；

    (3) 26 个字母大小写配对教学；

    (4) 26 个字母大小写的规范书写教学（笔顺、笔画、占格）；

    (5) 26 个字母在单词中的常见发音（自然拼读 1 级）。

元音示例：

A says a, a, a, apple;

E says e, e, e, elephant;

I says i, i, i, insect;

O says o, o, o, octopus;

U says u, u, u, umbrella.

辅音示例：

B says b, b, b, ball;

C says k, k, k, cat;

D says d, d, d, dog;

F says f, f, f, fish;

……

X says ks, ks, ks, box;
Y says y, y, y, yellow;
Z says z, z, z, zoo.

4. 操练

(1)字母顺序"左邻右舍"练习

例：_____ Ss _____； _____ Pp _____； _____ Kk _____

(2)字母听力练习：Fishing game（钓鱼游戏）

教师提前做好鱼形卡片，将字母大小写写在鱼身上，贴在黑板上，卡片上贴上磁贴，教师随机说出一个字母，学生用一根带有吸铁石的"钓鱼竿"吸，钓到准确的字母积一分。

(3)字母顺序练习：Caterpillar（毛毛虫游戏）

教师提前做一条巨型毛毛虫卡片，将其身体剪成26段，写上字母大小写，贴上磁贴，打乱顺序贴在黑板上，让学生排序组装毛毛虫，排序错误则组装失败。

(4)字母chant练习：

学生通过拍手、拍桌子跟随节奏练习：A is for apple, B is for bat, C is for car, D is for duck, and for dog.

5. 复习

(1)学生齐唱英文字母歌；

(2)规范书写26个英文字母。

字母教学活动 4

活动目的：通过"做中学"课后趣味作业复习和熟练英文字母；
活动要求：小学英语作业分层设计；
活动示例：
(1) 制作一张英文字母的创意画报；
(2) 利用课余时间用泡泡泥制作字母手工，内容自定；
(3) 寻找并发现身边的创意字母，做成一个照片合集；
(4) 给没学过英语的爷爷奶奶或邻居朋友教字母歌，将教学结果或教学过程拍成视频发给老师。

3. 怎么教音标

音标教学活动 1

教学目的：教授音标 [θ]
教学准备：例词 think, thank
教学步骤：

(1) 教师单独示范 [θ] 的发音，并将字母组合 th 写到黑板上，向学生说明字母组合 th 可发两种音，学生观察，低声模仿；
(2) 教师在单词 think, thank 中示范 [θ] 的发音并将单词写到黑板上，学生观察，仔细听，低声模仿；
(3) 教师与其他辅音对比示范，如 [t]—[θ]，学生观察，仔细听，低声模仿；
(4) 教师边示范，边简单讲解发音要领，学生观察，仔细听，低声模仿；
(5) 教师示范，学生集体大声模仿数次；
(6) 个别学生大声模仿，教师纠正；
(7) 变换形式操练；
(8) 结束。

音标教学活动 2

教学目的：练习、区别辅音字母
教学准备：例词数个
教学步骤：

(1) 教师读出下列一组词,让学生确定发音不同的一个词,例词不能写到黑板上。

bit　bit　bit　pit

(2) 教师问：Which is different?
学生答：No. 4 is different.

(3) 用同样的方法练习其他几组词。如：

lid led lid lid (No. 2)
bag bag back bag (No. 3)

音标教学活动 3

用儿歌、童谣练习音标示例：

(1) 练习[i]

Silly Billy! Silly Billy!
Why is Billy silly?
Silly Billy hid a shilling.
Isn't Billy silly?

(2) 练习[ɔi]

Oh, joy, joy, oh, joy.
Roy with his toy.
Shouting at the top of his voice.
Making such a joyful noise.
Oh, joy, oh, joy!

4. 怎样教拼读

拼读教学活动 1

教学目的：练习拼读，学会拼读
教学准备：元音字母及其发音；辅音字母及其发音

教学步骤：

(1) 教师先提问学生五个元音字母的发音，并写到黑板上：
A[ei]　E[i:]　I[ai]　O[əu]　U[ju:]

(2) 教唱"AEIOU SONG"，让学生边唱、边认、边读，通过学唱英语字母歌识记字母的音和形：

AEIOU SONG

```
1=C 4/4

1    3    5    1̇ | 7  5  6  7 | 1̇ 5 |
A    E    I    O,  A  E  I  O    U.

3    3    3    5  | 6  5  4  3 | 2 — |
A    E    A    E    A  E  I  O    U.

1    3    5    1̇ | 7  5  6  7 | 1̇ 5 |
A    E    I    O,  A  E  I  O    U.

3    5         1̇  7 | 6  6    5    3 |
Ha,  ha,       ha, ha. I  can  say  my

2    2    2   5  1 — | ×  ×  ×  × |
A    E    I   O  U.    A  E  I  O

×    0    0    0   ‖
U.
```

(3) 教师提问学生辅音字母的发音，先把几个典型例子写到黑板上：
[bi:]　　[ef]　　[s]
[si:]　　[em]　　[t]

[di:]　　[en]
[vi:]　　[el]

(4) 让学生观察上面的例子,示范给学生英文辅音音素和元音音素的拼读,与汉语拼音相似。

(5) 教师示范,学生模仿,教学生认、读音标符号。

(6) 教师示范,学生模仿,教学生拼读,如:

[b—i:→bi:]

[e—f→ef]

(7) 反复操练。

(8) 结束。

拼读教学活动 2

教学目的:练习拼读,学会拼读

教学准备:语音卡片和挂图

教学步骤:

(1) 教师把词尾字母组合写在黑板上,例如 ad。

(2) 教师让学生分别读出两个字母的读音,例如 a[æ],d[d]。

(3) 教师把两个音连起来示范读,例如[æ—d→æd],学生模仿,教师强调两个音连起来读[æd]而不是[eid]。

(4) 操练(可用跟读、齐读、小组读、个别读)。

(5) 教师把一个词尾是 ad 的词写在 ad 下面,例如:bad。

(6) 操练。

(7) 教师举起这个词的语音卡片或挂图。

(8) 学生先发字母的读音,再发字母组合的读音,然把两个音连起来拼读整个词。

如:b-a-d-ad—bad。

(9) 操练数次。

(10) 教师把第二个词写在第一个词的下面,例如 dad,然后指着挂图读。

(11) 方法同 8、9。

(12) 用同样的方法练习第三个词。

(13) 结束。

5. 怎样教语调

语调教学活动

教学目的：通过示范模仿，学习语调的三种基本调型及连读
教学准备：用于操练的句型
教学步骤：

(1) 教师范读句型，学生静听。
(2) 教师范读句型，学生低声模仿。
(3) 教师示范，简要讲解，并要求学生学会用符号""""⌣""↑""↓"分别标出重音、连读、升调、降调，如：

——Is this ⌣ a jeep ↑?
——Yes, ↓ it ⌣ is ↓.

(4) 教师领读，学生跟读。
(5) 听录音，学生跟读。
(6) 教师与学生齐读。
(7) 学生与录音齐读。
(8) 反复操练（分组、个别、配对）。
(9) 学生范读，教师纠音。
(10) 结束。

6. 怎样教节奏

节奏是英语口语的重要组成部分。俗话说："熟能生巧"，节奏教学主要通过选择一些适合于节奏练习的听音材料和朗读材料，反复操练，就不难掌握英语节奏的基本要求，使学生所说的英语具有较强的节奏感。小学英语教学中节奏感的培养主要通过数数字、说唱童谣、念儿歌、唱儿歌等形式来进行。针对小学生的特点，在练习时可增加一些有趣的动作，如：拍手、跺脚、点头等，使学生在数一数、说一说、唱一唱、念一念、拍一拍、玩一玩中培养说英语的节奏感。

> 节奏教学活动

(1) 数数字（用手打出节奏及语调）

　　One two three four five
　　●↑ ●↑ ●↑ ●↑ ●↓

　　Six seven eight nine ten
　　●↑●↑ ●↑ ●↑ ●↓

也可采用下列节奏练习

　　One two three four
　　●↑●↑ ●↑●↑

　　Five six seven
　　●↑ ●↑ ●↓

　　Eight nine ten
　　●↑ ●↑ ●↓

(2) 说唱儿歌

　　In winter I get up at night,
　　● ●● ●● ●●●

　　And dress by yellow candle light.
　　● ● ● ● ● ●

　　In summer quite the other day,
　　● ● ● ● ● ● ●

　　I have to go to bed by day.
　　●● ●● ●● ●

又如：

　　Red is for roses, roses, roses.
　　●● ● ● ● ●

　　Red is for roses.
　　● ● ● ●

　　So out you go!
　　● ● ● ●

第四节　小学英语语音教学中的游戏活动案例

语音教学游戏,是在教师组织指导下以练习发音和听音为主要目的的、有规则的游戏。它将教学任务与游戏结合起来,寓语音训练于游戏之中,符合小学生的年龄特点,使小学生在轻松愉快的气氛中进行学习,可激发学生的学习兴趣,增强学习的主动性和积极性,从而提高学习效率。

语音教学游戏是小学生非常喜爱的一种教学形式。这类游戏以练习正确发音、提高辨音能力为目的,形式生动有趣,结构简单。游戏中,可以让小学生着重练习他们感到困难的或容易发错的语音,但每次练习的语音不要过多,以免难点集中,影响效果。一般说初学者进行语音训练,可以多用些这类游戏。

游戏活动 1

活动名称:练习5个元音字母及26个英文字母的游戏。
活动目的:
　　(1) 熟悉26个英语字母的读音以及字母顺序。
　　(2) 掌握 Aa Ee Ii Oo Uu 五个元音字母。
活动准备:
　　(1) 师生共同复习26个英文字母,在黑板上写出5个元音字母。
　　(2) 宣布游戏规则。
　　　　师生共唱 ABC 字母歌,边唱边拍手,当唱到元音字母时不拍手但要举起手,如果继续拍手算犯规,犯规者要求在全班学生面前单独或与其他人一起用已所学过的对话、套语做一个英语对话节目。
活动过程:
　　(1) 此游戏共做五遍,前两遍师生一起边唱歌边拍手,让学生熟悉游戏规则。
　　(2) 第三遍教师不参与,学生做,速度要适中。
　　(3) 第四遍学生做,速度稍快。
　　(4) 第三遍和第四遍犯规的学生出来在全班同学面前表演英语对话节目。
　　(5) 如果有时间,师生共同来个第五遍,速度越快越好。
活动建议:
　　(1) 师生要先回忆复习5个元音字母并写在黑板上。对刚学完字母的小学生来说,也许有的同学对5个元音不太熟悉,做此游戏的目的是为了让学生记住5个元音字母,在黑板上写出5个字母可引起学生的有意注意,再加上后面游戏巩固可使学生产生趣味记忆,达到良好记忆效果。
　　(2) 第一、二、五遍教师一定要参与,这样可创造一个和谐、活跃的师生氛围。
　　(3) 此游戏简单易学,可操作性强,适合于初学英语的学生做,但操作速度应由慢到快。

游戏活动 2

活动名称：A Sailor Went to Sea
活动目的：练习英语节奏
活动内容：

A Sailor Went to Sea

A sailor went to sea, sea, sea,
　　　　　　　　　拍手　拍手　拍手
To see what he could see, see, see,
　　　　　　　　　　　拍手　拍手　拍手
But all that he could see, see, see,
　　　　　　　　　　拍手　拍手　拍手
Was the bottom of the deep blue sea, sea, sea.
　　　　　　　　　　　　　　拍手　拍手　拍手

活动步骤：孩子们两人一组面对面站立，按上面例句所表示的节奏拍手。拍手规则如下：

第一拍：拍自己的手
第二拍：拍对方的右手
第三拍：拍自己的手
第四拍：拍对方的左手
第五拍：拍自己的手
第六拍：拍对方的双手三次
第七拍：用自己的左手拍对方的右手，用自己的右手拍对方的左手。

活动建议：教师可根据这首童谣的节奏，灵活替换，只要节奏模式一样即可。如：

My brother went to play, play, play,
With all his friends one day, day, day,
They all went to the park, park, park,
And stayed there until dark, dark, dark.

游戏活动 3

活动名称:"伦敦桥"
活动目的:
 (1) 更好地,准确地复习音标;
 (2) 激发学生拼读单词。
活动准备:将预先准备好的元音音标头饰和辅音音标头饰放在讲桌上。
活动过程:
 (1) 介绍游戏内容及规则。
 (2) 活动内容及过程。
  让两个学生戴上辅音音标头饰,用手搭起一座"伦敦桥",让一组戴着元音音标头饰的学生通过,全班同学一起唱:"London Bridge is falling down, falling down..."当唱到句中间时音乐一停,"桥"垮了,谁卡在"桥"里,谁就要把两个辅音和自己的元音拼读出来,或者让全班同学一起拼读。如:
  [f-i-t][b-i-g]
活动建议:当学生在桥里时,可先让全班同学齐声读出两个辅音及中间的元音。每卡一次,变换一下辅音,注意辅音搭配。

游戏活动 4

英语单音训练活动示例:
 (1) [æ]
  Fat cat, fat cat.
  Why is the cat fat?
  The fat cat just ate a rat.
  Isn't the cat fat?
 (2) [h] [æ]
  Happy Harry, happy Harry.
  Why is Harry happy?
  Harry has a holiday.
  Isn't Harry happy?

(3) [s] [æ]

Sad Sally, sad Sally.

Why is Sally sad?

Sad Sally has a mad daddy.

Isn't Sally sad?

(4) [s] [z]

Can you see seven seals swimming in the sea?

Sss, Sss... seven seals swimming in the sea.

Zigzag zebra is standing in the zoo.

(5) [b] [p]

The boy is bouncing a pink and purple ball.

(6) [tʃ] [dʒ]

Chinese children use chopsticks, but not with orange juice.

(7) [ɛə] [iə] [uə]

Where is your poor Teddy bear?

There's a deer near the chair.

(8) [ɔː][ɔ] [uː][u]

The small dog on the log is playing with a ball.

Do you cook noodles with a cookbook?

(9) [ai][ei] [ɔi][au]

Mike likes cakes and Kate likes rice.

The boy points to the clown's mouth.

This white kite is the boy's toy.

(10) [ʌ]

The duck is under the farmer's car.

(11) [əː] [ə] [k] [g]

The girl with a curl has a pink and black bag.

(12) [f]

A farmer found five leaves on the floor.

(13) [s] [z] [ð] [θ]

See the six zebra standing in the zoo.

My brother goes to the theatre on Thursday.

(14) [æ] [e]

Two cats wearing hats are friends.

(15) [m] [n] [ŋ]

In summer, the animals swim in the rain.

My mum likes singing and dancing in the morning.

(16) [w]

Winne is a worm.

A wiggly worm, a wiggly worm.

Winne is a wiggly worm.

Wiggle, wiggle, wiggle.

游戏活动 5

借用 tongue twisters 综合练习英语语音：

(1) She sells seashells on the seashore.

But the seashells that she sells,

On the seashore are not the real ones.

(2) I wish to wish the wish you wish to wish.

But if you wish the wish the witch wishes,

I won't wish the wish you wish to wish.

(3) If you understand, say "understand".

If you don't understand, say "don't understand".

But if you understand and say "don't understand",

How do I understand that you understand? Understand!

(4) Once a fellow met a fellow in a field of beans,

Said a fellow to a fellow,

"If a fellow asks a fellow, can a fellow tell a fellow what a fellow means?"

(5) Tie a knot, tie a knot.

Tie a tight, tight knot.

Tie a knot in the shape of a naught.

(6) Billy Button bought a buttered biscuit.

Did Billy Button buy a buttered biscuit?

If Billy Button bought a buttered biscuit,

Where's the buttered biscuit Billy Button bought?

(7) Peter Piper picked a peck of pickled pepper.
　　Did Peter Piper pick a peck of pickled pepper?
　　If Peter Piper pickled a peck of pickled pepper,
　　Where's the peck of pickled pepper Peter Piper picked?

(8) Swan swam over the sea,
　　Swim, swan, swim!
　　Swan swam back again,
　　Well swum, swan!

(9) Of all the felt I ever felt,
　　I never felt a piece of felt.
　　Which felt as fine as that felt,
　　When first I felt that felt hat's felt.

(10) Mr. See owned a saw,
　　　And Mr. Soar owned a seesaw.
　　　Now See's saw sawed Soar's seesaw
　　　Before Soar saw See,
　　　Which made Soar sore.
　　　Had Soar seen See's saw,
　　　Before See sawed Soar's seesaw,
　　　See's saw would not have sawed,
　　　Soar's seesaw.
　　　So See's saw sawed Soar's seesaw.
　　　But it was sad to see Soar so sore
　　　just because See's saw sawed
　　　Soar's seesaw!

(11) This is Lee.
　　　This is Pete.
　　　And this is a bee.
　　　Lee and Pete feed the bee.

(12) Jean eats beans and meat.
　　　Please clean the seat for the dean.
　　　The seal has a meal.

(13) This is a goat. This is a road.
　　　The goat is on the road.

This is soap. This is a coat.
You can use the soap to wash the coat.
This is a toad. This is a boat.
The toad is fishing on the boat.

游戏活动 6

最小元音派对练习活动：

[i]/ [e]

Tin   ten

did   ded

hill   hell

句子练习：Did Liz wed Ed or did Ed wed Liz?

[e]/ [æ]

bet   bat

head   had

fan   fen

句子练习：I bet you bat better than your fans in the fens.

[e]/ [ei]

gel   jail

bet   bait

never   nail

句子练习：Jail didn't gel with Gail so she sailed to the Seychelles.

[i:]/ [i]

sheep   ship

heat   hit

eel   ill

句子练习：These six silly sisters are sweet to meet.

[æ]/ [ʌ]

cat　　cut

ban　　bun

stamp　stump

句子练习:Cut the cackle and come up with the cash.

[æ]/ [ɑː]

cat　　cart

had　　hard

hat　　heart

句子练习:My hard hearted aunt had a fat cat in her flat.

[ɑː]/ [ʌ]

cart　　cut

part　　putt

starter　stutter

句子练习:"I c-can't come by car!" stuttered the startled stuntman.

[ʌ]/ [əː]

gull　　girl

bud　　bird

hut　　hurt

句子练习:"Have fun in the ferns!" the girl cut in curtly.

[uː]/ [u]

Look　　Luke

full　　fool

foot　　food

句子练习:Luke booed the fool whose foot was in the food.

[ɑː]/ [ɔː]

are　　or

bar　　bore

art　　ought

句子练习:"Or are they awfully bored in the bar?" asked Mark awkwardly.

[ɔ:]/[ɔ]
short   shot
awful   offal
caught   cot
句子练习:"This offal's awful!" said Audrey oddly.

[ɔ:]/ [əu]
caught   coat
more   mow
sore   sew
句子练习:"I'd mow more, but my toe's torn." He moaned mournfully.

[əu]/ [ɔ]
hope   hop
goat   got
coat   cot
句子练习:The old cop hoped to hop home because his boss has got his goat.

[əu]/ [u:]
chose   choose
hope   hoop
boat   boot
句子练习:Hough chose to chew over the loose loan rules.

[ɑ:]/ [aiə]
darling   dialing
bar   buyer
far   fire
句子练习:"Darling, I'm dialing your ma by the bar near the fire." said the liar.

[ɛə]/ [ei]

stare   stay
wear   way
pair   pay

句子练习：They stayed there and stared at the hay in their hair.

[ei]/ [ɔi]

tail   toil
sail   soil
ray   Roy

句子练习：A tale of toil, sailing for safe soil, in haste, hoisting a false flag...

[ei]/ [e]

fail   fell
hail   hell
whale   well

句子练习：Many men fell and failed to tell the tale of the fate that their mates met in that hail from hell.

[ei]/ [ai]

hate   height
fate   fight
mail   mile

句子练习："I hate heights!"smiled the snail.

[ai]/ [ɔi]

buy   boy
rye   Roy
bile   boil

句子练习："I'll buy some rye from the boy named Roy and boiled the rye in oil," said the witch.

[auə] / [ɑː]
hour   are
tower   tar
coward card

句子练习：Take the coward and his cards and tar him in the tower in an hour.

游戏活动 7

活动目的：教授和练习英语元音中的长元音和短元音
活动过程：

(1) 老师在黑板上写出一组含有长元音和短元音的单词（此组词中所有单词的开始音和结束音都是相同的辅音，不同的是各自元音的长短，0,3,8,9 是长元音，其余的是短元音），如下：

```
PORT  PIT  PAT  PERT  PET
  0    1    2    3    4
POT  PUTT  PUT  PART  PEAT
  5    6    7    8     9
```

(2) 老师示范每一个单词的发音，学生重复。
(3) 老师示范每个词中的元音，学生重复；多次示范和跟读，直到学生基本熟悉单词的发音和长短音的区别。
(4) 老师单读上面的词汇，学生听并写出相对应的数字编码。然后老师公布正确答案，学生互相纠正、比较对错。老师示范和纠正学生混淆的元音。
(5) 老师一次 2—3 个表中单词一起读，重复 4 中的步骤。
(6) 老师一次 6 个表中单词一起读，重复 4 中的步骤。
(7) 学生配对练习多个词，并写出相应的数字。

活动建议：练习结束后，可每组选一位学生，大声读出自己的电话号码相对应的单词，请其他同学根据读音写出自己的电话号码，然后公布答案，学生互相纠正。在这个过程中，学生会有很多争论和纠正，比如——"You said..." "No I didn't!" "Say it again." 等。教师可以边观察边示范正确读音。

游戏活动 8

活动目的：区分以下几组易混淆的单词。

13 (thirteen)－30 (thirty)　　14 (fourteen)－40 (forty)
15 (fifteen)－50 (fifty)　　　16 (sixteen)－60 (sixty)
17 (seventeen)－70 (seventy)　18 (eighteen)－80 (eighty)
19 (nineteen)－90 (ninety)

活动过程：

(1) 老师示范每组数字的读音，学生跟读。重复多次。

(2) 老师读 13,14,15,16,17,18,19，学生读 30,40,50,60,70,80,90，然后交换读。

(3) 学生配对读。

(4) 老师读出单个单词，学生听并写出数字。

(5) 学生配对重复 4 中的练习。

(6) 老师读一组单词，学生听并写出数字（老师可按组读，也可打乱顺序读）。

(7) 学生配对重复 6 中的练习。

(8) 老师讲上面的数字组合读（比如，1340,3014,4013 等），学生听并写出数字。

(9) 学生配对重复 8 中的练习。

活动建议：此活动也可以用来练习易混淆的其他辅音或元音派对。比如，老师读 sheep 或 ship，请学生注意听并画出所听到的物体，以判断学生是否能区分长元音 [i:] 和短元音 [i]。

游戏活动 9

活动名称：Match and Catch the Riddle

活动目的：练习朗读、问句、听力及语言推理能力。

活动过程：

(1) 将全班分为两组，第一组是问题组（the QUESTION group），第二组是回答组（the ANSWER group）。

(2) 把所要问的问题给第一组，如，

What animal eats and drinks with its tail?

Why do mother kangaroos hate rainy days?

How can you tell the difference between a can of chicken soup and a can of tomato soup?

Why is an eye doctor like a teacher?

Why did the cross-eyed teacher lose his job?

Why is mayonnaise never ready?

Do you know the story about the skunk?

If a papa bull eats three bales of hay and a baby bull eats one bale, how much hay will a mama bull eat?

What does an envelope say when you lick it?

Why do cows wear bells?

Why shouldn't you believe a person in bed?

What is the best way to prevent milk from turning sour?

Why does a dog wag his tail?

(3) 把问题的答案给第二组，如，

All do. No animal takes off its tail when eating or drinking.

Because then the children have to play inside.

Read the label.

They both test the pupils.

Because he could not control his pupils.

Because it is always dressing.

Never mind, it stinks.

Nothing. There is no such thing as a mama bull.

Nothing. It just shuts up.

Because their horns don't work.

Because he is lying.

Leave it in the cow.

Because no one else will wag it for him.

(4) 第一组的一个同学大声读出第一个问题，第二组中和这个问题的相匹配的同学读出答案，如，

S1（第一组）：What animal eats and drinks with its tail?

S2（第二组）：All do. No animal takes off its tail when eating or drinking.

(5) 如果问题和答案相匹配，两个同学就站到一起结为对子。如果答案和问

题不匹配,第一组的同学继续读问题,直到答案相匹配。
(6) 当所有问题和答案都相匹配后,结为对子的同学互相问答已经猜到的谜语。

活动建议:因为该游戏中的问题是谜语和脑筋急转弯,老师可让学生一开始读慢一些。等结为对子之后,再快速问答。也可等游戏结束后,两组互相交换问题和答案,然后全班一起快速问答。

游戏活动 10

活动名称:Focused Listening with Songs
活动目的:利用英语歌曲练习听力、连读及失去爆破等英语语音现象。
活动准备:准备完形填空题和连读等练习题。完形填空题只需要把歌词中的关键词空出即可,每行歌词空出一个空格比较合适,第一行歌词一般不出现填空。连读和失去爆破等题需要在歌词中标出连读的音和失去爆破的音。
活动示例:
(1) 老师先给每个学生发一张歌词的完形填空题,让学生阅读并根据已学到的英语语法知识猜测需要填的歌词。
(2) 学生相互比较所猜测的填空答案。
(3) 听歌填词。
(4) 再放一遍歌曲,老师念出完整的正确歌词,学生纠正填空错误。
(5) 重新听歌曲,提醒学生注意歌词中连读、吞音和失去爆破等语音现象。
(6) 老师详细解释第一段歌词中连读、吞音和失去爆破等语音现象。
(7) 让学生自己标出其他歌词中连读、吞音和失去爆破等语音现象。
(8) 重新听歌曲,让学生注意比较自己所标的和歌曲中的连读、吞音和失去爆破等语音现象是否一致。
(9) 给学生发放已经标好的有连读、吞音和失去爆破等语音现象的歌词。
(10) 再放一遍歌曲,学生试着模仿歌词中连读、吞音和失去爆破等语音现象。

活动建议:此游戏适合任何年龄和水平的学生,老师要根据学生的年龄和英语水平选择合适的歌曲。中国学生习惯于把英语中的每一个单词和每一个音都发清楚,但是在英语本族语者的实际讲话中,有许多音在真实的语流中会出现连读、吞音、失音等现象(比如,*pick up* 和 *pump it* 中的连读,*do I* 和 *see us* 中的元音合并,*bus stop* 和 *hot tea* 中的辅音失去爆破)。听歌曲是一种比较好的练习,是一种帮助学生熟悉英语中连读、吞音和失去爆破等语音现象的好方法。

第五章 怎样教词汇

第一节 小学英语词汇教学的意义和内容

如果说语言结构组成了语言的基本骨架,那么词汇就为语言提供了基本的器官和血肉。没有词汇,语言结构就没法表达意义。也就是说,没有词汇,就没有语言,人就不能言语,人类的思维活动就无法完成,因为人与人之间的交流是通过由词构成的句子来实现的。我们说的每一个句子,每一段话都是由一个个词语构成的。一个人要听懂别人的意思,或清楚地表达自己的思想感情,首先必须积累一定量的词汇。

从语言产生学的角度来看,在人类语言产生的最初阶段,词汇在语言交际中起着主要的作用,随着交际内容复杂性的增加,语法对话语的组织起着越来越大的作用。从儿童习得母语词汇的过程来看,婴幼儿学习母语是从理解词和说出词开始的,八九个月的孩子,还不会说话,当他们听到成人说:"笑一笑,"他们会做出笑的表情。刚开口说话的孩子,通常只能用单音词或叠音词来表达自己的意思,如"妈妈""果果""吃""打""抱""水"等。可见,词的理解、积累和运用是语言能力的重要组成部分。

虽然说英语学习与母语习得在认知、交际能力、情感和语言环境等方面有很大的差异,但有一点是相同的,英语和母语的学习都是从理解词和说出词开始的。儿童,特别是小学生,学词汇最好从周围日常接触的人和物开始,拼法不宜太难。不应一味追求词汇量,但是对于需要掌握的词汇,应该要求他们发音准确,拼写无误。另外,可以让他们接触一些单词,有些要求能听懂,有些要求能看懂,有些则要求能说出来,不强求一律。小学英语词汇教学的具体内容可以分为三个部分:

(1) 教给小学生常用词汇,并不断丰富词汇;
(2) 教小学生正确理解词义,掌握词的发音;
(3) 教小学生在听、说、读、写各项技能中正确运用词汇。

小学英语词汇教学作为中学、大学英语教学的基础阶段,学生在词汇习得方面可能会遇到以下困难：

（1）在语音方面，由于汉语和英语运用的语音符号及组合方式有差异，同一个概念的英语表达会形成记忆上的困难；

（2）书写方面，汉语属于表意文字，英语属于表音文字，在视觉适应和阅读习惯上都会造成词汇学习上的困难；

（3）词法方面，不同的构词方法和词的形态变化给学习带来困难。

第二节 小学英语词汇教学的原则

一、直观性

小学英语教材中，词汇较少，几乎全是活用词汇。具体地说，是一些常见常用的、可与直接观察到的事物相联系的名词、动词、形容词和人称代词。如：表示周围事物的 table, chair 等；表示常见动作的 walk, run, stand up 等；表示人称的 I, you, he, she, my, our 等；表示事物外在特征的 big, small, round, thin, fat 等；表示颜色的 red, yellow 等；表示人的感觉的 cold, hot, cool 等；表示人对事物评价的 good, excellent 等等。小学英语教材大都又是生动活泼的口语，有许多形象直观的插图。这样，在小学英语词汇教学中我们可设计各种各样的语言环境，把枯燥的词汇用直观的形式展现出来，带领学生置身其中，吸引学生的注意力，激发他们学习英语的兴趣和积极性，并促使学生运用英语把客观事物联系起来。

比如，运用色彩鲜明的图片、形象生动的语言以及实物、音像、模型、标本、幻灯、简笔画等形象性教具来教授英语单词，符合小学生好奇心强、兴趣浓厚和形象思维较发达的特点，能充分调动学生多种感官的参与，使他们在看得见、听得到、摸得着的教学过程中学习单词，发展思维，培养能力，刺激记忆。

词汇的直观教具的选用有以下三方面：

1. 实物直观

运用实物直观呈现语言项目就要求教师注意就地取材，利用教室的环境以及提前准备物品。

2. 形象直观

主要指运用模型、图片、卡片、简笔画、电教设备等模拟实物的形象来呈现语言项目。

3. 言语、动作直观

主要指教师运用听、说、唱、做、演、画的才能，通过生动的语言，良好的表情，形象化的动作,吸引学生注意力,并把学生带入活动中,识记语言项目。

二、情景性

词汇的教学,不是孤立的,应做到词不离句,句不离段,设置情景,借助上下文来教授词汇。根据教材的内容,千方百计地创设语言环境,使学生置身于一定的语言情景之中,生动活泼地进行多种语言练习,始终贯彻听、说、做的原则,以适应小学生活泼好动、模仿力强、记忆力好、听觉灵敏等特点。在情景中教单词,不但可帮助学生理解词义,加强记忆,而且有助于学生把所学单词在交际中恰当地使用。

在创设情景时要避免重形式、轻效果的做法,要不断研究少年儿童的成长特点,在小学的不同阶段所创设的语言情景应有所不同,使教学有声有色,有动有静,有层次感,有愉快感,引导学生记住语言知识。另外,在情景教学中融入游戏教学,也是小学英语词汇教学的一种好形式。

我们常用的创设情景教词汇的方法有:

1. 用情景录音教单词

如有位教师教 noise(噪音)时,放了上课前所录学生互相讲话声、十字路口的喇叭声、叫卖声等,学生听过录音后,教师向学生提问:

T:What do you hear?

S:噪音。(由此引出英文单词 noise)

T:Some students, cars and other things made the great noise, didn't they?

S:Yes,they did.

2. 用情景对话教单词

如教 excuse 时,教师与一位学生先做示范对话,然后让学生两个一组做 pair work 来模仿记忆单词。

T:Excuse me. May I use your book?

S:Yes,here you are.

T:Excuse me. Can you help me?

S:Yes, it's a pleasure.

3. 用情景造句教单词

教师可创设文字情景(即教师先给出文字情景,再让学生根据要求改编)或动作情景,由教师示范,学生模仿。

4. 用配插图、做动作、说童谣、唱儿歌、做游戏、列图表、找谐音等愉快活动创设情景教单词

此类情景创设活动意在愉快的气氛中提高学生的识记、保持、再认和再现效果。

三、对比性

小学英语词汇中有大量的词汇都有与其意义相对应的词,通过对比、对照的方式把学生容易混淆的词以及内容上联系密切的那些成对的概念找出来,加强单词的识记。根据神经系统的对称规律,当两种性质不同的语言材料同时出现时,会促进大脑皮层的相互诱导,强化"记忆痕迹",活跃思维活动。小学英语词汇中可用来对比的主要有以下几种形式:

(1) 近义词:big—large, small—little

(2) 反义词:tall—short, thin—fat

(3) 对应词:father—son, mother—father

(4) 同音词:son—sun, one—won

进行这些对比有利于形成对比联想,提高单词的认知和记忆效率。

进行这类对比,教小学英语词汇时,与其他原则一样都可采用一些直观、形象、生动的方法来对比教学。比如可用实物对比大小、方圆,也可用简笔画来对比词义,解释词义。

(1) 词义对比

(2) 词义解释

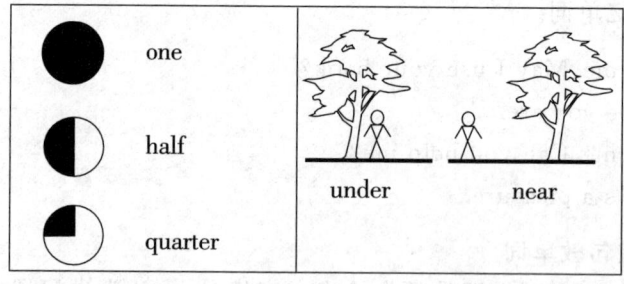

四、重复性

记忆是以识记、保持、再认和回忆的方式对经验的反映。比如:小学生学习了"car"这个词,要反复地读其音,看其形,练习书写和在各种活动中运用这个词并理解词义,这就是对"car"这个词的识记和保持的过程。以后,儿童看见"car"这个词时,能认出它,这就是再认。如果能够默写出"car",这就是回忆。识记、保持、再认和回忆是彼此紧密联系的完整过程。在教完学生识记英语单词之后,必须进行保持、再认和回忆,而完成这一过程的最好方法便是重复,反复练习。根据艾宾浩斯(Hermann Ebbinghaus)的遗忘曲线规律:遗忘的进程是不均衡的,在识记后最初的一段时间遗忘得比较快,而后逐渐变慢。因此,在小学英语词汇教学中,针对人类识记的规律,针对小学生记忆力好,但学得快也忘得快的特点,教师在教完识记单词后,要尽早复习,让学过的单词有计划、系统地复现在教学活动中,提高单词的重复出现率,达到巩固记忆的效果。

第三节 小学英语词汇教学的方法

词汇教学一方面要与语音教学、语法教学、句型教学、课文教学和情景教学相结合,另一方面要在听、说、读、写四项技能中体现出来,充分利用这些教学活动来精讲多练,巩固记忆,使学生在大量的实践活动中掌握、运用英语单词。

不同的教师在教学词汇时会采用不同的方法,但不管采用什么样的方法,大都围绕着"呈现单词—操练巩固单词—复习单词"的步骤开展各种活动教授单词。在小学英语词汇教学中,需注意以下几点:

(1) 教师自备例子来教单词;
(2) 教师启发学生说出单词的意义;
(3) 利用实物呈现单词;
(4) 利用简笔画、图片、地图、模型、电教设备等直观教具来开展教学活动;
(5) 利用模仿和形态动作来教单词,如刷牙、打乒乓球等;
(6) 利用近义、反义词来解释单词;
(7) 利用上、下义词来解释单词,如 cook,fry,boil,bake;
(8) 利用母语对个别专有名词或抽象名词进行简明翻译;
(9) 创设情景,利用童谣、歌曲、游戏教单词;
(10) 利用可能出现的错误和容易混淆的词来教单词。

对少年儿童来说,教词最好通过图画、实物、动作或童谣歌曲,因为单词的意义实实在在,直截了当,让儿童明白这些单词的意义,然后在上下文中学习并反复运用。下面我们从用实物教单词、用图画教单词、用动作教单词、用语境教单词、用童谣、歌曲教单词等几个方面具体探讨小学英语词汇教学的方法。

一、用实物教单词

呈现单词最直接的方法之一：把这个单词所代表的实物带到课堂上。比如：教 postcard, ruler, pen, pencils, ball, 教师就可事先准备好这些单词所代表的实物，在课堂上拿起或指着这些事物说出英文单词，学生重复。然后教师再用这个词套用句型，组成句子。学生掌握了这个词和套用句型之后，还可进行扩展，如：指出实物的位置，练习其他单词和句型。

再如：教 apple 一词时，先不讲它的发音方法和由什么音素组成，而是反复领读 apple 的读音，让学生跟读，接着教师问道："What's this in English?"学生就会脱口而出："It's an apple."此时，教师一边从书包里拿出苹果，一边让学生分别说出：two apples, three apples, four apples...学生在不知不觉中，不仅学会 apple 一词，而且又把有关的单词复习了一遍。然后趁热打铁，启发学生用"apple"一词组成句子，学生非常想尝试，把"apple"套用到以前学过的句型中，比如：The apple is small. The apple is red. I like apples. 这样可以帮助学生建立词、音和义之间的联系，加强记忆的效果。

用实物法，借助直观教学手段能动员各种感觉器官来感知和认识客观现象，从而帮助理解，加深记忆。无论是教师的讲解或是进行某种能力训练都应尽可能地发挥视觉、听觉、声动觉等多方面的协同作用，使学生在语言和实物、情景之间建立直接的联系，以发展学生的言语能力。

实物教单词活动 1

活动目的： 教 6 个表示颜色的词：red, yellow, green, blue, pink, white
活动准备： 6 个彩色粉笔分别为 red, yellow, green, blue, pink, white
活动步骤：（T＝teacher　S＝student　Ss＝students）

(1) 教师举起 6 个彩色粉笔依次自问自答：

　　T：What colour is it?　⎫
　　T：It's red.　　　　　　⎬ 重复两次，重读 red
　　　　　　　　　　　　　　⎭

　　T：What colour is it?　⎫
　　T：It's green.　　　　　⎬ 重复两次，重读 green
　　　　　　　　　　　　　　⎭

(2) 每举起一种颜色的粉笔并自问自答后，教师用此粉笔在黑板上板书 red, green, 并边写边重复：

　　T：What colour is it?

T: It's red.

（3）用(1)(2)两步骤完成其余颜色的呈现。

（4）教师举起一种颜色(如红色)，并读该颜色数次，然后叫学生重复，如：

T: red, red, red

T: red

Ss: red

T: red, red

Ss: red, red

T: red, red, red

Ss: red, red, red

（5）教师重复步骤(4)，这次学生重复时，闭上眼睛，边重复边想象红色粉笔和红色。

（6）教师举起红笔问，学生答：

T: What colour is it?

Ss: It's red.

（7）用步骤(4)(5)(6)完成其余颜色的练习。

（8）待6种彩色粉笔都练习完后，教师再做步骤(1)。

（9）教师打乱彩笔的次序，然后一个个举起，边举边问问题，学生回答：

T: What colour is it?

Ss: It's blue.

T: Is it green?

Ss: No. No. No, it's blue.

T: Is it white?

Ss: No. No. No, it's blue.

T: Is it blue?

Ss: Yes, that's right. It's blue.

（10）每两人发一种颜色的彩笔，以同样的方法做 pair work。教师来回走动，纠正错误。

实物教单词活动 2

活动目的：听懂 open, take out 两个动词，复习 pen, pencil, pencil-box, book, ruler, schoolbag, two books

活动准备：准备实物 pen，pencil，pencil-box，book，ruler

活动步骤：

(1) 教师出示事先准备好的实物 pen，pencil，pencil-box，ruler，schoolbag，book，同时问问题，学生回答：

  T：What's this?

  Ss：It's a book.

(2) 教师把所有实物装进包里，边装边大声说出物体的名称。

(3) 教师用形体动作和实物演示，用打开包（Open the bag.），拿出一本书（Take out a book.）做示范，边做动作边大声发出口令，速度应稍慢。

  T：Hello, everybody, listen to me and mime the actions. Watch me and I will show you how to do it. Let's go!

  T：Open the schoolbag.

   Take out a ruler.

   Take out two books.

   Take out three pens.

   What's this?

   It's a pencil-box.

   Open the pencil-box.

   Take out a pen.

   Take out two pencils.

(4) 教师再示范，学生重复一遍。

(5) 教师发出命令，学生做：

  T：Hello, everybody, now you, listen to me and mime the actions. Ready?

   Open your schoolbag.

   Take out a ruler.

   Take out two books.

   Take out three pens.

   ...

(6) 重做步骤(5)变换句子的顺序：

  T：And now let's change the order and listen to me and mime the actions. Ready?

   Open your pencil-box.

Take out one book...

（7）两人一组做 pair work。

（8）其他操练。

二、用图画教单词

上一节我们谈到把实物带到课堂以辅助教学，我们可以把像铅笔之类的小东西带到课堂，但却无法把一辆小车带进课堂，那怎么办呢？方法之一便是使用图画。图画是展示形象，发展言语、思维、记忆和想象的主要手段。用图画情境，实际上就是把课文内容形象化，课文插图、特意绘制的挂图、剪贴画和简笔画都可以用来再现物体，创设情景。其中剪贴画和简笔画更简单易行，适合小学英语教学。图画可以用来解释词义，如：教师可以通过使用图片，直接在黑板上画简笔画来描述一些像 above,opposite 这样一些概念，也可以用来描述像 cat，hat，coat，walking stick，dance，run 等概念。

用图画辅助教学前，教师要根据教学内容和学生年龄特点恰当地选择和准备好各种图例与直观教具。在运用图画时，教师要配合讲解或谈话，引导学生运用画面所提示的或所展示的内容来辅助语言教学。教师要注意展现适时，应当在使用时才展出图片和直观教具，不要过早地把教具拿出来，否则，会分散学生的注意力，削弱新颖感，降低兴趣。画简笔时要做到简、快、像，用寥寥几笔表达丰富的语言信息和概念(具体见简笔画教学一章)，既活跃了课堂气氛，又利于教师把握课堂秩序，活动多而不乱，适应了少年儿童的心理需要。也可将教材内容用简笔画、符号和文字组成一幅图示，使学生感知强烈，激发兴趣，提高形象思维能力。

在一节课中使用图画教单词的方法有以下几种：

（1）让学生看图回忆上节课所学的单词，用英语会话的形式巩固旧知识；

（2）出示图片、简笔画，学习新单词；

（3）教师指图示范，让学生模仿；

（4）教师指图，让学生自己根据图示用英语自由发问，邻座回答或采用师生间问答操练；

（5）听音指图；

（6）听音画图；

（7）看图说话，看图写作。

图画教单词活动 1

运用图表训练学生以旧带新拼读单词。

册别	课次	旧词	新词
人教版小学英语三册	10	name game 名字 游戏	plane 飞机
三册	10	cup mug 茶杯 茶缸	bus 公交车

在单词教学中,可设计上面的图表,复习旧单词,引出新单词,学习拼读新单词。

图画教单词活动 2

用简笔画教单词 church。

活动步骤:

(1) 教师先用简笔画表明词义:

(2) 教师示范读音,学生模仿:

示范 1:

T:church

Ss:church

(3) 教师和一位学生示范用句型 there + be 和 how many 为 church 创设句情,使用问答法:

示范 2:

T:What's this?

S:It's a church.

T: Is there a church in our city?

S: Yes, there is.

(4) 再由两人一组的学生模仿操练：

模仿操练：

{ S1：What's this?
{ S2：It's a church.

{ S1：Is there a church in our city?
{ S2：Yes, there is.

{ S1：How many churches are there in our city?
{ S2：One church, two churches, three churches, there
         are three churches in our city.

{ S1：Are these churches big?
{ S2：Two churches are big and one is small.

{ S1：Let's go to the church.
{ S2：Ok, let's go.

教师应纠正不是 go to the church, 应该是 go to school, go to church。

图画教单词活动 3

用简笔画、图片教 kite。

活动步骤：

(1) 教师在黑板上快速画出 ⟨图⟩，先复习旧单词 bird：

T: What's this? ⟶ S: It's a bird.

T: Is it a bird? ⟶ S: Yes, it is.

(2) 教师用图片呈现风筝（因风筝比较难画，出示图片更容易一些）：

T: Is it a bird?

S: No, it isn't.

T: Right, it's not a bird. It looks like a bird. But it's a paper toy for
    flying（教师做飞行状）.
   It can fly in the sky.
   What is it?
   It's a kite. （重读 kite）

(3) 操练(拼读,跟读,领读,重复问答,齐读,小组读)。
(4) 自由交谈(活用练习,用学过的句型练习),如:

What's this? Where's the kite? What colour is it? Do you like it? Can you play it?

This is... That is... I like...

(5) 巩固(看图问答、听写)。

三、用动作教单词

兴趣对学习很重要,尤其是对小学生学习英语来说更为重要。对没有真实或缺乏真实语言环境的中国小学生来说,不重视对他们学习英语兴趣的培养,就没法调动他们学习的积极性和主动性。在小学英语课堂上,除了使用实物、图画、简笔画等直观教具,还可以用亲切自然的教态和适当的手势、动作和表情进行教学,这样既可以避免用汉语解释英语,又可创造出一种有利于培养学生语感的语言环境。例如:

教 smile 时面带微笑;

教 surprise 时做惊奇状;

教 happy 时做拍手,轻跳状;

教 catch 时做用手抓握的动作;

教 breathe 时做深呼吸状;

教 stop 时运用学生所熟悉的篮球裁判员常用的暂停动作,左手伸直,手心向下,右手食指竖直顶左掌心;

教 disappointed 时,右手轻轻一摆,头稍下垂眉头微皱,伴着轻声叹气,表现失望状;

教 sleep 时,双手掌合并,轻放在左肩上,头微微侧向左边,做睡觉状;

教 telephone 时,左手中间三指弯曲握合,大小指伸直,做连接耳和嘴的动作打电话;

教 {bird / fly} 时两手做飞行状,身体轻摆;

教 {fish / swim} 时两手一前一后,分别放在身体的正前下方,正后下方,然后轻摆两手,模仿小鱼在游泳的动作;

教 {elephant / walk} 时弯腰,身体向前微拢,左手轻捏鼻子,右手松弛,垂直向下随两脚前后移动,左右来回摆动,模仿大象走路的笨拙状;

教 hot 时用手擦前额表示擦汗或用手做摇扇子的动作;

教 cold 时用双臂抱住身体打哆嗦；或假装发抖、皱眉，双臂抱紧身体，嘴里发出 Br-r-r-r-r 的声音等表示 I am cold；

教 rainy 时做打雨伞状；

教 sunny 时戴上太阳镜；

教 walk forward 时老师在原位置向前走几步；

教 walk backward 时老师在原位置向后退几步；

教 turn left 时在原地向左转；

教 turn right 时在原地向右转；

教 turn around 时在原地转一圈。

借用手势教下列童谣：

We are happy today.（双手指向自己，然后手画笑脸状）

Bright day, sunny day.（手在空中划一道彩虹状，然后双手向两边伸，手做太阳状左右挥动）

We are happy today.（双手指向自己，然后手画笑脸状）

Let's go and play.（手握拳向上，然后手放腰的两边做跑步状）

Do you know the way?（徒手写一个大问号）

Take the bus today.（手做握方向盘状）

学生在教师的动作和表情中完成领会上述单词的意思。在上课前，教师要注意观察，琢磨一系列手势和动作，注意模仿一些动作的主要特征。讲课时，领着学生一边做动作，一边讲英语。小学生模仿能力强，兴趣浓厚，愿意跟着教师一边做一边说。这样可逐步引导学生脱离课本，摆脱母语的影响，在玩、乐、做中学会新单词。在教英语动词时，也可用全身动作反应法（total physical response，简写为TPR）或 teacher says 来练习动词，这是比较流行的两种儿童学习英语过程中可以采用的动作活动，特别是在儿童不能进行语言输出之前，可以通过动作来表现儿童对输入的语言的理解是否达到内化的程度。这些活动都是根据所学内容来复习或呈现新单词，教师可根据复习或学习内容设计各种 TPR 活动，包括学生跟随歌曲、诗歌和韵句做动作，用动作表演故事，用动作表演两人活动或小组活动，用动作做游戏，听口令做动作等。一般都是教师先示范，学生模仿做，即先接受再表达，先示范后练习：① 教师通过风趣的表演和解释为连锁动作设置场景；② 教师说一个指令，做两次动作，学生和教师一起做动作，教师重复指令，让单个或全班学生做动作；③ 教师停止示范，给出指令让单个或全班学生做动作；④ 教师打乱练习内容的顺序，给出指令，学生做动作若干次，同时教师注意每次逐渐加快速度。

用动作教单词活动 1

学习和练习动词：listen, open, get, take, give；名词：door, breakfast, sausage, dog；形容词：hungry, little。

活动步骤：

(1) 教师边示范边念出含有所学词的句子或短语，单独重复强调句中或短语中的动词、名词、形容词；

　　I'm having breakfast.（假装坐在桌前，做吃饭状）

　　Listen！（把手搭在耳朵上，做听话状）

　　Open the door.（假装开门）

　　There is a little dog.（模仿小狗叫）

　　It's hungry.（拍着肚皮，做饥饿状）

　　Get your sausage.（拿起香肠）

　　Take a bite.（咬一口香肠）

　　Give the rest to the dog.（把剩余的香肠给小狗）

(2) 教师发出指令和学生一起做：

　　Good, let's do it together.（教师和学生一起按上面的示范做动作）

　　I'm having breakfast.

　　Listen!

　　Open the door.

　　There is a little dog.

　　It's hungry.

　　Get your sausage.

　　Take a bite.

　　Give the rest to the dog.

(3) 教师发出指令（若干次），学生做动作，边做边低声重复，注意逐渐加快语速。

(4) 教师发出指令，全班、小组、个别学生做动作，边做边低声重复。

(5) 教师边做、边念，学生跟读并做动作。

(6) 学生发出指令，教师做动作。教师注意向学生提示句子，以免中断。

(7) 教师打乱顺序，并发出指令，和学生一起做动作。

(8) 教师打乱顺序，和学生一起边念、边做动作。

(9) 教师打乱顺序，并发出指令，学生全班、小组、个别做动作。

(10) 分组练习，一组发出指令，另外一组做动作。

(11) pair work(两人一组自由练习)。

用动作教单词活动 2

用手势语教数字。

活动步骤：

(1) 教师示范借用猜拳和汉语常用表示数字手势(如下图)采用问答法，引出英文数字 one：

  T：What's this?

  T：It's a finger.(已学过此单词)

  T：How many?

  T：One.

(2) 操练(每到 one 时，学生和教师都举手用手势表示1)：

  T：What's this?

  Ss：It's a finger.

  T：How many?

  Ss：One.

  T：Yes, one, one, one, o-n-e one.

  Ss：Yes, one, one, one, o-n-e one.

  T：One, one,

    One apple.

    One, one, one, o-n-e, one.

  Ss：One, one,

    One apple.

    One, one, one, o-n-e, one.

    …

(用学过的名词替换 apple 练习三到四次)

（3）用步骤1、2及下列手势图呈现练习2—10的数字。

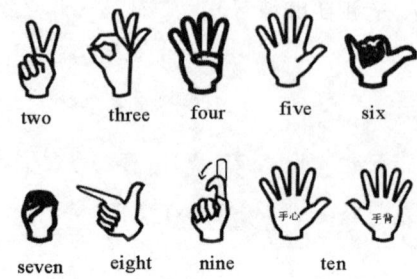

四、用语境教单词

轻松愉快地创设语言环境、结合上下文设置情景的教学体现了小学英语教学的特点，符合基础教育的性质和小学生的成长规律，突出了小学英语教育的科学性。在给小学生上英语课时，一定要根据他们的年龄特点和英语知识水平，避免成人化，必须把单词教学与语言情境结合起来开展有趣的教学，在充满语言气氛的环境中才能学得轻松，记得容易。教师应尽量设置一些模拟的、相对真实的语言情景，让学生在这种语言情景中学习单词，形象地记忆单词。

儿童记忆发展的总趋势是由无意记忆发展到有意记忆，由机械记忆发展到意义记忆。儿童的思维也是由具体思维发展到抽象思维。因此在教学中除使用直观教具外，还须根据教学内容创设必要的情景，使学生身临其境地操练与运用单词，联旧引新，适时复习，加强巩固记忆。

用语境教单词活动 1

活动步骤：设置情景教 stone，复习其他名词。教师在一个铁盒中放入一块石头，摇晃着对学生说："谁猜中了其中之物就把这个东西送给他。"然后教师开口问，学生答，答语极其丰富。这样，在有意无意之中，复习了旧单词。最后，教师出示物体石头，并教读，操练 stone 一词。

T：What's in the box?
S1：It's a pen.
S2：It's a pencil.
S3：It's an apple.
S4：It's a ruler.

S5：It's a rubber.

S6：It's a knife.

...

T：No, it isn't a pen, a pencil, an apple, a ruler, a rubber, a knife...

T：Look, I'll show you. It's a stone.（教师拿出实物 stone）

T：It's a stone. Stone, stone, s-t-o-n-e, stone. ⎫

Ss：Stone, stone, s-t-o-n-e, stone. ⎭ 操练若干次

T：There's a stone in the box. ⎫

Ss：There's a stone in the box. ⎭ 操练若干次

T：What's in the box?

Ss：It's a stone.

用语境教单词活动 2

在学过的句型中学习 banana 和 orange。

活动步骤：把一个香蕉和一个橘子放在桌子上让学生用学过的句型进行对话（必要时，教师可先示范句型）。

(1) SA：What's that over there?

　　SB：Where?

　　SA：Over there, on the big desk.

　　SB：It's an apple.

　　SA：No, it's not an apple.

　　SB：Oh. It's an orange.

　　SA：What colour is it?

　　SB：It's yellow. It's a yellow orange.

(2) SA：Is that an orange, too?

　　SB：No, it isn't. It's a banana.

　　SA：What colour is it?

　　SB：It's yellow.

五、用童谣、歌曲教单词

低年级学生特别喜欢唱歌、跳舞，如果能借用音乐、舞蹈来学习英语，无疑会引起他们的兴趣，提高教学效果。如：把一些英语单词按节奏、音乐节拍有机结合，改

编成童谣、儿歌,就是一种很好的辅导学习方法,因为歌曲能加深记忆。一般来说公式、概念容易忘记,而歌曲却使人终生难忘,只要一哼歌曲,就想起来了,这里因为好的节奏和旋律已经和有关教学的歌词一块儿记住了。

用童谣、歌曲教单词活动 1

用熟悉的儿歌曲调自填教学内容,练习形容词 short,tall,fat,thin。

活动步骤:

(1) 选用学生熟悉的儿童英文歌曲("Happy Song"《快乐歌》的曲调)。

(2) 学生和老师齐唱英文歌曲"Happy Song",熟悉该歌曲调:

  If you are happy and you know it, clap your hands.

  If you are happy and you know it, clap your hands.

  If you are happy and you know it,

  Then you really want to show it.

  If you're happy and you know it, clap your hands.

  ……

(3) 出示已学过的形容词 short, tall, fat, thin。

(4) 教师示范用"Happy Song"曲调唱下列歌词:

  S1:Are they short?

  S2:Yes, they are. Yes, they are. (拍手,拍手)

  S1:Are they tall?

  S2:No, they aren't. No, they aren't. (拍手,拍手)

  S1:Are they short?

  S2:Yes, they are.

  S1:Are they tall?

  S2:No, they aren't.

  S1:Are they short?

  S2:Yes, they are. Yes, they are. (拍手,拍手)

(5) 教师教唱,学生跟唱。

(6) 全班分成 A、B 两组,A 组唱问题,B 组唱回答,当唱到 short 和 tall 时,点点头表示:Yes, they are. 摆摆头表示:No, they aren't.

(7) 让学生唱 fat 和 thin 替换 short 和 tall,唱同一首歌。

用童谣、歌曲教单词活动 2

直接选用"There Are Seven Days"这首儿童歌曲来练习一周七天的名称。

活动步骤:

(1) 用"There Are Seven Days"练习一周七天:Monday, Tuesday, Wednesday, Thursday, Friday, Saturday, and Sunday.

There are seven days.
There are seven days.
There are seven days in a week.
There are seven days.
There are seven days.
There are seven days in a week.
Sunday, Monday,
Tuesday, Wednesday,
Thursday, Friday, Saturday.

(2) 用"One, Two, Buckle My Shoe"练习数字和动词短语。

One, two, buckle my shoe.
Three, four, open the door.
Five, six, pick up sticks.
Seven, eight, lay them straight.
Nine, ten, begin again.

此首歌也可用说唱(chant)来练习,待熟练后,可在课前做 warm-up 热身活动。教师根据所教授内容每周变换说唱内容。说唱时,边用手打节奏拍,边说唱,形式活泼,节奏明快,气氛活跃。

One, two, buckle my shoe.(替换 how are you?)
● ● ● ●
拍手 拍手 拍手 拍手

Three, four, open the door.(替换 close the door.)
● ● ● ●
拍手 拍手 拍手 拍手

Five, six, pick up sticks.(替换 sit down please.)
● ● ● ●
拍手 拍手 拍手 拍手

Seven, eight, lay them straight.（替换 sit up straight.）

•　　•　　•　　•

拍手　拍手　拍手　拍手

Nine, ten　　begin again.（替换 bye-bye.）

•　　•　　•　　•　　•　　•

拍手　拍手　拍手　拍手　　挥手　挥手

用童谣、歌曲教单词活动 3

用口诀、顺口溜、儿歌记忆单词。

活动(1)

我是 I，你是 you，

见面问好用 Hello!

你好吗？How are you?

谢谢你！Thank you!

对不起 Sorry!

见面问声 Hi, Hi.

再见，再见 Bye-bye.

早上好！Good morning!

晚安，晚安！Good night!

活动(2)

Good better best

Never let it rest

Till good is better

And better best

活动(3)

Rainy days, sunny days

Summer time or fall

Blowy days, snowy days

Seems I like them all

活动建议：这些顺口溜和儿歌不仅会使学生在说、唱、诵中记忆单词，而且可以培养学生的日常礼貌行为，可以鼓励学生要好上加好，激励他们奋发向上。活动(3)还可用来记忆语法中的比较级和最高级。总之，可借用这种形式尽可能地调动各器官协调工作,做到眼到、口到、心到。诵读和说唱一定要出声地读出节奏感。

另外,还有许多儿童英文歌曲都可直接选用来教小学英语中的单词、套语,比如:"Please and Thank You"(高年级用),"Row, Row, Row Your Boat"(低、高年级均可用),"Mary Had a Little Lamb""Bingo""Table and Chair"等,教师应注意平时搜集选用。

第四节 小学英语词汇教学中的游戏活动案例

一、学习类游戏活动案例
活动目的: 学习新单词 book, pen, desk, map, bag, pencil
活动准备:
(1) 实物:书,钢笔,桌子,地图,书包,铅笔
(2) 词汇图片
活动步骤:

请大家猜谜语。所猜的谜底,就是我们今天所要学的单词,这些谜底是我们非常熟悉的。那么这些单词是什么呢?请看黑板:book(在黑板上快速用彩色粉笔写一个单词 book,回过身对学生说)

  book, book 真美丽,
  天天上课手不离,
  所有知识在上面,
  请你猜猜它是谁?

同学们听后,踊跃去猜,并请能力强的同学去回答谜底,从而引出 book 的汉语意思。这样通过学生自己参与得到的答案,学生记忆深刻。猜后,教师拿出准备好的图片,出示给学生,边出示边领读,全班领读两遍,小组分别读一到两遍,小组读可听清个别学生的发音,易于纠正。当全体学生都能读准后,再在黑板上另用一种彩色粉笔写上 pen 和 pencil(注意用粉笔时,搭配好色彩)。

  pen 和 pencil 是兄弟,
  弟弟藏在哥哥里,
  弟弟没水不能写,
  哥哥没刀不能削。

对学生暗示打一学习用具,请能力强的学生猜出谜底,猜对谜底后,老师进一步讲解,从形式上看,pen 和 pencil 的前三个字母完全相同,又因为不论是实物还是单词,弟弟 pen 都比哥哥 pencil 短,同时拿出 pen 和 pencil 做一个简单的比较,加深学生印象。

给学生教 desk 时,先用彩色粉笔快速在黑板上写好,转身很有表情地告诉学生,刚才学的 book,pen,pencil 同学们在上课时都把它们放在 desk 上,请大家猜猜,desk 是什么?猜对后,依然读几遍,并纠正个别发音,接下来快速用彩色粉笔在黑板上写 map,然后转身对学生说:

  map,map 墙上挂,
  上面从不画娃娃,
  有只公鸡在上面,
  请你猜猜它是啥?

请能力稍强的同学回答,引出地图就是 map,同样全班读一两遍,各小组读两遍,纠正发音错误的同学。

接下来快速将 bag 写在黑板上,转过身来对学生说:

  bag,bag 四方方,
  book,book 里面装,
  开动脑筋想一想,
  猜出 bag 晃一晃。

请同学去猜谜底,引出 bag 是书包,同样全班、小组各读两遍,同时纠正错误学生的发音。

二、练习、巩固类游戏活动案例

单词练习、巩固类游戏非常多,比如单词接力赛、绕口令、填字母、填单词、数字游戏、看图猜谜、击鼓传花、填格子、bingo 游戏、耳语传单词、传说卡片等。

游戏活动 1

活动目的:打响指(thumper),练习数字词、一周七天的名称单词和 12 个月的名称单词。

活动准备:每个学生从 1—10 中或 1—20 中挑一个数字,教师也挑一个数字,比如 9。把每个学生的数字和老师的数字都写到黑板上(不用排序)。学生或坐或站,围成一圈。学生拍腿两次,拍手两次,教师边打响指边大声说出自己的数字和一个学生的数字。所挑该数字的学生接着往下做,依次类推,一直玩下去,直到每个学生的数字都被练习一至两次为止,每次都可通过加快速度来使活动更有挑战性。

活动示范:

　　Ss and T:(拍腿)(拍腿)(拍手)(拍手)
　　T:Nine(打响指)
　　　　Five(打响指)
　　Ss and T:(拍腿)(拍腿)(拍手)(拍手)
　　S5:Five(打响指)
　　　　Nineteen(打响指)
　　Ss and T:(拍腿)(拍腿)(拍手)(拍手)
　　S19:Nineteen(打响指)
　　　　Twelve(打响指)
　　Ss and T:…

活动建议:游戏中的数字可用表示星期的单词:Sunday, Monday, Tuesday, Wednesday, Thursday, Friday, Saturday;或表示月份的单词:January, February, March, April, May, June, July, August, September, October, November, December;或表示季节的单词:Summer, Winter, Spring, Autumn;也可用其他单词来替换。

游戏活动 2

活动目的:巩固单词 name

活动准备:教师示范,在"What's your name? My name is X X."中,name 是生词,教师让一组学生围成圆圈坐,击掌齐诵,接着让学生站起来介绍"My name is X X."然后问学生 B 同样问题:"What's your name?"整组再击掌齐诵。B 答完后再向学生 C 提问,这样依次轮流进行。每圈轮中,多次重复 name 这个单词,提高了单词的复现率,有助于识记,而且气氛活跃。

活动步骤:

　　(Ss):Names, names are not the same.
　　　　(拍手)(拍手)(拍手)

　　　　　　Names, names are not the same.
　　　　　（拍手）（拍手）（拍手）
　　　　　　What's your name?
　　SA：My name is A.
　　　　　What's your name?
　　Ss：Names, names are not the same.
　　　　（拍手）（拍手）（拍手）
　　　　　Names, names are not the same.
　　　　（拍手）（拍手）（拍手）
　　SB：My name is B.
　　　　　What's your name?
　　Ss：Names, names are not the same.
　　　　（拍手）（拍手）（拍手）
　　　　　Names, names are not the same.
　　　　（拍手）（拍手）（拍手）
　　SC：My name is C.
　　　　　What's your name?
　　　　　…

活动建议：此游戏也可用其他句型、单词替换，如让学生选一个颜色词，用句型 What's your colour?

　　Ss：Colours, colours are not the same.
　　　　（拍手）（拍手）（拍手）
　　　　　Colours, colours are not the same.
　　　　（拍手）（拍手）（拍手）
　　　　　What's your colour?
　　Sa：My colour is red.
　　　　　What's your colour?
　　　　　…

游戏活动 3

活动目的：复习单词
活动要求：学生能串出一系列单词，每个词的第一个字母必须是上个词的最后一个字母,单词不能重复。

活动步骤:

(1) 把学生分成五六个小组,各选一位书记员。

(2) 教师给出第一个词,并宣布游戏开始。

(3) 各小组练习5分钟,每个学生依次给出单词,以形成词龙(例如:blue — egg — glad — dog — good — desk...),各小组书记员负责记录单词。

(4) 举行一小型词汇竞赛,每小组各推出一位选手,如参赛者未能接上单词,就得退出比赛,坚持到最后的为优胜者。

活动建议:

(1) 老师可先带领全班同学快速口头复习一个单元或几个单元的词汇,然后再让学生做此游戏。

(2) 老师也可带领全班一起做,老师给出一个词,学生自由大声说出各自的单词。老师选择一个词写在黑板上,依次往下。这样做可以照顾到各个层面的学生,对程度好的学生是一种激励,对程度弱的学生是一种鼓励。

游戏活动 4

活动目的: 复习单词 eyes, ears, nose, mouth, leg, hair, face, knee, foot, arm, shoulder 等表示身体部位的词汇

活动步骤:

(1) 老师先示范游戏和要求。

T: Now, let's play a game. Please do as I ask you to. For example, if I say, "Touch your nose." Please find and touch your nose with your finger and say, "I touch my nose."

(2) 然后教师和全班学生一起做一次。

T: Touch your eyes.

S: I touch my eyes.

(3) 老师请一位学生发出命令,老师和其他学生一起做,并同时大声重复命令。

(4) 同桌之间轮流做 pair work。

活动建议:

(1) 发命令的速度可从慢到快,最后以最快的速度发出。

(2) 此游戏也可用来复习其他词汇,例如利用比较容易在教室里找到的学习

用品等实物,或用图片、词汇表代替实物来做游戏。

游戏活动 5

活动目的:单词复习与扩展
活动步骤:
(1) 选择一个近期学过的单词,让学生说出与此词有关的所有的词。
(2) 学生每说出一个相关的词,老师就将该词写在黑板上,并用线连接形成一个语义联想网络图。

活动建议:
(1) 此游戏活动可个人、双人或多人完成。
(2) 除了自由说出有关单词外,老师也可根据学生的程度和所掌握的词汇对所联想的词汇范围给予一定的限定。比如:在中心词 clothes 周围仅可联想形容词,这样 clothes 就有以下这样的联想词:beautiful, warm, black, white...

游戏活动 6

活动名称:Hot Seat(如坐针毡)
活动目的:复习单词、短语或句子。
活动过程:
(1) 先将学生分成 A、B 两组,分别坐在教室的两边。
(2) 每组选一位同学背向黑板坐在教室的前面,该同学面向本组同学,不能看黑板。
(3) 老师在黑板上写出已经学过的单词、短语或句子,要求每组的同学在一分钟内通过手势、近义词等方式提供线索,但不能说出黑板上所写的单词、短语或句子本身和汉语意思,坐在前面的同学根据提供的线索说出相对应的单词。
(4) 一分钟结束,答对的记 1 分,然后继续下一个,直到本组的人全部轮换一遍。
(5) 老师公布两组的得分,得分高的组获胜,给予奖励。

活动建议：如果两组一起做，比较吵闹，也可先来 A 组，然后 B 组。老师要事先准备好要复习的单词、短语和句子，在一个单词、短语和句子被猜出后，老师要迅速在黑板上写出第二个。也可提前写在准备好的板子上，直接拿出来。如果有多媒体的教室，直接用 PPT 投影出来即可。

游戏活动 7

活动名称：Last One Standing（最后的胜利者）
活动目的：复习词汇。
活动过程：全班以每组 8—10 人分成小组，围圈站立。老师给出一个主题词（如 food, clothes, animals, things in a kitchen），要求每组学生按顺序说出和主题词相关的词汇，每个同学之间用拍手并说"one, two, three"，拍手结束后说不出的同学，出局站在圈外，其他同学继续，最后一位同学获胜。
活动示例：
  (1) 老师示范游戏规则。
  (2) 老师说出一个主题词，如 clothes。
  (3) 每组开始游戏。
      全组学生拍手的同时说：One Two Three
      S1：coat.
      全组学生拍手的同时说：You are great.
      S2：pants.
      全组学生拍手的同时说：You are great.
      S3：err...
      全组学生拍手的同时说：You are wrong.
      （S3 出局站在圈外，S4 继续。）
      S4：skirt.
      全组学生拍手的同时说：You are great.
      S5：...
      ....
  (4) 游戏活动结束。
活动建议：为了增加游戏活动的有趣性，老师也可规定时间，这样每组同学就会自动加快速度，气氛热烈，活动具有竞争性，且能锻炼学生的反应能力。

游戏活动 8

活动名称：Scrambled Letters（打乱字母顺序的单词）
活动目的：巩固词汇和语法
活动过程：

(1) 老师在黑板上或PPT投影上写出8个单词、短语或句子，其中单词的字母顺序和短语、句子的词序被打乱。如，

"eicscen" for "science"
"chertea" for "teacher"
"kobo" for "book"
"blackboard the on" for "on the board"
"of front in of" for "in front of"
"look a for book" for "look for a book"
"any skyscrapers there Are New York City in?" for "Are there any skyscrapers in New York City?"
"you're having when Time flies fun" for "Time flies when you're having fun."

(2) 老师要求两个学生一组在规定的时间内写出正确的单词、短语和句子。先做完的获胜。

活动建议：根据学生的英语水平确定使用单词、短语还是句子。单词、短语和句子的打乱程度不宜太难。

游戏活动 9

活动名称：Assembly Line Monster（装配线上的怪物）
活动目的：复习表示身体部位的单词，口语问句练习。
活动过程：

(1) 老师解释活动规则，说明要每人画出一个monster（怪兽）。
(2) 学生两人一组，每人准备好纸和笔。
(3) 老师让每组的一个同学问对方下列问题，被问的同学边回答边在纸上画出问题的答案。

How many heads(feet, arms...) does it have?

Is it big/tall...

Does it have a round head, a big head, a beard...

(4) 一个同学问完后,反过来问对方同学,被问的同学边回答边画画。

(5) 全部同学完成后,老师请同学问,老师边回答边画画。

(6) 老师画完后,完整地描述一遍自己所画的 monster(怪兽)。

(7) 让同学两人一组互相描述自己所画的 monster(怪兽)。

活动建议:活动结束后,老师可以要求学生回家给所画的 monster(怪兽)图色,然后挂在教室的学习板上或墙上。

游戏活动 10

活动名称:听歌学单词
活动目的:词汇学习和练习
活动过程:

(1) 听歌并填上所缺的歌词,并从两个黑体的单词中选择正确的一个。

  Take me to your heart

  Hiding from the _____ and **snow**/**slow**

  Trying to _____ but I won't let _____

  Looking at a **crowded**/**clouded** _____

  Listening to my own _____ beat

  So many people all around the _____

  Tell me where I find _____ like you girl

  (Chorus)

  Take/**Make** me to your heart take/make me to your _____

  Give me your **hand**/**heart** before I'm old/cold

  Show me what love is——haven't got a **clue**/**crew**

  Show me that wonders can be **true**/**through**

  They say **nothing**/**something** lasts forever

  We're only here _____

  Love is now or never

  Bring me far _____

Take me to your heart take me to your _____
Give me your **hand**/**heart** and hold me
Show me what love is be my guiding _____
It's easy take me to your heart
on a mountain _____
Looking at the moon through a clear blue _____
I should go and see some _____
But they don't **really**/**ready** comprehend
Don't need too much **talking**/**walking** without saying _____
All I need is someone/no one who **makes**/**takes** me wanna **sing**/**think**

(2) 写出下列词的反义词
    (a) someone _____
    (b) nothing _____
    (c) true _____
    (d) high _____
    (e) easy _____
    (f) clear _____
    (g) old _____

(3) 说出歌词中哪个词的意思是UNDERSTAND? _____
(4) 说出歌词中哪个词的意思是NEVER END? _____
(5) 歌词中哪个词的意思是TOO MANY PEOPLE IN ONE PLACE? _____
(6) 歌词中哪个词语表示HAVE NO IDEA? _____

活动建议：此游戏活动通过听歌曲学习英语单词，老师要事先做好以下准备：选择歌曲内容；确定歌曲中要学习和复习的单词；根据歌词内容设计各种强化练习和输出型练习活动。所选歌曲和设计的练习活动要适合学生的年龄和英语水平，该活动中所选歌曲适合小学高年级学生。

第六章 怎样教语法

第一节 语法教学在小学英语教学中的位置

小学英语教学作为一个入门阶段,主要任务是通过看、听、说、玩、唱等一系列教学活动,对学生进行听、说、读、写的基本训练,激发学生的学习兴趣,培养良好的学习英语的习惯,并且通过学习一定量的词汇,接触一定量的日常交际用语,培养以听说能力为主的初步交际能力,为初中进一步学习英语打好基础。

从小学英语教学的任务来看,似乎只要学生通过听听、说说、唱唱、读读、做做,学会简单的英语对话或用英语进行简单描述日常生活就达到了教学目的,语法教学可有可无。其实不然,语法能力是交际能力的组成部分,语法教学是语言教学的必不可缺的内容。事实上,人们在学习和运用语言的过程中,总是自觉或不自觉地学习和运用着语法。因而,静态的、封闭的语法知识是在运用中为动态的、开放的、创造性的交际活动服务的,语法是帮助实现交际目的的手段。我们在小学英语教学中应该正确把握语法的位置,将语法教学放在以实现真实的交际意图为中心的交际活动中去进行,同时需要注意的是,在小学英语语法教学中,教给儿童语法,不是为了培养他们用语法分析英语语言的能力,不是要他们掌握一系列的语法概念。语法教学从属于运用英语能力的培养,是为培养儿童运用英语的能力服务的。语法教学在小学入门阶段只能围绕学生交际能力的培养这一教学目的来进行,不能作为主要教学内容。教师要在大量直观、形象、富有交际性的语言活动中对语法项目的关键之处略做点拨,引导学生通过观察、分析已获得的感性认识,归纳、概括其特点,使语法教学起到画龙点睛的作用,有效地帮助交际任务的实现。语法教学能让儿童对英语语言规则有明确系统的认识,有利于帮助儿童建立起语言规范。

第二节　小学英语语法教学的原则

一、交际性

小学英语语法的交际性在于语言呈形象化、交际化。语法能力是交际能力的组成部分,语法教学就不应该在孤立的句子中进行,而应该在交际活动中将零碎的语法点和真实有效的语境结合起来,从视、听、说入手,在听说实践中使学生发现、掌握语言规律。通过设计、创造交际性语言环境,运用幻灯、动作、实物、图片、简笔画、表演对话、手势、表情等,以教学内容为中心,组织真实、半真实的交际活动把语法点和交际性语境结合起来,让学生在贴近生活实践的语言材料中感知、理解和学习语言,在语言交际实践中,熟化语言结构,发展言语技能,培养初步的交际能力。

二、实践性

语言学习,离不开实践和反复练习。以行为主义学习理论为基础的听说法认为,外语学习基本上是一个形成习惯的过程。形成习惯的过程,按行为主义的解释就是,当对刺激的正确反应一直受到奖励,习惯就形成了。其他流派也从不同角度提出了练习在培养言语能力中的作用。因而在教学中,特别是语法教学中必须强调语言知识的实践性和练习的多样化。

小学英语语法主要出现在单词、句型、短小文章中,因而语法教学主要是结合这些具体的学习活动,让学生感受、领会、掌握一些基本的语法知识。语法教学要做到精讲多练,或适当点拨,反复操练,直到熟练掌握,形成语感,建立一套新的语言习惯。

三、多样性

纵观各种版本的小学英语教材,我们会发现:小学英语的教学内容基本上是以单词、对话、句型的形式出现,而且每一种感性材料和特定情景都为某一语言项目或语法的学习奠定基础。这就需要教师在进行培养语言交际能力的活动中,设计多种多样的方法,把语法项目巧妙地融入语言活动中去。语法教学的多样性主要体现在为一种语法项目设计多种不同的活动形式,或为多种不同的语法项目设计多种不同的与其相适合的活动方法。比如:可以用对比、图表、口诀、童谣、歌曲、游戏等方法把枯燥的语法规则变成形象、有趣的活动,使学生在轻松愉快的活动中掌握语法知识。

四、阶段性

　　小学英语教学着重对学生进行语言基本技能的培养,不是单纯的语言知识的传授,但只练习听说不管语法是不正确的。语法是语言内部规律的总结,学习英语要了解其基本语法。小学英语阶段开展语法教学不是从语法到语法,而是要帮助学生在感性认识的基础上上升到理性认识,最后让学生在理性认识的基础指导之下再进行语言实践。小学英语教学的任务之一便是培养学生对英语语义获得一些感性认识,为初中进一步学习打下基础。小学英语阶段实际就是对英语知识的感性积累阶段。从这一点上看,小学英语语法教学有最初阶段的特点,应把握这一初级阶段的特点。

第三节　小学英语语法教学的方法

　　在小学入门阶段,英语语法主要体现在各种套语、句型以及为这些套语、句型而设计的活动中。因而语法是在语境和语用中,为交际教学语法。教师应设计一系列含有语法点的交际活动,使语法点与交际性语境结合起来,通过交际性练习让学生在真实和半真实的语言环境中掌握语法规则。小学英语语法教学的方法大致可分为归纳法、演绎法、比较法、集中法、图画法、表格法。另外,还可广泛利用图片、实物、动作、简笔画、童谣、歌曲、游戏等直观手段,吸引学生的注意力,促使学生用英语和客观事物直接联系,形象化、交际化地呈现语法。目前,在儿童英语和小学英语语法教学中存在以下几个问题:

　　(1)强调语法概念,侧重语法知识的孤立训练,忽视从语言的运用角度去讲解语法知识,从运用能力的培养角度去要求儿童;

　　(2)语法教学中使用的例句缺乏真实语境,不能用真实的语境进行真实的语用功能表达。

　　下面我们结合一些活动简单介绍几种小学英语语法教学的方法。

语法教学活动　1

活动名称: 用图画教语法(运用图画可以进行英语语法教学,因为图画形象直观,能让儿童很容易地掌握教学内容。在小学阶段,图画教学只适合部分英语语法知识的教授,比如:方位介词、副词的教学,时态的教学等。)

活动目的：教 there ＋be 句型和介词 near, in front of, behind
活动方法：图画法，归纳法
活动步骤：

(1) 上课时，教师依次边说边在黑板上画出下列图：

图 1　This is a river.
　　　This is a house.
　　　The house is near the river.

图 2　These are two trees.
　　　The trees are behind the house.

图 3　This is a boy. This is a girl.
　　　They are in front of the house.

图 4　These are three geese.
　　　They are near the house.

(2) 教师边指图 1—4，边大声用英语再说一遍，同时在黑板上依次归纳写出所说的英文：

图 1：There is a house near the river.

图 2：There are two trees behind the house.

图 3：There are two children in front of the house.

图 4：There are three geese near the house.

(3) 教师用"What's this?""How many ...""Where ..."句型来复习单词 house, river, boy, girl, tree, geese,并启发学生观察 there is 和 there are 的区别。

T：What's this ?（教师指着图）
Ss：It's a house.
T：How many?
Ss：One.
T：Where is the house?
Ss：It's near the river.
T：What's this?
Ss：It's a tree.
T：How many?
Ss：Two.
T：Where are they?
Ss：They are behind the house.

操练之后,学生就自然地通过与情境相联系的语调和节奏掌握了语音,通过与情境相联系的句子结构领会了 there is/are 以及 in front of, near, behind 的不同含义。

(4) 在理解的基础上,教师启发学生找出 there is/are 的区别用法,同时,教师把启发的结果用强调书写的方法替换黑板上句子中的 is/are。

图 1：There **is** a house near the river.
　　　　　　　　one
图 2：There **are** two trees behind the house.
　　　　　　　　two
图 3：There **are** two children in front of the house.
　　　　　　　　two
图 4：There **are** three geese near the house.
　　　　　　　　three

(5) 教师适当提示 there＋be 的用法,学生在此基础上归纳出 There＋is＋单数名词/There＋are＋复数名词。

活动建议：此活动采用图画法,形象地用简笔画勾勒出教学内容,通过启发、观察、引导,让儿童在学习语言材料中接触语法现象。最后,在教师的启发下用归纳法引导儿童从这些语言材料中归纳总结出语法规则。教师在语法教学时,可采用两种方法相结合的方式,因为图画法能让儿童很容易掌握教学内容,归纳法有利于减轻儿童学习负担,降低学习困难,更适用于起始教学和新知识的教学。

语法教学活动 2

活动名称：用自编童谣记语法规则
　　我是 I，你是 you，
　　我用 am 你用 are，
　　is 用在他她它，
　　is 用在他她它，
　　他她它 he she it，
　　他她它，复数人称都用 are。

活动建议：这种自编童谣可用英汉，也可用全英来根据所教内容巩固语法点，复习单词，采用说唱（chant）形式诵唱，形式活泼，易于上口，好学好记。

语法教学活动 3

活动名称：用表格教语法知识
活动方法：对比法，归纳法，表格法
活动内容：

（1）陈述句与一般疑问句句式的比较：

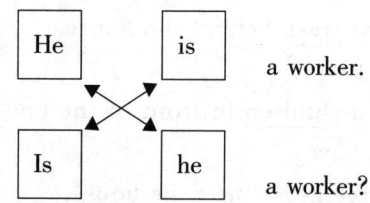

（2）"to be"与"to have"的用法：

人称代词	搭配词	
I	am	have
we, you, they	are	
he, she, it	is	has

活动建议：表格(1)(2)中用表格法结合比较法和归纳法，很明确地对知识进行比较和归纳。另外，由于表格强调内容的一致性，因此表格只能列举英语语法知识

的基本内容。表(2)可结合语法教学活动 2 一起练习助动词 be 的用法,也可结合下面这首儿童英文歌曲"Table and Chair"练习 have/has 的用法。

Table and Chair

I <u>have</u> a table in my little bedroom.

My little table <u>has</u> a little chair.

I <u>have</u> a table in my little bedroom.

My little table <u>has</u> a little chair.

语法教学活动 4

活动内容：设置上下文情景,利用逻辑的必然联系来讲解和操练语法结构"to have to"和"don't have to"。

活动步骤：

(1) 教师示范,提供语言情景；

　　T：I am going to have a meeting at 8. It is 7:55 now. So I <u>have</u> to hurry.

　　T：Oh, it's 7:00 o'clock now. So I don't have to hurry.

(2) 教师提供语言情景,学生练习做出结论,教师做出必要的提示：

　　T：English is very important.
　　　　So I want to learn English well.
　　Ss：So you have to study very hard.

　　T：We should keep our classroom clean.
　　　　The classroom is very dirty at present.
　　S：So we have to clean it.
　　T：Now the classroom looks clean.
　　Ss：So we don't have to clean it.

活动建议：此类活动适合中、高年级选用。

语法教学活动 5

活动目的：使用图片教名词复数的构成规则

活动方法：图表法,归纳法

活动步骤：

(1) 使用图片(大量单数实物名词图片)，教师采用句型"What's this/that?"提问学生，边问答边把单词写在左边。

(2) 使用图片(复数实物名词图片)，教师采用句型"What are these/those?"提问学生，边回答边把单词竖行写在右边。

What's this/that?　　What are these/those?

one book ──→ two books

one pencil ──→ three pencils

one apple ──→ four apples

one bird ──→ six birds

one bus ──→ seven buses

one box ──→ eight boxes

……

(3) 师生共同归纳名词复数的构成，一般都是在名词后面直接加 s，要求记住 boxes 和 buses 两个特殊词。

活动建议： 因为直观，很快就能建立复数的概念，而且口头说得出，规则变容易了，学生就不会对语法规则感到困难，教师应多设计类似的活动。

第四节　小学英语语法教学中的游戏活动案例

游戏活动　1

活动目的： 用 parrots 游戏练习正在进行时

活动规则： 学生站起来，教师用要求掌握的语法点 be(am, is, are)＋doing 说 true 或 false 句子。学生跟着重复 true 的句子，而在听到 false 句子时保持沉默，出了错的学生则坐下来，注意听。

活动步骤：

(1) 教师提出要求，并示范一次游戏规则；

(2) 游戏开始。

　　T：I'm a teacher. I'm teaching.

　　Ss：You are a teacher. You are teaching.

　　T：(Good) You are students. You are standing and you are listening.

Ss：（变换人称）We are students. We are standing and we are listening.

T：(Excellent)（指着两个站着的学生）They are sitting and they are reading.

Ss：（保持沉默,有几个学生重复,教师请这几个学生坐下,注意听）

T：（指着一个坐下的穿红衣服的女同学）She is sitting and she is wearing a red coat.

S：（重复）She is sitting and she is wearing a red coat.

T：（指着一个穿黄衣服的男同学说）He is wearing a red coat and he is having breakfast.

S：（保持沉默）

……

活动建议：此游戏可用于已学过的任何语法点和单词。

游戏活动 2

活动目的：用语法表格复习已学过的名词,学习句型 How many do you have?

活动规则：准备好一个 4×4 的格子,教师把要求掌握的、要进行练习的问句句型作为标题写上。在格子最上方的方格里画上或写上任何一个可以在问句中进行替代的名词,复印这个表格,给学生每人一份。让每个学生在有 X 的方格下面的方格里写上自己的名字,再让每个学生把自己的格子给旁边的同学,让他在同一栏的下一格写上自己的名字。再重复一下这一过程。让学生们再给一次格子(学生手里不能有写着自己名字的格子),然后学生对有名字在格子里的同学提问,问题中要用到最上方格子里写着的项目,并把同学的回答在恰当的格子里记录下来。

活动示例：

学习内容：How many _____ do you have?

复习内容：各类名词及其单复数

How many _____ do you have?

X	pen, pencils	candle bowl		
Tom	three trees			
Mei Mei	seven pencils			
Li Ming				five apples

Mary：Excuse me，Tom. How many trees do you have?
Tom：I have three trees.
Mary：Excuse me，Mei Mei. How many pencils do you have?
Mei Mei：I have seven pencils.
Mary：Excuse me，Li Ming. How many apples do you have?
Li Ming：I have five apples.

活动建议：此游戏也可在两人之间互相问答，这样利于更多学生开口讲英语。

游戏活动 3

活动目的：确认语法错误，培养学生自己发现并改正错误的能力，在改正错误的过程中学习语法规则。

活动步骤：老师事先在黑板上出示一些有语法错误的句子，同时告诉学生每句中有几个语法错误，让学生自己找出错误并加以改正。

例如：

Correcting mistakes

(1) He love her very much.
(2) They maked a cake for their mother.
(3) Which one you prefer?
(4) I not know where to go.
(5) This one is gooder then that one.
(6) Where is the girl go?

(7) Why you look at me like that?

(8) You must to tell my!

(9) The flowers was in the garden.

(10) Yesterday I am very ill.

Corrected versions

(1) He loves her very much.

(2) They made a cake for their mother.

(3) Which one do you prefer?

(4) I don't/do not know where to go.

(5) This one is better than that one.

(6) Where is the girl going?

(7) Why do you look/are you looking at me like that?

(8) You must tell me!

(9) The flowers were in the garden.

(10) Yesterday I was very ill.

活动建议：

(1) 活动前必须跟学生强调所有的句子都是有语法错误的，活动结束时必须给学生呈现正确的句子。

(2) 老师可以根据学生容易出错的语法自己编写句子让学生来改正，也可以从学生的作业中挑选出典型错误让学生来改正。

(3) 该活动可用来做 individual work, pair work, group work 或 whole class work。此活动适合高年级使用。

游戏活动 4

活动目的： 培养学生用词连句的能力。

活动要求： 老师先在黑板上写出一个学生熟悉的词，然后启发学生在该词的前后增加一两个新词来组句。依次类推，句子的长度以学生能接受的程度为准。

活动步骤：

例如：

Teacher：go

Student 1: go to bed

Student 2: You go to bed.

Student 3: You must go to bed.

Student 4: You must go to bed earlier.

Student 5: You must go to bed earlier tonight.

Student 6: Mother said you must go to bed earlier tonight.

Student 7: Mother said angrily that you must go to bed earlier tonight.

……

活动建议:

(1) 在学生每次增加填词后,老师应重复一遍新增加的句子,同时有意识地改正学生的错误。

(2) 活动前应告诉学生尽可能在句前或句后增加词,这样新组成的句子比较容易读,而且容易让其他学生看到新句和原句的不同之处。

游戏活动 5

活动目的: 词汇、语法时态及句型练习

活动步骤: 老师先说出一个句子,然后让一个学生复述老师的句子,并添加自己的句子;再请另一位同学做同样的过程,依次类推。

例如(用此活动练习一般现在时):

Teacher: I like pop music.

Student 1 (James): The teacher likes pop music, and I like watching television.

Student 2 (Jill): The teacher likes pop music. James likes watching television, and I like ice cream.

Student 3 (Mary): The teacher likes pop music. James likes watching television. Jill likes ice cream and I like ice cream, too.

Student 4 (Tom): The teacher likes pop music. James likes watching television. Jill and Mary like ice cream, and I like playing basketball.

……

活动建议:在句型熟悉之后,可变换各种其他学过的句型结构,如:"I hate..." "I want to buy..."或"Yesterday I..."

游戏活动 6

活动目的:培养学生用英语提问的能力
活动步骤:老师从课文或练习中任意选择一个陈述句,然后启发学生就该句提尽可能多的问题。
例如:
The moon is made of green cheese.
可能的提问方式:
Is the cheese light or dark green?
Is the moon all made of green cheese, or only part of it?
Is the cheese hard or soft?
Why is the moon made of green cheese?
How was it made?
What does the cheese taste like?
...

活动建议:如果有时间,让学生回答这些问题。

游戏活动 7

活动目的:自编儿歌区分名词性和形容词性物主代词的用法。
活动示例:
It's my pen. It's mine.
It's your bike. It's yours.
It's his dog. It's his.
It's her cat. It's hers.
It's our room. It's ours.
It's their ball. It's theirs.

游戏活动 8

活动名称: "Tick Tick Tick"(计时活动)
活动目的: 练习英语语法中的比较级和最高级,朗读和听力。
活动过程: 全班学生分成 4 人一组的小组。每组准备一张空白纸。老师在黑板上写出 10 个形容词原形,10 个带有形容词的英语句子,空出句中的形容词。老师让每组学生在规定的时间内完成填空。老师公布答案,答对多的小组获胜,给予掌声鼓励。然后,每组选出一位同学读句子,组内其他同学口头重复并填出形容词的正确形式。
活动示例:

(1) 老师写出 10 个形容词原形和 10 个英语句子。

> happy, tall, good, strong, fat, cold, thin, fast, old, large.

  a. This coffee is very weak. I prefer it a bit _____.
  b. The Wabash River flows _____ in spring than in fall.
  c. Bill has bought a _____ car.
  d. The giraffe is _____ than the man.
  e. Paul is the _____ boy in our class.
  f. Who is your _____ singer?
  g. Sam is _____ than Tom.
  h. You look _____. Have you lost weight?
  i. The children look _____ today.
  j. It's _____ today than yesterday.

(2) 在规定时间内,学生小组讨论并完成填空。
(3) 老师公布答案,纠正典型错误,评出优胜组,掌声鼓励。
(4) 小组口语练习,巩固形容词的比较级和最高级的用法。

活动优点: 通过简单的活动培养学生的团队合作精神,帮助学生通过交互活动掌握语法,同时培养学生的语言输入和输出技能,即听说能力。

> 游戏活动 9

活动名称：Shopping List Game（列购物单游戏）

活动目的：练习英语语法中的可数名词和不可数名词的区别，同时练习下列词语的用法：some/many/much/a lot and few/little。

活动过程：学生围坐成或站成一个小圆圈（每组 6 人左右）。老师开始演示活动，告诉学生我们要去购物，老师先说一句要买的物品，旁边的一位学生重复老师的话，然后增加一件自己要买的物品，后面的学生依次往下增加。老师提醒学生在增加物品时注意可数和不可数物品的表达方式。

活动过程示例：

T：Let's go shopping! Do you like shopping?

Ss：Yes, we do.

T：Ok, I'm going to buy some apples.

S1：I'm going to buy some apples and some rice.

S2：I'm going to buy some apples, some rice and many pencils.

S3：I'm going to buy some apples, some rice, many pencils and a ruler.

S4：I'm going to buy some apples, some rice, many pencils, a ruler and a few pens.

S5：I'm going to buy some apples, some rice, many pencils, a ruler, a few pens and some milk.

S6：I'm going to buy some apples, some rice, many pencils, a ruler, a few pens, some milk and a pair of shoes.

活动建议：该游戏强化与商店里能买到的物品的可数和不可数的用法，老师的角色是明确活动的步骤，同时及时纠正学生的错误。如果班额太大，老师可在教室里来回走动指导每一组，同时每一组指定一位学习比较好的同学检查和纠正学生的错误。比如，如果有学生说"I'm going to buy some egg."老师要用正确的方式重复学生的话语"I'm going to buy some eggs."，然后让学生自己再重复一遍。

> 游戏活动 10

活动名称: Wally's World(威利的世界)

活动目的: 练习 There is/are，much/many 的用法，复习可数名词和不可数名词的用法。

活动过程: 在游戏前，老师在黑板上写出 In Wally's World there are/is _____，but there are/is no _____. 然后告诉学生 there are and there is 的区别，要求学生在第一句和第二句里所用名词的可数和不可数一致。而且 Wally's World 只接受含有双写字母的单词。学生以小组围坐或站立，开始重复黑板上的 there ＋ be 结构，并注意老师的要求。

活动示例:

    T：In Wally's World, there are feet, but there are no hands.

    S1：In Wally's World, there is coffee, but there is no tea.

    S2：In Wally's World, there are walls, but there are no buildings.

    S3：In Wally's World there is beer, but there is no wine.

    S4：...

    S5：...

活动建议: 该游戏中的 Wally 是一个虚构的名字，可以替换。开始首次游戏时，老师可示范并帮助前两个学生想出带双写字母的单词，也可以鼓励其他学生帮助说出相关的单词。老师的角色是注意重复学生的话语，及时纠正学生的语法错误。第二次开始时，学生可使用前面已经提到过的单词，并逐渐加快重复的速度。此游戏也可用来练习其他语法项目，比如时态等。

第七章 怎样教听、说、读、写

第一节 小学英语教学中听、说、读、写教学的意义及原则

听、说、读、写是人们运用语言进行交际活动必不可少的四项基本言语技能,小学英语教学从入门阶段就应以听说为先导,全面发展学生的听、说、读、写的技能,这不仅符合小学英语教学的目的和任务,也符合语言学习的规律。

我们知道,语言的学习过程是一个有序的过程,表现为信息的输入和输出,即必须以一定量的信息输入为前提。也就是说、写这样表达性的言语活动必须以听、读这样吸收性言语活动为基础。此后这四种言语技能的发展相互融合、互为提高。小学英语教学也必须遵循这样的规律。开始时让学生尽量多听,然后模仿、跟读、朗读。具体到教授字母、单词、词组、语音、语调、句型和语法时,老师则必须在教学中实现听、说、读、写的相互转化、相互结合,以全面发展学生的四项基本言语技能。如教句型时,教师的示范、放录音、学生静听都属听的技能的教学;学生跟读、朗诵、模仿则属读的技能的教学;而利用真实或半真实的情景模拟交际,属于说的活动;抄写、默写、听写又属于写的活动。这些活动环节在一节课里不断反复交替出现,从总体上保证了全面的综合性要求的同时,又一个方面一个方面地巩固、把关,使学生最终实现听、说、读、写的四会技能的培养,掌握小学阶段的语音、词汇、句型、语法基本知识。

听、说、读、写技能的训练既是英语教学的目的,也是教学赖以进行的手段。在英语教学中,听、说、读、写四个方面的训练相辅相成,互相促进,但并不意味着每节课都要在这四个方面平均用力。小学生活泼好动,模仿力强。根据这一阶段的年龄特点,起始阶段的教学要从听、说入手,培养听、说能力有助于学习书面语,可以调动学生学习的积极性,培养学习英语的兴趣,也有助于打好语音基础。起始阶段以后,在继续发展听、说能力的同时,要重视培养读、写能力,使听、说、读、写四项技能全面发展。听、说、读、写交替训练,在不同阶段应有所侧重,这符合学习语言的

自然规律和顺序,也可调动学生多种感官,使学生在动耳、动口、用眼、动手的趣味活动中培养对英语的感性认识,养成良好的学习习惯,获得听、说、读、写的基本技能,为初中进一步学习英语奠定良好的基础。

第二节 小学英语教学中听、说、读、写教学的方法

一、听、说技能的训练

听、说能力是口语能力,是言语能力强弱的一个体现。口头交际是人们生活中主要的交际形式,因此从一开始就对学生进行听、说技能训练,不但有利于提高初级阶段的英语教学效果,而且符合儿童学习语言的特点,有利于儿童智力的开发和培养。

1. 听力的常用训练方法

根据小学生的年龄特征和小学英语教学的任务和课型,教师应采用不同的训练方式,且每种训练形式不宜太长,尽可能培养学生向纵深发展,教师在安排教学内容时要注意由简到繁,由易到难,教学时尽量使用英语,适当运用母语,始终保持教学的兴趣性。在小学英语教学中常使用的听力训练方法有以下几种:

(1) 听音会意

教师边做边说,比如边示范边说、边画简笔画边说、边出示图片边说、边指实物边说。学生静听,让学生通过边看边听熟悉语音,领会所听到的音所代表的意。比如:教师用简笔画,边画边指,并将英语单词写在上面不断重复,让学生静听,理解所表达的意思。

T: This is a river.

river

T: This is a house. The house is near the river.

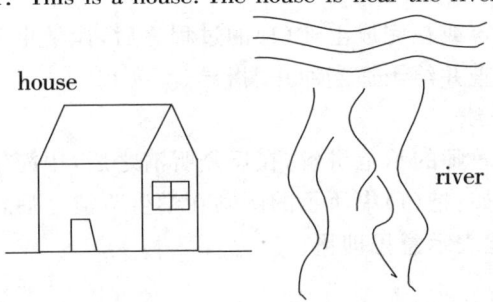

T: This is a goose, and that is a duck. There are four geese and one duck. They are in the river.

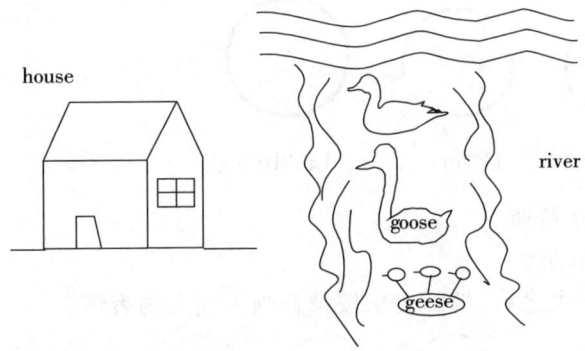

T: This is a big tree. A cat is on the tree. The tree is near the river, too. There are one cow and one dog near the tree.

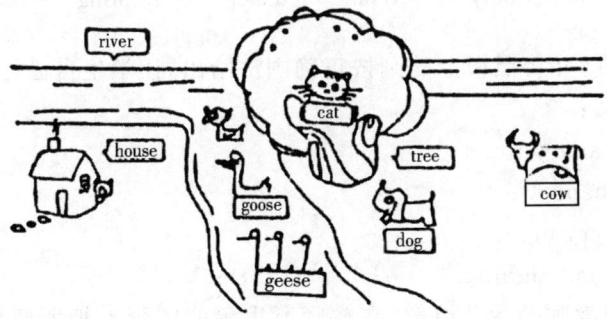

教师在边画、边指、边写、边重复之后,要指着图反复1—2次,语速慢慢加快,学生反复听,反复体会各句的意思。教师要求学生注意语音、语调、语流的变化和运用。教师也可借助录音边放、边画、边重复,完成上述过程。

（2）听音跟读

教师播放听力内容或在完成上述(1)的过程之后,让学生开始模仿跟读并反复练习。教师要认真检查并给予适当纠正、指导。

（3）听音画图、连线

学生根据录音或教师的示范讲解,在反复听清之后,用简笔画画出录音或范读中所描绘的图片。比如:把(1)中所示的图画在学生听清之后,由学生画出,图画要求不一定很像,只要能表示意思即可。

再如:

a. 教师在黑板上简笔画出人头若干,并要求学生在练习本上画同样的圆图作人头:

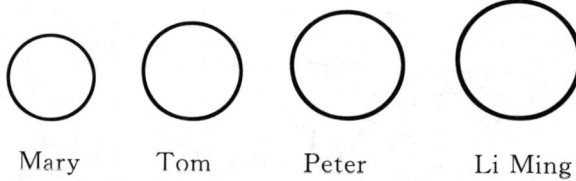

b. 教师放录音,学生静听。

c. 教师范读,学生静听。

d. 在学生静听若干次之后,教师要求按录音画不同人的表情:

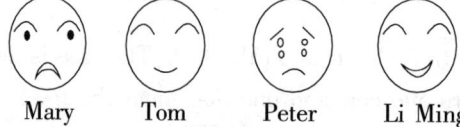

e. 教师检查,并将黑板上的画按正确画法给出,让学生自己检查听的效果。

录音原文:

Mary is angry.

Tom is happy.

Peter is crying.

Li Ming is laughing.

根据录音或教师的示范讲解,在教师所出示的图画上把所听到的物体名称和其位置之间连线。如:

A: Put the giraffe in the living room.

B: What?

A: Put the giraffe in the living room.

A: Can you see the line? Now listen and draw the line.

(4) 听音指图、图色

教师示范、反复听音之后,出示图片或在黑板上用简图,也可采用教材上学生活动图,要求学生根据所听到的某一物体的详细位置去确定它是什么,并用彩笔正确图色。如:

原文: A flower. It's a red flower.
　　　A tree. It's a green tree.
　　　A house. It's a white house.
　　　A moon. It's a dark moon.

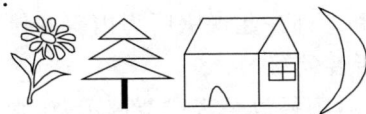

(5) 听音标号

教师读听力原文,并出示图片,学生找到相应的图并在方格内写上表示序号的数,每句读 2—3 遍。

录音原文:① Merry Christmas.
　　　　　② I love banana.
　　　　　③ ice cream
　　　　　④ We get lots of Christmas cards.
　　　　　⑤ get up
　　　　　⑥ orange juice

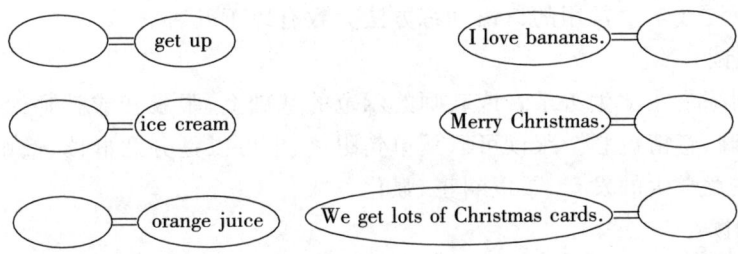

(6) 听音表演

教师发出指令,范读听力内容,播放录音,学生根据所听到的信息做出相应的动作、表情。此种练习最常用的形式有 Tom says 活动,Teacher says 活动和 TPR (全身动作活动法)。以 TPR 示例练习听力内容:open the door, go inside, close the door, sit down, wave good-bye, jump.

　　a. T:Open the door. (同时模仿两次动作。)
　　b. T:Open the door. (教师和学生一起做动作。)
　　c. 用同样方法介绍 go inside, close the door...
　　d. 停止和学生一起做动作,给出指令,让学生自己做动作。

e. 教师再次给出指令，让单个学生做动作。

f. 教师打乱顺序再次给出指令，让单个学生做动作。

(7) 听音说唱(chant)

教师播放听力内容，第一遍要求学生静听，注意语音、语调、节奏、音律。第二遍要求学生低声模仿并用手打拍，一句一句放录音或范读。第三遍放录音，学生跟着录音或和老师一起说唱听力内容并伴拍手等动作。

(8) 听音默写

首先，教师播放录音或范读示范，学生静听，不写；其次，教师重复，学生跟写；最后，教师重复并检查听写内容。

2. 说的常用练习方法

小学英语教学中口语的训练主要是训练学生开口的习惯，开口说的习惯又同发音、拼读、朗读、听力训练紧密结合。这就需要小学英语教师要从头开始，循序渐进，注意培养学生良好的说英语的习惯。在小学英语口语教学中，主要有两种大的训练模式：模仿性的机械练习和交际性的活用练习。因为在大量的听的训练的同时，学生需要开口模仿，这既符合英语习得的过程，又符合小学生好模仿的年龄特征，大量的模仿性机械练习为交际性的活用练习练熟了说话的基本套路，为开口交际奠定基础。因为语言学习虽要模仿，但不仅仅是模仿，在不同情景下，不同的人说的话不一样，这就需要创造性地活用训练。

小学英语教学中常用的口语训练方法大致有以下几种：

(1) 跟读

跟读训练是在学生听录音或教师的示范的基础上，跟录音或教师模仿开口，感知语音、语调、感情色彩。跟读可以是单句跟读，也可以是分意群读，教师在学生跟读中随时注意学生的发音，予以纠正，强化。

(2) 朗读

朗读训练是在大量的听力和跟读模仿训练的基础上，由学生自己进行开口模仿的一种口语训练形式。朗读训练可以是个人朗读、小组朗读，也可以是集体朗读、分角色朗读等。朗读训练没有记忆的负担，学生主要注意语音、语调、语流的模仿，教师随时予以指导、纠正。

(3) 背诵

大量背诵是通往真实交际的途径之一，是作为预备性的言语练习和巩固性的语音练习的重要形式来使用的。背诵应在教师组织的各种语言操练活动中进行，通过操练、讲解，使学生在理解的基础上无意识地背诵各种句型、套语，避免死记硬背。

(4) 会话

经过跟读、朗读、背诵的操练之后，学生基本上已经对所学句型例句熟练掌握。

教师应根据内容设计一定的说话活动,让学生进行巩固性的练习和交际性练习。

小学英语会话需要注意以下几点：

- 英语会话有多种形式,如① 以师生间的问答为主的问答式会话；② 以模拟、设计一定情景并扮演不同角色为主的情景会话；③ 以开放性、随机性为主的交际性会话。这些会话形式可按配对、小组交融的形式进行。
- 会话内容要贴近学生的真实生活,难易程度适当,要求学生完成的任务也必须是他们力所能及的。
- 以鼓励为主,不要轻易打断学生的对话来纠正错误,要鼓励他们多模仿、多实践,使他们明白重复是学好语言的必由之路。
- 开展口语活动时要防止儿童使用母语。要使学生明白什么时候必须讲英语,什么时候可以讲一点母语。
- 开展口语活动时,应充分发挥儿童善于模仿、不怕重复的特点,反复实践,不必多讲语法。
- 开展口语活动时,要有明确的语言要求,自由度要恰当,最好能听说结合或读说结合来开展活动。

(5) 其他

在小学高年级除继续使用以上几种口语训练方式外,还可配合课文内容进行口头复述、转述、讲述、看图作文、讲故事、演讲、值日生汇报、演小短剧、表演等活动来训练学生进一步活用语言的能力。在训练之前,教师要做出具体安排,使学生有目的、有时间、有内容准备,切忌让学生养成先写后背再说的不良习惯,以免影响说的能力的提高。

二、读、写技能的训练

1. 读的技能的训练

读的技能的训练在小学英语教学阶段主要以出声朗读和不出声的默读为主。朗读在小学英语教学中尤为重要,主要用于学习语音、语调,在声音的配合下更好地体会、理解和表达读物的感情色彩。朗读时学生的眼、口、耳、脑同时并用,有助于理解和记忆,也有助于学生对英语语感的培养。在学生具备了较好的朗读能力后及时培养默读能力,有助于学生直接理解书面语言的意义。此种训练主要用于小学高年级的精读课文和泛读课文教学,我们在此将不做详细的介绍。在上一节培养说的方法里,已经简单介绍了朗读的方法,因为朗读在小学阶段是开口说的基础,本节对小学朗读教育的训练方式再做详细的介绍。

小学朗读教学的主要方式：

(1) 范读

教师范读或借助录音示范,为学生开口模仿提供感性认识。

要求:语音、语调要正确、流畅,有节奏,有感情,按意群正确停顿,有连读。

(2) 跟读

(3) 情景朗读

在这种朗读练习中,学生按内容分别扮成不同的角色,想象自己处在不同的情景中,针对不同的情景有表情地朗读,适当配以动作、手势等表演手法,也可借助图片、幻灯片、教学电视等直观教具和电教设备,教师边呈现情景边领读,学生跟读;或教师边呈现情景,学生按教师的指点进行朗读,这种朗读直观形象,易于引起学生的兴趣。

(4) 集体朗读

集体朗读有助于鼓励胆小怕羞的学生朗读,增加学生朗读的机会,也便于教师检查和发现学生普遍存在的问题,营造朗读的气氛,调动学生的积极性。

(5) 小组朗读

小组朗读形式可灵活采用轮读、对读、角色朗读、教师读学生答、学生读教师答、男女对读等。此种朗读有助于激发学生的兴趣,符合小学生争强好胜的特点。

(6) 个别朗读

个别朗读易于发现学生的朗读缺点,便于检查、纠正、指导,但活动面小,可与集体朗读、小组朗读、情景朗读结合交替进行。

2. 写的技能的训练

听、说、读、写四项技能互相联系,在不同阶段各有侧重。写作技能是在听、说、读的基础上进行。在小学阶段,写的技能训练主要包括熟练的英文书写能力,良好的书写习惯和最简单的、初步的写作技能。

常用的训练写的技能方法有:

(1) 教书写

入门阶段的书写教学内容包括书写字母、单词和句子,教学任务是培养学生熟练的书写技能和良好的书写习惯。

教书写时,教师要注意以下几点:

- 示范——教师向学生示范字母、单词和句子的书写方式,学生注意观察教师书写姿势和运笔动作,教师边示范,边讲解起笔、落笔的顺序。
- 模仿——学生在教师示范后,先空中书写,后动笔在四线三格里练习书写。
- 纠正——学生书写时,教师巡回纠正、检查。

(2) 抄写

通过抄写,要求学生熟悉书写的格式、词的拼写、大小写和句子的标点符号。抄写时应要求学生边拼读边书写,并注明汉语意义。除了抄写课本所学单词、句子外,还可让学生抄写一些已经熟悉的日常用语。

(3) 听写

这是一种在英语教学中常用的训练听力和拼写能力的练习,适合于各个不同阶段的学生。小学生的听写主要听写单词、单词的注音、短语、句子、同义词代换、课文改写和小短文。这样的练习一次性不宜太多,起着巩固复习的作用。

第一种做法是:教师念什么,学生写什么,一般是单词只念一遍,句子念两遍。第一遍边听边写,第二遍检查,听写后教师抽查几份,主要采取集体纠正的方法。

第二种做法是:学生用自己的话把教师所写的内容写出来,这种做法难度较大,不宜在小学运用。

(4) 填写

通过填写,完成句子,或运用看图写单词,打乱字母顺序写单词,选词填空,配词成句,扩展句子,这些形式都可用来训练和检查学生对单词、语法、句子的理解和运用。

填写活动示例 1

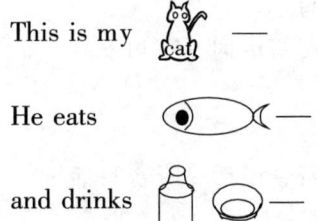

填写活动示例 2

Jenny gets up _____. She drinks a _____ of tea and eats some toast. She goes to school in a _____.

(5) 仿写

这种书写训练类似于口语练习中的仿说,只不过是把仿说的内容写下来。可用于训练单词和一些基本的句型、套语,仅需改换其中的若干名词、代词、形容词等。也可用于学完课文后,就课文中的单词、短语、句型仿写与课文内容相似的内容。教师也可提供一些已学过的内容来补充,帮助学生完成仿写练习。这种练习是一种活用性的笔头练习,是培养学生写作的初级训练形式。

(6) 看图写话

看图写话也类似于看图说话的练习。看图说话是口头练习,常为对话式,看图写话只要求学生写下答话,也可以要求学生在看图说话之后把所说的话写成一篇小短文。

(7) 自由写作

自由写作不做特别要求,只要求学生用所学的内容自由描绘自己熟悉的内容,如:自我介绍、家庭成员、天气变化、日记、书信、各种贺卡、电话号码等。因为在小学阶段,学生知识有限,写出来的东西一般都是简单句,但对学生以后练习写作打下了一定的基础。

三、听、说、读、写的综合训练

听、说、读、写四项语言技能在小学英语教学中实际上不是单一地进行单项训练,而是听中有说,说前有听,听后有说、写、读,四项技能总是相互密切联系,紧密配合完成语言的教学活动。

常用的听、说、读、写的综合训练有以下几种:

(1) 看图说话—写话

(2) 看图—听音—仿说—仿写

(3) 看图—读单词—说句子—写单词—写句子

(4) 听音—诵读—说唱

(5) 听音—朗诵—学唱

(6) 听音指图—听音重复—听音说话—听音写话

第三节　小学英语教学中听、说、读、写的游戏活动案例

一、培养听、说的游戏活动案例

游戏活动　1

活动目的: 练对话

活动准备: 教师把一个软皮球(或一朵花)轻轻扔给离自己最近的一个学生,同时说

出要复习的对话中的第一句。这个学生用对话的第二句回答,然后再说一遍第一句,把球扔给下一个同学,接球的学生说第二句,以此类推。

活动步骤:

  T:Hello,what's your phone number?(扔球)

  S1:328567(three,two,eight,five,six,seven).

    Hello,what's your phone number?(扔球)

  S2:328668(three,two,eight,six,six,eight).

  ……

活动建议: 必要时,可催促学生加速进行,活动中的句型可根据所学内容随意选择。

游戏活动 2

活动目的: 练习句型 I went shopping and I bought... 和复习单词

活动准备: 把学生分成几个小组,每组以 10 人左右为宜,学生围成圆圈坐,每组的第一个学生用一种句型说一句话,第二个学生重复第一个学生的话,并在后面再说一句话,第三个,第四个……以此类推。当学生重复错时,全组说出正确答案,该学生被"淘汰"在旁边静听。

活动步骤:

  S1:I went shopping and I bought a book.

  S2:I went shopping and I bought a book and a pen.

  S3:I went shopping and I bought a book, a pen and a toy.

  ……

活动建议: 教师可提供所学物品的名单,写在黑板上,帮助学生选择。

二、培养读写的游戏活动案例

游戏活动 1

活动目的: 练习朗读,拼写单词

活动准备: 把学生按每组5—7人分成几组,站立成队,教师向每队的学生A小声说一个要求掌握的单词并拼读,学生A向学生B重复,学生B向学生C重复,以此类推,每队中的最后一个学生跑到黑板前,写出单词,写出最多的正确单词的队获胜。

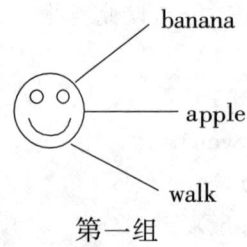

第一组

第二组

活动步骤：

SA：b-a-n-a-n-a，banana.
SB：b-a-n-a-n-a，banana.
SC：…
SD：…
SE：（跑到黑板前，写出该单词）banana

活动步骤：

S1：e-l-e-p-h-a-n-t，elephant.
S2：e-l-e-p-h-a-n-t，elephant.
S3：…
S4：…
S5：（跑到黑板前，写出该单词）elephant

活动建议： 这种游戏活动也适用于句型、字母等内容。

游戏活动 2

活动目的： 练习拼写，巩固单词

活动准备： 教师在黑板上写出一个比较长的单词，把全班学生分成2—3组，要求各组讨论用单词中的任何一个字母来造一个以该字母开头的已学过的单词，写出单词最多的组为获胜者，并让获胜组选一个学生大声拼出所写单词，其他组静听。

活动步骤： dictionary

教师在黑板上写出单词dictionary，要求学生用每个字母写出单词：

A组	B组
desk	dog
ice	red
rat	ink
cook	cat
…	…

活动建议：教师要求每组学生低声讨论，每组指定一名学生记录，要限定时间。

三、培养听、说、读、写的游戏活动案例

游戏活动 1

活动目的：听、说练习

活动步骤：老师在黑板上先画出某一物体的一小部分，然后采用启发式的问题提问，让学生发挥想象，自由说出物体的名称。接着老师一部分一部分地将物体画出，每添加一部分，师生重复问答过程。

游戏活动 2

活动目的：读、写练习，培养学生动手写简单句和朗读能力。

活动步骤：

(1) 告诉学生在5分钟内写出老师所要求的内容。

(2) 老师指定1—2个话题范围。

(3) 告诉学生先不要担心任何语法错误，只要用英语写出自己的想法就可以了。

(4) 写完后，同桌之间交换所写的内容并大声朗读出来。

(5) 老师可将书写错误集中起来，在下一节课纠错或评讲。

活动主题示例：

(1) The best thing in the lesson today

(2) The worst thing in the lesson today

(3) The best thing to happen to me today

(4) Something which is not fair

(5) A sad/funny/great moment

(6) A good friend

(7) A road

(8) A teacher

(9) A memory from my first lesson

(10) Something that I love doing

(11) Something that I hate doing

(12) A place I know

(13) A person I know
(14) My favorite food/TV programme/sports activities

......

游戏活动 3

活动目的：听、说练习，复习一般过去时和过去进行时。
活动步骤：
(1) 播放一段有各种声音的录音，学生闭目静听。
(2) 录音结束后，学生做 pair work，用英语描述所听到的内容及声音。
(3) 以一般过去时和过去进行时为主要描述时态。
活动示例：
There was a car; it was going past.
Somebody dropped something.
Somebody was singing.
Somebody was singing an English song.
Somebody closed a door.
There was a bird; it was singing.
Somebody was laughing.

......

游戏活动 4

活动目的：写作练习
活动步骤：每个学生准备一张练习纸，在纸的顶头任意写上一个问题，然后传给下一个同学；第二个同学将问题的答案写在纸上，并添加一个新的问题，然后再传给第三个同学。依次类推。
活动示例：
Student 1: What are you going to do after the lesson? ⇨
Student 2: I am going to go back home. What's the weather like? ⇨
Student 3: It's cold today. What kinds of sports activities do you like? ⇨

......

活动建议：在传递 5—6 次之后，请一位同学把前面问题和答案大声朗读出来。此活动可采用 pair work 或 group work 来做。

游戏活动 5

活动名称：Twenty Questions（二十个问题的游戏）
活动目的：复习 Yes/No 一般疑问句；口语练习；热身活动
活动过程：老师告诉学生她/他在想一件东西，请同学们自由问老师问题以便确定这个物件是什么，学生根据老师的 yes/no 回答逐渐缩小物体的范围，最后猜出老师所想的物品。
活动示例：

　　T：Hi, everyone, let's play a game. I'm thinking of one object now. Please ask me questions to see if you can guess it.
　　S1：Is it in the classroom?
　　T：Yes.
　　S2：Can you eat it?
　　T：No.
　　S3：Is it big?
　　T：No.
　　S4：Do you have it?
　　T：Yes.
　　S5：Do we have it?
　　T：Yes.
　　S6：Is it a pen?
　　T：No.
　　S7：Is it a textbook?
　　T：Yes, it is a textbook. I'm thinking of a textbook.

活动建议：该游戏可用作热身活动、复习活动或口语活动。可在老师示范下全班一起做，也可以老师全班示范之后，分小组做。开始时用 yes/no 一般疑问句提问和具体的物体来做游戏；随着学生水平的提高可逐渐使用 wh-特殊疑问句和抽象名词来增加难度，但不能直接问"What is it?"该游戏适合任何年龄和水平的学生，教师只需要根据学生的水平和年龄调整所想的东西即可。

游戏活动 6

活动名称：Playing with Questions（提问游戏）
活动目的：口语练习，提问练习，时态巩固练习
活动过程：学生分成小组，每组由老师指定一位同学做评委。老师给每个小组准备一张讲义，上面事先编写好四个方面的选项，如：

Who?	What?
Anna	made a model plane
Susan	read a magazine
Georgia	danced
Victor	played chess
Hilary	wrote a letter
Mary	listened to music
Sylvia	found a toy
Janet	drank some milk
Where?	**When?**
in the garden	every day
at school	this morning
in the park	on Saturday
under a tree	last Sunday
on a bridge	every Sunday morning
by the pool	last week
on the beach	at the weekend
near the lake	two weeks ago

然后为每一组编写一个完全不同的句子，比如：

Group A Janet wrote a letter in the garden last week.
Group B Mary found a toy at school this morning.
Group C Susan made a model plane in the park last Sunday.
Group D Victor drank some milk near the lake two weeks ago.

句子事先不给学生，由老师或小组内一位担任评委的同学拿着。要求每组学生开始用一般疑问句来提问，依次找出句子中"who"在"when"和"where"做了"what"。

活动示例(以 Group A 为例):

T: Let's start.

S1: Was it Jane?

T: No, it wasn't.

S2: Was it Mary?

T: No, it wasn't.

S3: ...

T: ...

S4: Was it Janet?

T: Yes, it was.

S1: Did Janet take some photos?

T: No, she didn't.

S2: ...

T: ...

S3: Did Janet write a letter?

T: Yes, she did.

S1: Did Janet write a letter at school?

T: No, she didn't.

S2: ...

T: ...

S3: Did Janet write a letter in the park?

T: Yes, she did.

S1: Did Janet write a letter in the park yesterday?

T: No, she didn't.

S2: ...

T: ...

S3: Did Janet write a letter in the park last week?

T: Yes, she did.

活动建议: 此游戏一直进行到各组都完成了自己的句子为止。在活动进行中,如果出现学生提问错误,老师要及时用正确的问句重复,让学生知道错误,以便在下一次提问时能用正确的问句。该游戏也可用于其他时态的问句练习。

游戏活动 7

活动名称：What did you hear?（你听到什么？）
活动目的：英语听说练习
活动过程：老师事先准备各种声音的媒介,如磁带、多媒体等。老师示范并让学生先使用名词表达所听到的人或物,然后用动词描述所听到的事件。
活动过程示例：

T：Now, listen carefully and be ready to say what you hear and what they are doing.（老师放一个准备好的录音片段）

录音结束后

T：Did you hear anything? Listen again. What did you hear?

再次放录音片段,结束后

T：Now, tell me what you heard by saying "I heard a..."

S1：I heard a woman.

S2：I heard a woman and an engine.

S3... S4... S5...

T：Tell me what you heard by saying "I heard somebody doing something."

S1：I heard a woman talking.

S2：I heard an engine working.

S3... S4... S5...

活动建议：此活动也可以让学生配对做,或三人做。一人问,一人回答,第三个人转述,如 Susan said that she heard a man talking。

游戏活动 8

活动名称：Telling Tales（讲故事）
活动目的：练习听、说、读、写的技能
活动过程：在黑板上写出三个单词,第一个是人物,第二个是地点,第三个是表示事件的动词。比如,"The Queen""beach""skipping"。让学生发挥自己的想象力来编写小故事。写完后,互相读给同桌听,并请同桌纠正文中的语法错误。然后每两人中选一个大声读出自己的小故事,其他学生和老师边听边纠正其文中的语法错误。
活动建议：该游戏是一个听说读写的综合练习,老师在给出单词时越随意,编写出

的小故事越有意思,故事越离奇越能引起学生的兴趣。

> 游戏活动 9

活动名称:Holiday Fun(假日的乐趣)
活动目的:口语练习
活动过程:老师告诉学生假设自己要去假日旅游,让学生每人写一个自己想要带的物品。然后叫每位学生到教室前描述自己的物件是什么,为什么要带这个物件。老师把学生的物件名称写在黑板上,并在一旁,边重复学生的描述,边用问题引导学生。最后,老师向全班同学问还有哪些可能漏掉的,老师依照其他同学的描述,把相应的单词写到黑板上。请同学把这些单词和前面每位同学的物件名称进行归类。

活动示例:

T:Hi, everyone. Today we are going to have a holiday trip, each of you is expected to bring one small item or object with you. Please write down your item or object and come to the front to tell us why you want to bring it.

(学生思考并写在纸上)

T:Ready? All right, who will be the first one?

S1:I want to bring a T-shirt.

T(把学生的物件写到黑板上):Oh, a T-shirt, cool. What color is your T-shirt?

S1:Yellow.

T:Is yellow your favorite color?

S1:Yes.

T:Why do you want to bring a T-shirt?

S1:Because I want to go to the beach.

依次是 S2...S3...直到全班同学都描述完。

T:Great job! Now look at the blackboard to see if you need more items or objects for the holiday trip.

Ss(学生喊出要带的其他物品,老师边听边重复边写到黑板上):toothpaste, camera, sandals...

T:Now, please write down all these words and group the similar objects together.

活动建议：该游戏需要老师根据学生的回答即兴提问,并要重复学生的回答,以便纠正学生的语法错误,让其他学生能够听清楚。

游戏活动 10

活动名称：综合练习
活动目的：练习听、说、读、写技能
活动过程：老师给学生呈现一篇小故事,然后引导学生练习听、说、读、写的技能。
活动示例：

(1) 老师给学生发一篇小短文,让学生在规定时间内快速读完。

  The doorbell rang, and the housewife answered it. She found two beggars outside. "So, you're begging in twos now?!" she exclaimed.
  "No, only for today," one of them replied. "I'm showing my replacement the ropes before going on holiday."

(2) 老师大声讲述这个小故事,要求学生不要看所发的阅读材料。

(3) 读完后,老师让学生做下列词汇练习。

  A "beggar" is a person who…
   1) sells food and clothes
   2) has no money
   3) does the housework

  To "exclaim" means to…
   1) say something kindly
   2) say suddenly and loudly
   3) walk quickly
   4) look angrily

(4) 学生分组讨论下列问题。

  1) This joke is telling us something about beggars' life. What is it?
  2) Do you know a joke or a true story about beggars?

(5) 选2—3名学生回答上面的问题。

(6) 让学生给同桌用自己的话复述故事。

活动建议：该活动是一个听、说、读、写的综合练习,适合小学高年级的学生。老师在选择材料时要注意短小精悍、口语性强,适合学生的水平。

第八章 简笔画教学

第一节 教学简笔画概论

一、什么是教学简笔画

所谓教学简笔画,就是用简单的线条所勾画的辅助板书与语言生动形象地说明教学内容的简单图画。

教学简笔画是一种值得推广的直观教学手段,是小学英语教师必备的基本功。作为一种教学辅助手段,教学简笔画可以起到教学语言,甚至是示范、教具演示、挂图所起不到的作用。教师借助于教学简笔画,把学生引入教学的情景与故事内容的情节之中,使学生有身临其境之感,调节教学气氛,唤起学生的注意和情趣,可以使课堂教学做到"动"与"静"的互相转化,进一步地调动学生的积极性。教学简笔画较教师事先展现挂图,其效果更为突出,不至于使学生受其眼花缭乱的干扰,特别是它使那些稍纵即逝的过程可以通过画面予以再现,能够展现教学的过程,便于学生抓住教师的思路。教学简笔画,可使学生对课堂教学有一种享受,多途径地培养其能力,陶冶学生的情操。

二、教学简笔画的特点和基本要求

为加强教学的直观性,许多教师采用了演示直观、语言直观、板书直观等多种多样的形式与方法。但就板书直观而言,单纯的文字表述,也是难以达到其效果的。为了解决这个问题,有很多教师在板书中配以生动形象的板画,做到图文并茂,这样不仅可提高课堂教学的效果,它更受学生的喜爱。简笔画与教师的讲授同时运用,教师边讲边画,好就好在它与知识、老师的语言、板书文字几者交融得更加紧密,同时参与教学过程,使学生视、听、说结合。

简笔画教学通过简洁、形象的画面创造情景,表现语言中的单词、短语、句型和课文,帮助学生进行听说练习。它与一般绘画不同,它不在"写实"而在"表意",只

是一种符号式的、服务于教学、作用于教学的绘画,其特点与基本要求有以下几方面:

特　点	基本要求
简洁性	做到简而快,单线勾勒,不涂明暗,一笔画成,避免重笔与修饰,一目了然,省时、省力、省料。
形象性	做到笔画简练,形象突出,能够抓住事物的最基本特征,增强记忆,发展兴趣,简练描述过程。
启发性	启发思维,体验传情达意,培养学生的审美能力。
调控性	做到"动"与"静"的结合,调节课堂教学,活跃课堂气氛,激发学生学习情趣。

第二节　教学简笔画的基本训练和基本技法

简笔画,顾名思义,它的一切特点,均体现在"简"字上。这无疑给我们掌握它提供了极大的方便,对于简笔画来说,只要能体现物体特征,越简单越好,绘画速度也就越快,越能有效辅助课堂教学。在小学英语教学中,教学简笔画只是用来告诉学生:"是什么?""在干什么?"以及"在哪里?"等,带有一定的看图识字、看图说话的作用。所以,我们在小学英语教学中所使用的简笔画,实际上只是某物体或某事情的图形标志、图形符号。

一、基本功训练

学习简笔画通常训练的程序是:先练线条,后勾基本图形,再练画图像。

1. 基本线条的画法

简笔画的用线,主要有粗细、曲直两大类。

粗细线条若用粉笔作画,细线可用粉笔细端,粗线用粗端,若再粗可将粉笔的两端口加工一下,若要涂黑,可将粉笔折断。

曲直线条可包括有:① 直线、② 弧线、③ 波纹线、④ 螺旋线、⑤ 旋转线、⑥ 弹簧线、⑦ 不规则线等。如图8—1。

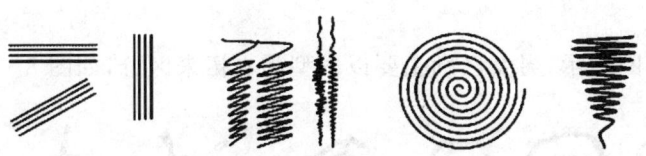

图 8-1

2. 基本图形的画法

在各类简笔画中,都离不开一些基本图形,这些图形不角即方,不方即圆,不圆即椭。基本功的训练除掌握基本线条的画法以外,还需掌握基本图形的画法。简笔画基本功的训练,必须从这些基本图形练起,如图 8-2。

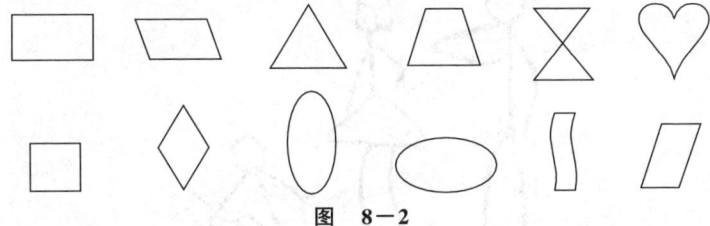

图 8-2

基本图形应用示例,如图 8-3。

图 8-3

二、基本技法

1. 人体教学简笔画的基本技法

（1）线杆法

按头—躯—下肢—上肢顺序画

画法：
- 头部用圆圈表示，男女区别主要以发型和衣裙来区分，如图 8－4。

图　8－4

- 四肢活动，主要用关节的曲直来表示，如图 8－5。

图　8－5

- 身躯与四肢用直线表示。分解画法如图 8－6。

图　8－6

（2）角胸法

角胸法画人体，是圆头、角胸、线杆肢。方法易于掌握，简单易学，更为直观。

画法：

将线杆法中的直线胸变化为各种三角线，其他方面同线杆法。如图 8－7、图 8－8、图 8－9。

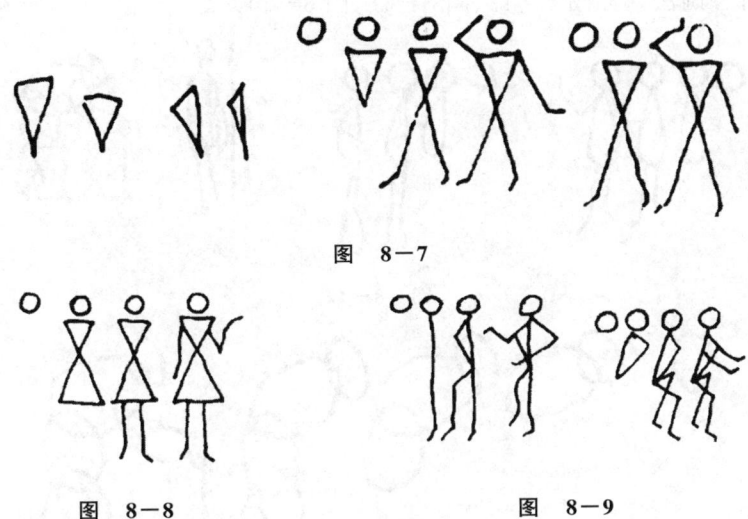

图 8—7

图 8—8　　　　　　　　图 8—9

(3) 方身法

画法：

方身法是以方形、矩形、梯形等及其变形为人身，其他方面同线杆法，如图 8—10、图 8—11。

图 8—10

图 8—11

(4) 圆身法

画法：

圆身法画人体，是圆头、圆身、线杆四肢，它是以椭圆取代了角身、方身，其他方面同以上各种画法。如图 8—12、图 8—13、图 8—14。

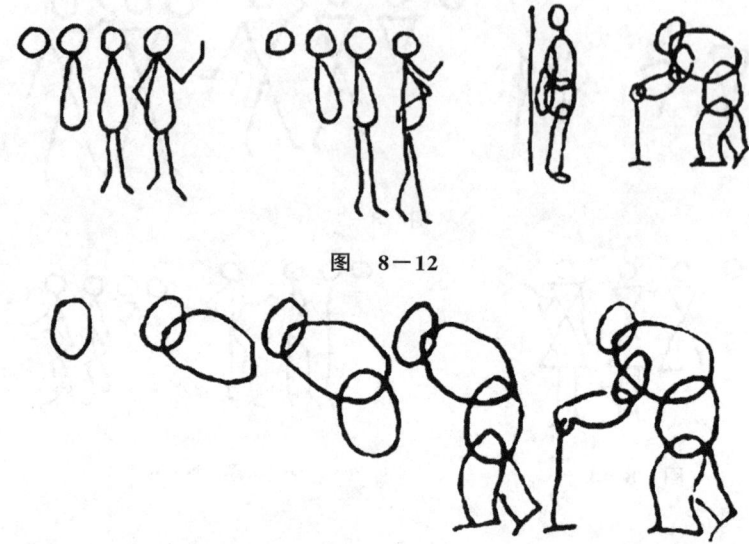

图 8—12

图 8—13

图 8—14

2. 面部教学简笔画基本画法

人的面部表情的画法主要是眉、眼、嘴的变化，作画程序先画脸盘—眉—鼻—嘴—头发与胡须。

画法：

先画一圆形，如图 8—15。

把圆形目测分成三块，如图 8—16。

上线画眼，下线画嘴，中间画鼻子，如图 8—17。

图 8—15　　图 8—16　　图 8—17

最后添加头发,如图 8—18。

图 8—18

另外,儿童面部的画法是把一圆形横分成两半,五官画在下半部,如图 8—19。

图 8—19

还可将人的五官某一部位突出,生动、幽默地体现人的面部表情。如图 8—20,突出眼睛;图 8—21 突出嘴;图 8—22 突出鼻子;图 8—23 突出各种表情;图 8—24 突出面部微笑。

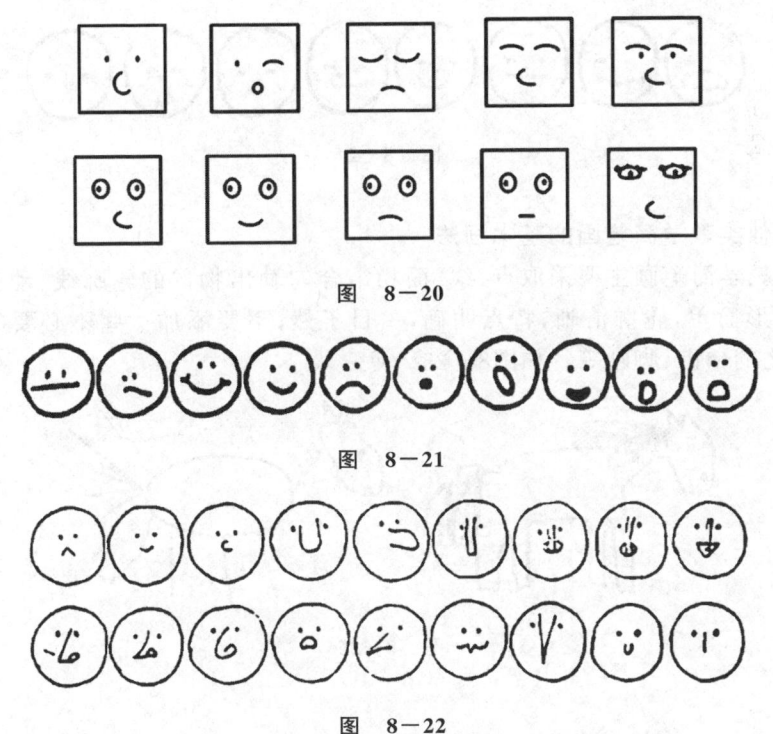

图 8—22

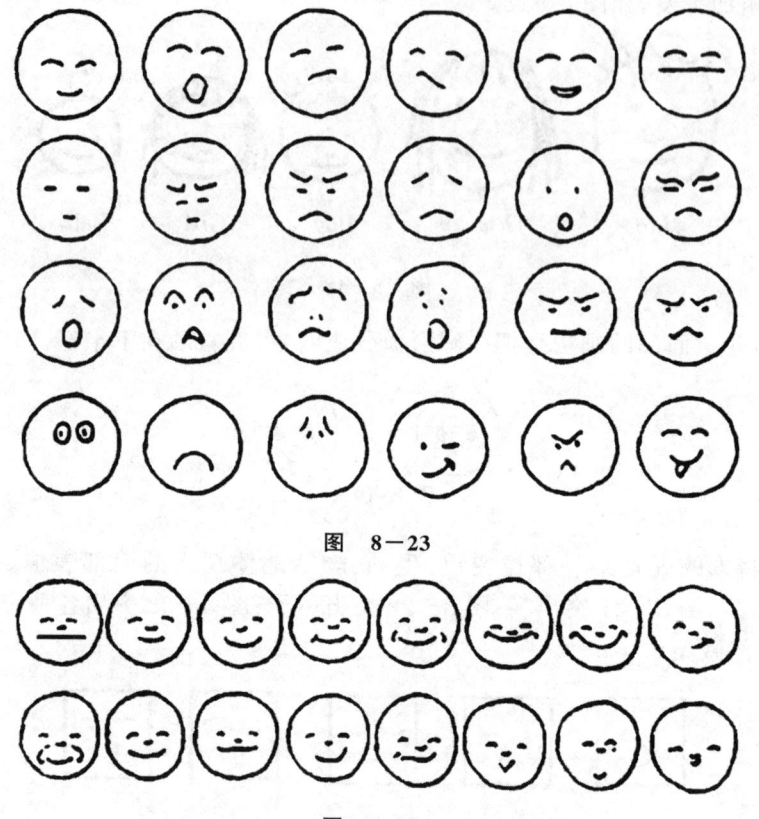

图 8—23

图 8—24

3. 其他类教学简笔画的基本画法

此类教学简笔画主要采取点、线、面相结合勾勒出物像的轮廓线、动态线。作画要求外形简单,轮廓清晰,特点明确,一目了然,不要添加一些不必要的细节修饰,如动物的牙齿、脚趾等。如图8—25。

图 8—25

（1）动物类简笔画法分解示例，如图 8-26。

图 8-26

（2）水果类简笔画法分解示例，如图 8-27。

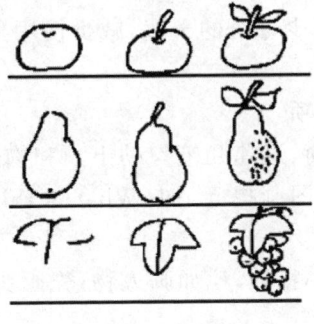

图 8-27

(3) 植物类简笔画法分解示例,如图 8—28。

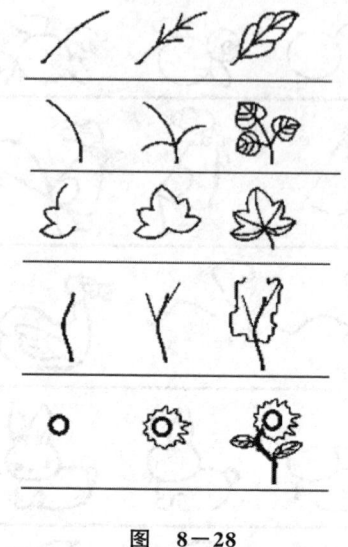

图 8—28

第三节　教学简笔画在小学英语教学中的应用

小学英语教学中,因为少年儿童难以集中注意力,要使他们在 45 分钟内专心于某项活动,教师就要用活动的方法吸引他们的注意。简笔画线条简单,生动活泼,具体形象,趣味性强,使用方便,可以集中学生的注意力,提高学习效率;而且,在教学中使用简笔画可以减少母语的干扰,减少使用翻译法。

一、简笔画教学应注意的事项

(1) 简笔画画法要快、简,迅速几笔勾勒出人和物的基本特征,不求细节;
(2) 边画边对正在画的图画提问,如：What's this? Where is he? What's he doing? 等;
(3) 先画大特征,再画小特征,比如画人物,先画头和身体,再画眼睛和嘴;
(4) 现成的,不用多画;
(5) 抽象的内容不易画;
(6) 不能用一幅说明的,可用几幅,如图 8—29。

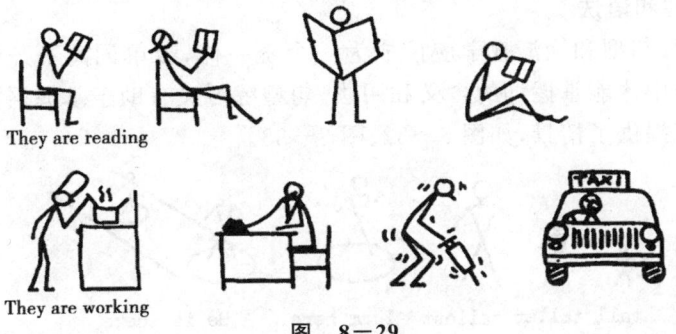

图 8—29

（7）在教学中，如有很多内容作简笔画时，要有所选择，一部分可在课前画成小卡通片，一部分当堂作画，卡通片可用橡皮泥粘上，互相映衬。

二、具体应用

1. 学习新词

用简笔画代替各种实物和客观现象，比如名词、动词、形容词、介词短语。这样省力、简单、清楚地表示其词义。

2. 词义对比

图 8—30

3. 词义解释

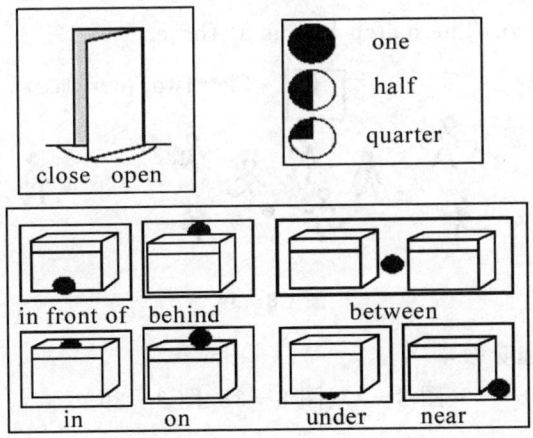

图 8—31

4. 教句型和语法

语法教学、句型和词汇教学应该成为一个统一体,教单词离不开句子,并在句型的反复操作中才能掌握词的含义和用法,句型练习又有助于掌握语法规则,简笔画为句型操练提供了情景,如图 8—32、图 8—33。

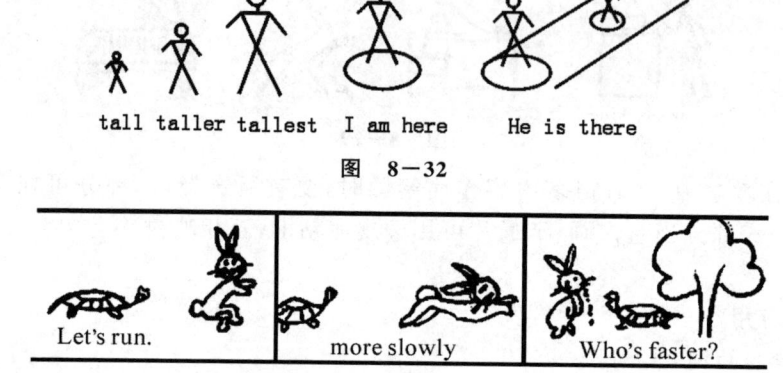

图 8—32

图 8—33

5. 教课文

小学英语中课文短而且简单,可借用简笔画形象、生动地讲解课文,做到以图识词,以词带句,以句学词,相互学词,相互渗透。在教新单词时,穿插旧句型,把新单词引入旧句型中,成为一个整体。另外,新单词教后,教师可以适当改变一下各物的位置,操练的内容就更多了,更为丰富多彩,学生不至于感到枯燥、乏味,单词的覆盖率更广。如图 8—34。

引言:There's a football match this afternoon. It's between Class One and our class—Class Two. The match begins at three.

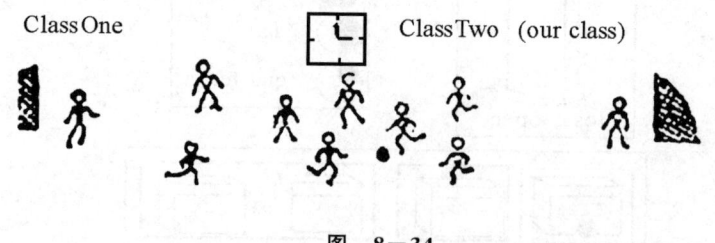

图 8—34

6. 借用简笔画趣味教学

如图 8—35、图 8—36、图 8—37、图 8—38、图 8—39。

图 8-35 画法：

(1) 字母 Y 构成鼻子；

(2) 两侧字母 E 组成双眼；

(3) 整个图案表形 eye,也表意"眼睛"。

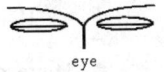

图 8-35

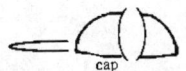

图 8-36

图 8-36 画法：

(1) 字母 C 构成帽檐；

(2) 字母 A 和 P 构成帽边；

(3) 整个图案表形 cap,也表意帽子。

图 8-37 画法：

(1) 先在黑板上画一个"O",边画边问："What is it?"

图 8-37

(2) 学生会说出以下词汇：an apple,an egg,a face,a glass,a sun,a cake,a candle；

(3) 教师根据学生的猜词，边重复，边添加几笔特征线条，勾勒出学生所说的词汇图。

图 8-38 画法：

(1) 先画一面部头像 Li Ming,再画一面部头像,旁边结合's 表 Li Ming's,最后画一个面部头像 Li Hua。

(2) 将三个头像用单词连成一句话。Li Hua is Li Ming's sister.

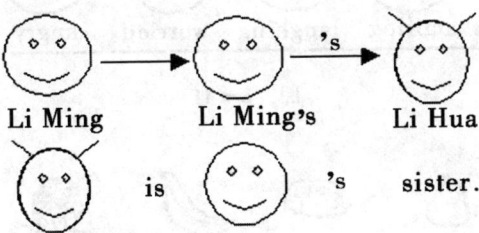

Li Hua is Li Ming's sister.

图 8-38

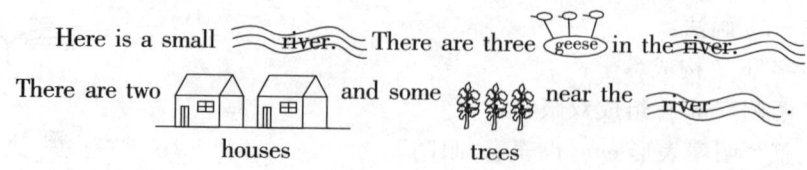

图 8—39

其他趣味简笔画：

图 8—40

简笔画教学简单易学，而且人人都能学会，并能得心应手。如果运用得体，可起事半功倍的效果。如何运用，视教材内容而定，而且要注意变换形式，把简笔画和童谣、游戏、动作表演等形式交叉结合起来，才会使孩子在不断变化的兴趣中学好英语。

第四节 教学简笔画示例

一、面部表情类

图 8—41

二、物品类

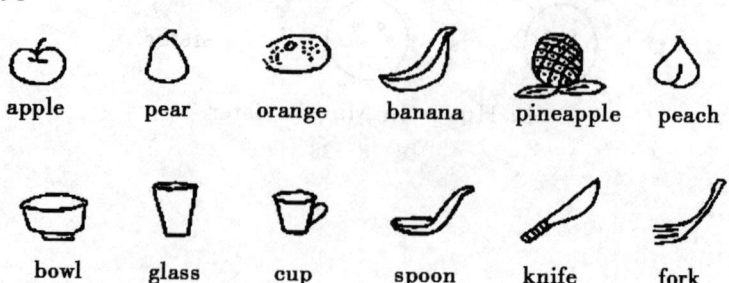

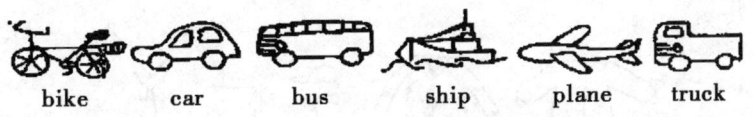

图 8—42

三、人物类

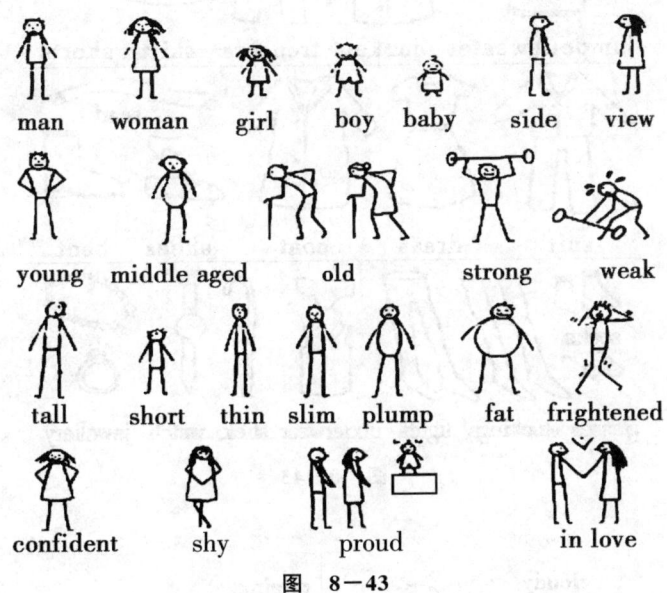

图 8—43

四、动物类

图 8—44

五、服装类

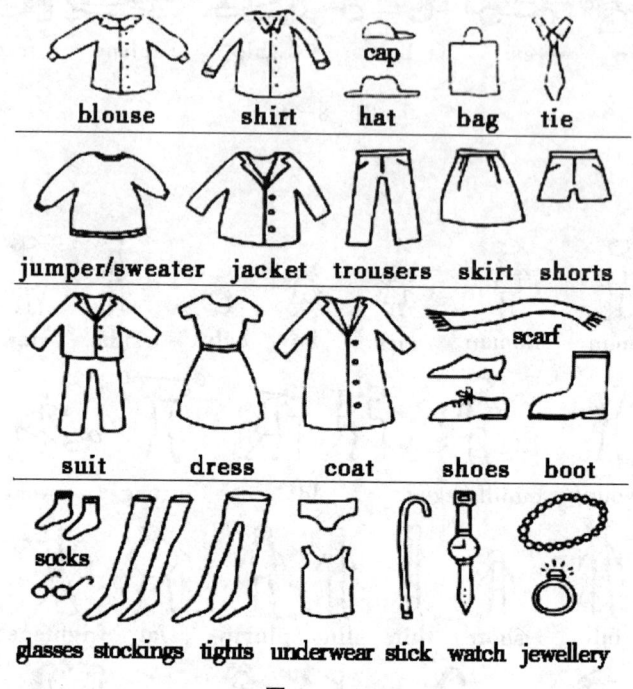

图 8—45

六、天气类

图 8—46

七、动作类

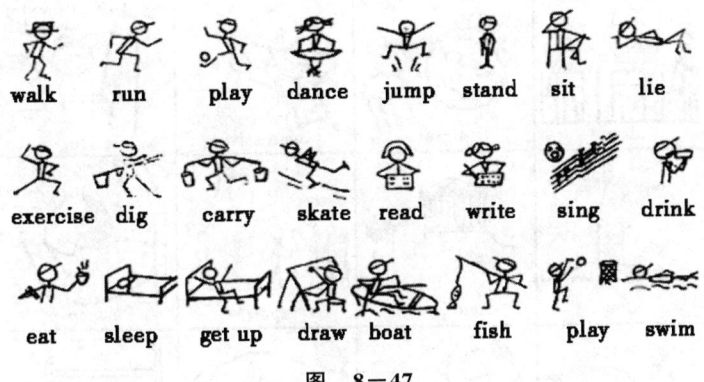

图 8—47

八、情景类

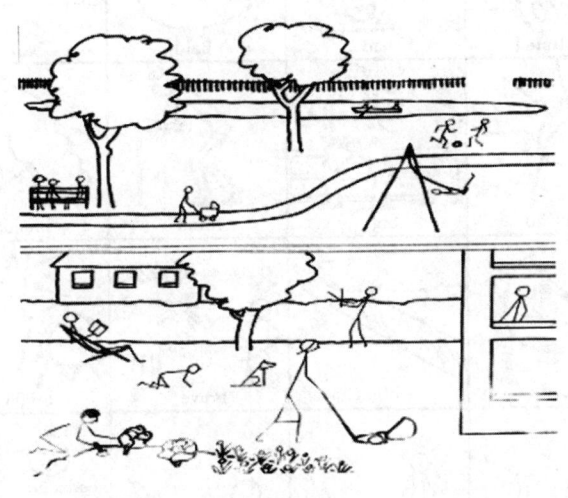

Park

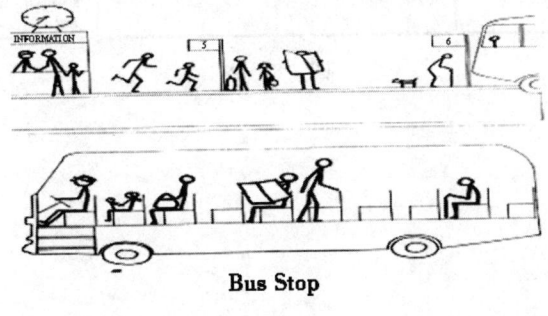

Bus Stop

图 8—48

九、形容词类

图 8—49

第九章　英语童谣、歌曲教学

第一节　英语童谣、歌曲教学的意义和作用

　　人类在漫长的历史过程中，随着语言的产生和发展形成了一个精细而复杂的发声器官，不仅能说话，而且会唱歌。唱歌是人类自然的愿望，是人类表达自己喜、怒、哀、乐各种复杂感情的有力手段。唱歌、念童谣在儿童生活中也同样有着极重要的意义，也是儿童表达自己喜悦、兴奋、激动的一种方法，是他们显露自己能力的心理状态的反映。在每个人的童年记忆中，总对一些充满情趣、合辙押韵、朗朗上口的歌谣记忆犹新，诸如:《小鸭、小鸡》《丢手绢》《读书郎》《小画家》等，这些童谣和儿歌天真活泼，节奏感强，积极向上，富有教育性和知识性，正符合少年儿童的心理与口味。可以说，童谣和儿歌是孩子的亲密伙伴，有孩子的地方总能听见那欢乐、柔嫩、清脆的天真童声。

　　童谣是符合儿童年龄特点的、有韵脚、有意境、有节奏、充满童趣、朗朗上口的一种说唱形式。儿童歌曲比童谣更具音乐性。说歌谣、唱歌曲对儿童语言发展所起的作用是不可低估的。音乐和节奏是儿童学习语言的重要组成部分。一般来说，歌词容易记牢。一首好的歌词往往是一首好的儿歌，尤其是少儿歌曲的歌词更像是一首上口的童谣，儿童在学唱歌的过程中，最先学会的是歌词。也就是说，儿童在学习歌曲的同时就学习了一首好的儿歌，无形中词汇量、艺术性语言就能有所增加。同样，没有曲调但节奏鲜明的童谣也是训练儿童语言节奏感的绝佳材料。

　　在小学英语教学中，使用英文童谣和歌曲教授英语，符合小学生的年龄特点，有利于他们学习英语。音乐与语言两者都有句子、韵、重音和重复。曲调中有些强弱快慢的变化就是来自人们的语言，经常说唱英文童谣、儿歌能使小学生对英语的重音、节奏、句子的结构等加强掌握与理解，如善于辨别英语的发音，掌握其重音、节奏、语句、语调等，因为唱歌时要求吐字清楚，这对培养小学生正确发音有很大帮助。学习英文童谣和歌曲除了能帮助儿童学习英语语音和节奏，也可以学习、巩固语法与词汇，而最重要的是能提高英语学习的兴趣。让学生在拍拍手、说说童谣、

唱唱歌、做做游戏中不知不觉地打好学习英语的基础。

第二节 英语教学中童谣、歌曲的选择

童谣是符合儿童年龄特点的、有韵脚、有意境、有节奏、充满童趣、朗朗上口的一种说唱形式。儿童歌曲比童谣更具音乐性。两种形式都有词，且符合儿童的年龄特征，故作为一种辅助教学手段在小学英语教学中占有重要的地位。应该说，念英文童谣、唱英文歌是学习英语行之有效的好办法。那么如何选择儿童感兴趣的、富有教育意义的、适合儿童说唱的、对英语教学有一定辅助作用的英文童谣和歌曲呢？

一、内容应有趣并为小学生所理解

小学生在小学虽说有了一定的母语基础，基本完成了母语的掌握过程，但英文还处于低幼儿阶段。用英文理解事物的能力在低年级几乎没有，到中、高年级也还不高。因此，英文童谣或歌曲使用的单词应生动形象，歌词在语言上不宜太深，最好浅显易懂，要能听得清楚，为小学生所理解。否则他们只会机械地发出声音，并不知其含意，也就难以引起相应的心理活动。

英文童谣或歌曲的内容，一般应选择讲述动植物、自然现象、日常用语、问候、道歉、交通工具、身体的各个部分、节日等，这些都是儿童日常能接触到的、能随时使用的感兴趣的内容。他们对一些押韵的句子、象声词，甚至一些无意义的音节（如：wah,wah,wah,moo,moo,click,click）也感兴趣。

另外，歌词内容的选择不但要注意不同年龄儿童的兴趣爱好、理解能力和语言发展程度等，更要注意如何在他们已有的水平的基础上，稍向前发展一步。若歌词中适当地有几个新词汇，这对儿童英语的学习也能起促进作用。如在初始学英语时，老师应根据所讲授的内容选择"Hello""How Do You Do""Ten Little Babies"等歌曲，先用说唱（chant）的形式，再用演唱（sing）形式来学习。到了中高阶段可选择"Mary Had a Little Lamb""Head, Shoulders, Knees and Toes"等歌曲。

二、歌词内容能用动作表现

在念童谣、唱儿歌时，童谣和歌曲都有一定的韵律和节奏，适合一边唱一边用动作表现出歌词的含意。这种边唱边做动作有助于他们记忆歌词，促进动作的协调，增强节奏感，培养他们表演交际的能力。因此，为小学生选择的英文童谣和歌曲最好是能用动作可表达的。至于如何表达，除了老师做某些必要的示范、启发外，可以让学生自己动脑筋，想想怎样做动作，这对发展学生的想象力，培养其创造力都有

一定的好处。比如,教数字歌曲《十个小婴儿》("Ten Little Babies")时,可以让学生和老师一起用手势来表演,老师在讲台前边唱边做,学生在座位上举起手模仿老师的动作并说唱,和老师一起完成教唱,气氛相当活跃,学生兴趣极其浓厚,效果极佳。

三、应多选用歌词为第一人称的童谣、歌曲

第一人称的童谣、歌曲多半是以自己为主体来讲述某些内容,小学生对这样的词曲会感到亲切,好像就是自己在讲些或做些什么事,感情表达上也显得自然、真实。如《桌子和椅子》("Table and Chair")这首歌里唱到"I have a table in my little bedroom. My little table has a little chair."歌曲内容简单,形象生动,容易理解,再配上相应的表演动作,小学生很感兴趣。

四、歌词要有重复,有发展的余地

歌词适当的重复,会使小学生感到熟悉,也便于记忆。

重复可以是一首歌词中有几处相同的地方。如:"Mary had a little lamb, little lamb, little lamb. Mary had a little lamb, its fleece was white as snow."这首歌中 little lamb 就重复了好几次。重复也可表现在一首有几段歌词的歌曲,各段歌词间都有相同的地方。如"Bingo"一歌中,各段除了每一段用一次拍手代替"Bingo"中的一个字母外,其余歌词和曲调完全一样。如第一、二段歌词为:

There was a farmer with a dog.

And Bingo was his name.

O! B-I-N-G-O, B-I-N-G-O, B-I-N-G-O.

O! And Bingo was his name.

There was a farmer with a dog.

And Bingo was his name.

O! 拍手-I-N-G-O, 拍手-I-N-G-O, 拍手-I-N-G-O.

O! And Bingo was his name.

...

其余几段只需每段用一次拍手代替后面的字母即可,到最后一段"Bingo"这五个字母的拼写就会全部用拍手的动作代替。又如:"I Bought Me a Cow"一歌中,每段歌词只需改一改动物名称及叫声:

I bought me a cow and the cow pleased me.

I feel my cow under the tree.

Cow goes moo, moo...

I bought me a duck and the duck pleased me.
Duck goes quack, quack...
I bought me a sheep...
Sheep goes baa, baa...

　　这样的歌,不仅有重复,而且还可以根据学生经验和生活常识不断增加新的段数(如 a pig... pig goes oink, oink...; a dog... dog goes bow-wow, bow-woo...),有发展的余地,教师可启发学生自己想出要增添的新词,这样既激发了学生的积极性,又能培养创造性。

五、根据教材自编自填说唱词和歌词

　　比如:在学习了句型"What's this?"以后,可选择所学句型编成有节奏的说唱形式,让学生按一定的音乐节奏说唱:

What's this?	What's this?
It's a book.	It's a dog.
Yes! Yes! Yes!	No! No! No!
It's a book,	It's not a dog.
It's a book.	It's not a dog.

在说唱熟练之后,再用所学其他内容替换相关部分:

What's this?	What's this? A ball?
What's this?	Yes! Yes! Yes!
It's a ball, ball, ball.	
Yes! Yes! Yes!	What's this? A doll?
It's a ball, ball, ball.	No! No! No!

也可将说唱熟练后的单词、句型套编到下面的曲子中如:What's　This　?
　　　　　　　　　　　　　　　　　　　　　　　　　　　　　　　That

　　　　　　　　　　　　This
　　　　　What's　　　　　　?
　　　　　　　　　　　That

1= F 4/4

(0 0 0 0 | 0 0 0 0 ‖ 3 - 1 - | 3 $\underline{43}$ 5 · $\underline{3}$ | 2 $\underline{34}$ $\underline{32}$ | 1 - i 0 |
: 3 -　　1 -　　3 · |　　3 __ 5 - |

(男中)What's　　　this?　　(童合) It's　a　　horse.
(男中)What's　　　this?　　(童合) It's　a　　bike.
(男中)What's　　　this?　　(童合) It's　a　　sheep.

```
        2    -   7    -    2·  |    2     4-     |
(男中)What's    that?   (童合) It's    a    house.
(男中)What's    that?   (童合) It's    a    bag.
(男中)What's    that?   (童合) It's    a    ship.

        3    -   1    -   |3·     3    5-     |
(男中)What's    this?   (童合)It's    a    horse.
(男中)What's    this?   (童合)It's    a    bike.
(男中)What's    this?   (童合)It's    a    sheep.

‖  4  5·6     5        4 4      3           :‖
   2  3·4     3        2 2      1           
(合)A  horse   isn't    a      house.
   A  bike    isn't    a      bag.
   A  sheep   isn't    a      ship.
```

六、其他方面的选择

小学英语童谣、歌曲不宜太长，应比较简单、短小，旋律动听，节奏明快，词曲结合自然，易于上口，内容与形式统一，有一定的艺术性。选择时要避免内容单一化，应广泛挑选各种题材、性质的歌曲，贴近生活，适合交际，能促进认知的发展。

第三节 英文童谣、歌曲的教法

同样的教材内容，有的老师教起来学生感兴趣，能理解，学得快，记得牢，唱得好，而有的老师教起来却极其平淡，甚至效果较差。小学英语的教学目的是初步培养学生对英语的感性认识，培养学生的语感，在讲、练、说、唱、玩、画中完成英语的学习过程。现在大多数小学英语教材中都有说唱(chant)和歌唱两种形式来辅助教学。下面简单介绍一下两种形式在小学英语教学中的具体教法，采用时，必须结合所学内容和学生的实际水平来举一反三，灵活运用，并创造性地予以发展。

一、事先欣赏

有些自编、自填的童谣和歌曲在未正式教说、教唱之前，可以在一节课结束前先说唱给学生听，让学生在欣赏的过程中，脑子里有个初步的印象。有的童谣和歌曲已录有磁带，可以在一节课结束前、课间或课外活动时放给学生听。

二、解释歌词

在正式教说、教唱之前，歌词中总会有个别新词或难懂的句子，因此，必要的解释还是不可少的。解释歌词这一环节应进行得生动、灵活、简短有艺术性，而不是枯燥、呆板、冗长、机械地照本宣科式地讲解，或让学生一遍又一遍地反复背诵。

三、示范说、唱

小学生善于模仿，教师的示范说、唱应有正确的发音，清楚的吐字，准确的语调、旋律和节奏，适当的表情、动作等。说唱主要用于一些自编的童谣和未谱曲的童谣，这种形式要求用抑扬顿挫、富有节奏、生动的语调把歌词说唱出来，也可用于先说后唱、在能吟调的基础上学唱的儿歌。歌唱已有曲调自填词的歌曲或已有原歌曲的演唱。

示范说、唱，原则上由教师承担，也可用录音、录像代替。

四、教说、唱

1. 运用动作教说、唱

把童谣、歌曲的内容用体态动作或表情表现出来，边说边唱边做动作。

例如：下面这首歌谣用于小学高年级教一般现在时、现在进行时和复习几个动词短语、介词短语。

Two little black birds are sitting on the tree.
· · · · · · · · ·

One is Jack, the other is Joe.
· · · · · ·

Flies away Jack, flies away Joe.
· · · · · ·

Flies back Jack, flies back Joe.
· · · · · ·

Two little fish are swimming in the sea.
· · · · · · · ·

One is Jack, the other is Joe.
· · · · · ·

Swims away Jack, swims away Joe.
· · · · · ·

Swims back Jack, swims back Joe.
• • • • • •

Two little elephants are walking in the forest.
• • • • • • •

One is Jack, the other is Joe.
• • • • • •

Walks away Jack, walks away Joe.
• • • • • •

Walks back Jack, walks back Joe.
• • • • • •

教师边说边做动作,学生跟着学。如第一段把两手举起,并放两侧,竖起大拇指,表示两只小鸟,分别按节拍向中间平移到"are sitting on the tree"的时候,两手会合。然后举起右手,抖动竖起的大拇指,同时说"One is Jack",放下右手,举起左手做同样的动作,同时说"the other is Joe",接着两手在两侧舒展摆动做小鸟飞行的动作,同时脚步随着节拍说"flies away Jack,flies away Joe…",前后稍做走动状,边做边说唱。

歌词的第二段也是随着节奏做两只小鱼游泳的动作:直立身体,前身微微向前弯拢,一只手横立在前,一只手横立在后,跟着节拍左右做鱼尾摆动状。

第三段模仿小象的行走动作:弯腰成90度,左手轻捏鼻子,右手垂直随着说唱的节拍左右摆动,同时两脚前后走动,表现出小象很笨拙的样子。

用这种边说唱边做动作的方法教学能使学生在说、唱、玩中学到知识,而且课堂气氛活跃,师生在说、唱、动中完成教与学的任务。

2. 运用教具教说唱

为了调动学生学习的积极性,引起他们的兴趣,以及帮助他们对歌词内容的理解,加强节奏感,在教说唱时,根据年龄的不同而适当使用一些能活动的教具,恰当地讲述有关内容。比如:用看图说话的形式介绍、表达歌谣内容,教下面这首歌谣。

Walk, walk, walk,
A little bear is walking.
A little bear is walking.

Swim, swim, swim,
A big bear is swimming.
A big bear is swimming.

Little bear, little bear,
What are you doing?
I am walking.
I am walking.

Big bear, big bear,
What are you doing?
I am swimming.
I am swimming.

  这首童谣是根据课文内容的讲授需要而设计的，教唱时教师不用逐句解释，只是让学生边看图片边听老师说唱，先让学生感受韵律、节奏和语感，然后和老师一起练习说唱。说唱一定要注意语调、节奏的变化，以便听起来抑扬顿挫。说唱熟练后，可继续填唱下面这首歌，以加强巩固。

What Are You Doing?

1=D 4/4

(1·3 5 1 | 6 i 6 5 - | 4·5 3 1 | 2 2 1 0) |

1·3 5 i | 6 i 6 5 - |
What are you do - ing?

4·5 3 1 | 2 2 1 0 |
We are draw-ing. We're draw-ing.

5 5 4 4 | 3 5 3 2 - |
3 3 2 2 | 1 3 1 7 - |
What are you draw - ing?

5 5 4 4 | 3 5 3 2 - |
3 3 2 2 | 1 3 1 7 - |
What are you draw - ing?

1·3 5 i | 6 i 6 5 - |
I am draw-ing a big ea-gle,

4·5 3 1 1 | 2 2 2 1 0 :‖
He is draw-ing a fun-ny mon-key.

运用简笔画教下面这首歌谣：

My hair is on my head.
My head is on my neck.
My neck is on my body.
My body is on my legs.
My legs are on my feet.
My feet are on the ground.

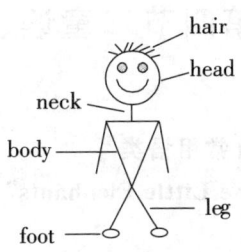

在教这首童谣时，教师可以边画边示范说唱，让学生跟着说唱，学生学得有兴趣，接受得也快。

另外，教学中常用的录音机、幻灯、贴绒、磁性教具、木偶等都可在教说唱时运用。在运用教具时应力求简单，易于操作，能活动，有利于节奏感的培养，如用图画时，内容应简单有助于小学生理解歌词。

五、形式多样，复习巩固

在每次教说唱完成新内容后，及时的复习可以巩固记忆，避免遗忘。复习应在愉快、有兴趣的情境下进行，避免单调的重复练习，要多动脑筋，想办法采用各种吸引小学生的方法达到预想的目的。

1. 复习的形式

复习的形式可有跟唱、模仿唱、齐唱、领唱、部分轮唱、对唱、表演唱、说唱等，可灵活选用。

2. 复习的时间

复习的时间一般应安排在课前、课开始时、课结束前或课外活动进行。

3. 复习的方法

- 边唱边表演。
- 边用教具边唱歌。
- 用游戏的方法。
- 用接唱的方法。
- 扮演歌曲中的角色，增加有节奏的说白。
- 边说、边唱边用手拍节奏。

第四节 童谣、儿歌典型教学案例示范

一、教数字及日常用语类

1. 说唱"Five Little Elephants"

Five little elephants • • • • Standing in a row • • • • Five little trunks • • • • Waving hello • • • • "Oh" said an elephant • • • • "Time to go" • • • Four little elephants • • • • Standing in a row • • • • … Three little elephants • • • • … Two little elephants • • • • … One little elephant • • • • …	动 作: 五个孩子站成一排用胳膊当"象牙"。 五个孩子挥起胳膊当"象牙"问好。第一个孩子看了一下自己的表,做惊讶状,急忙离开。

活动建议：教说唱时，边说边拍手，注意节奏、语调。可分组轮流说唱，也可用已学过的其他短语替换，灵活运用。

2. 歌唱"Ten Little Indian Boys"

Ten Little Indian Boys

1=F 4/4

```
‖: 1    1    1    1    1    1  | 3    5    5    3    1       |
1. One  lit- tle,  two  lit- tle, three lit- tle  In-  dians,
2. Ten  lit- tle,  nine lit- tle, eight lit- tle  In-  dians,

   2    2    2    2    2    2  | 7·   2    2    7    5·      |
   Four lit- tle,  five lit- tle, six  lit- tle  In-  dians,
   Seven lit- tle, six  lit- tle, five lit- tle  In-  dians,

   1    1    1    1    1    1  | 3    5    5    3    1       |
   Seven lit- tle, eight lit- tle, nine lit- tle  In-  dians,
   Four lit- tle, three lit- tle,  two  lit- tle  In-  dians,

   5    4    4    3    2  | 1    -    -    0  :‖
   Ten  lit- tle      In-  dian boys.
   One  lit- tle      In-  dian boy.
```

活动建议：用手指来表示1—10个数字，如用食指表示1；用中指和食指表示2；用食指、中指和无名指表示3；用拇指以外的四个手指表示4；用全掌指表示5；伸出拇指和小指，弯其他三指表示6；五指并拢，弯至一起表示7；伸直拇指和食指，弯曲其他三指表示8；伸食指并做弯曲摆动状，弯其食指表示9；伸五指，正反翻一下表示10。建议边做边唱，待熟练之后，将歌中的 Indian boys 换成 Indian girls/Indian babies/yellow oranges/red apples 等，速度应由慢到快。

二、教词汇类

1. 说唱"Hello, Come, Go, Stop"

Hello, Robot.
Hello, Robot.

Come here, come here.
Come, come, come.

Go, Robot, go, Robot,
Go, go, go.

Stop, Robot, stop, Robot,
Stop, stop, stop.

活动建议：用动作配合说唱，或用木偶、图画配合。

2. 说唱"The Train"

Coffee, Coffee
• • • •
Milk and sugar, milk and sugar
• • • • • •
Strawberries and cream, strawberries and cream
• • • • • • • •
Chocolate cake and chocolate biscuits
• • • • • • •
Chocolate cake and chocolate biscuits
• • • • • • •
Fish and chips
• • •
Fish and chips
• • •
Fish and chips
• • •
SOUP
•
S-O-O-O-U-P
▬▬▬▬▬▬

活动建议：此首童谣应根据火车慢慢移动、加速、最后鸣号进入隧道的节奏来说唱。另外，用同样的节奏可练习孩子们爱吃的各种食品的英文名称。

3. 歌唱"Head, Shoulders, Knees and Toes"

Head, Shoulders, Knees and Toes

1=C 2/4

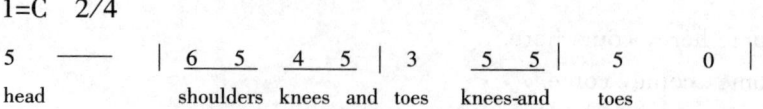

head   shoulders knees and toes knees-and toes

```
5 —    | 6  5   4  5 | 2    5  5  | 5  4   3  2 |
head     shoulders knees and toes  knees-and toes  and

1   3   5     i  | 2  1  7  1 | 6 ·    i    |
eyes and ears and  mouth and     nose    oh

7 —    | 7  5   6  7 | i    1  1  | i    0  ‖
head     shoulders knees and toes  knees-and toes
```

活动建议: 边唱边用动作指出身体各部位。

三、教套语类

1. 说唱"Hello"及其他问候语

　　Hello-Hello-Hello
　　Hi-Hi-Hi
　　Hello, MiMi, Hi, MiMi
　　Hello, Tony, Hi, Tony

　　Good, good, good
　　Good morning, MiMi
　　Good morning, Tony
　　Good morning, good morning

　　Good, good, good
　　Good bye, good bye, good bye
　　Good bye, MiMi
　　Good bye, Tony
　　Good bye, MiMi, bye
　　Good bye, Tony, bye

活动建议: 先跟教师齐说,再分组对说。可将 Good morning, Good bye 进一步发展为 Good afternoon, Good evening, Good night 来练习问候语。

2. 歌唱"How Do You Do"和"Hello"

How Do You Do?

3/4

5	3 1	5 3 1	5 6 4	6 5 —
How	do-you-do?	How do-you-do?	How do-you-do,	Uncle?
How	do-you-do?	How do-you-do?	How do-you-do,	Aunt?

5	3 1	5 3 1	3 4 3	2 1 —
How	do-you-do?	How do-you-do?	How do-you-do,	MiMi?
How	do-you-do?	How do-you-do?	How do-you-do,	Tony?

Hello

2/4

| 1 | 1· | 5 | 5· | 3 | 3· | 1 | 1· |
| Hello, | | hello, | | hello, | | hello, | |

| 2 2 | 5 5 | 3 | 2 2 | 2 2 | 5 5 | 3 | 1 |
| How | are you | this | morning? | Fine, | how | are | you? |

| 1 | 1· | 5 | 5· | 3 | 3· | 1 | 1· |
| helo, | | hello, | | hello, | | hello. | |

活动建议：此两首用于初学英语的小学生学习日常问候语，可采用齐唱、对唱、表演唱。

四、教句型、语法类

1. 说唱"Big Bear and Little Bear"

Big bear, big bear,
You're big. You're big.
Little bear, little bear,
You're little. You're little.

Little pig, little pig,
What are you doing?
What are you doing?
I'm walking.

Oink, Oink, I'm walking.
Oink, Oink, I'm walking.

Little duck, little duck,
What are you doing?
What are you doing?
I'm swimming.
Quack, Quack, I'm swimming.
Quack, Quack, I'm swimming.

活动建议：用于教形容词和进行时态,可变换其中动物名称及其象声词,将"big" "little"换成其他相对形容词来练习。

2. 说唱"In a Dark, Dark Wood"

In a dark, dark wood, there's a dark, dark house.

In the dark, dark house, there's a dark, dark cupboard.

In the dark, dark cupboard, there's a dark, dark shelf.

On the dark, dark shelf, there's a dark, dark box.

And in the dark, dark box, there's...

活动建议：这首童谣可以很容易被老师或学生用学过的内容替换。比如：

In a big, big wood, there's a big, big castle.
In the big, big castle, there's a big, big room.
In the big, big room, there's a big, big chest.
In the big, big chest, there's a big, big key.
The big, big key opens a big, big door.
And behind the big, big door, there's a...

3. 说唱"You Have a Mouth, Mouth, Mouth"

She has two eyes, eyes, eyes.
Open your mouth.
Open, open,
Open your mouth.

Close your mouth.
Close, close,
Close your mouth.

Open your eyes.
Open, open,
Open your eyes.

I have a mouth, mouth, mouth.
……

活动建议：用此童谣教人称代词"I, you, she, he"及动词"have"和"has"。另外，也可采用"Table and Chair"来学习、练习上述语法现象。

Table and Chair

```
1=C  2/4

1    1 2 | 3  3 | 2  1  2 3 | 1    5 |
I    have a  ta- ble in my little bed- room

2    3 4 | 5  5 | 4  3  4 5 | 3    - |
My   little ta- ble has a  little chair.

i    7 6 | 5  3 | i  i  7 6 | 5    3 |
I    have a  ta- ble in my little bed- room.

3    4 5 | 4  3 | 2  1  2 3 | 1    - ‖
My   little ta- ble has a  little chair.
```

语法、句型繁多，不可能一一列举，这需要教师能够举一反三，灵活运用。比如用"Bingo"歌教"there＋be"句型；用"Happy Song"教短语"clap one's hands, nod one's head, stamp one's feet"及 if 条件状语从句；用"Row, Row, Row Your Boat"教"The＋形容词/副词比较级＋从句，the＋形容词/副词比较级＋从句"等。

4. 师生互动式对唱(简称师生 rap)

活动示例：

T: Hello everybody, This is me. I'm very friendly, do you like me?

Ss: Yes, I do!

T: I like apples, because they're yummy. Apples.

Ss: Yummy!

T：Apples.

Ss：Yummy.

T：I say big, and you say small. Big.

Ss：Small.

T：Big.

Ss：Small.

T：I say stand up, you say sit down. Stand up.

Ss：Sit down.

T：Stand up.

Ss：Sit down.

T：I say girls, and you say pretty. Girls.

Ss：Pretty.

T：Girls.

Ss：Pretty.

T：I say boys, and you say cool. Boys.

Ss：Cool.

T：Boys.

Ss：Cool.

T：What do you like? What do you like?

Ss：Dancing, dancing! I like dancing.

T：What do you like? What do you like?

Ss：Volleyball, volleyball, I like volleyball!

T：Football, football.

Ss：I like football.

T：Basketball, basketball.

Ss：I like basketball.

T：Ping-pong, ping-pong, I like ping-pong!

Ss：Ping-pong, ping-pong, I like ping-pong!

（baseball, football, basketball, badminton, tennis, fencing, boxing, running, swimming, skiing…）

活动建议：此方法主要用于词汇句型操练，需要教师准备节奏感较强的背景音乐。

五、其他童谣教学活动

活动目的:

(1) 借用童谣熟悉英语的节奏模式,培养学生的英语语感。

(2) 熟悉动词:nod, twist, stretch, wiggle, run, bend, stamp, touch, shake, play。

活动步骤:

(1) 老师先示范童谣,学生静听欣赏。

T:
One little child, one, two, one.
　Nod my head, nod, nod, nod.
Two little children, one, two, one.
　Twist my shoulders, twist, twist, twist.
Three little children, one, two, one.
　Stretch my arms, stretch, stretch, stretch.
Four little children, one, two, one.
　Wiggle my fingers, wiggle, wiggle, wiggle.
Five little children, one, two, one.
　Raise my head, raise, raise, raise.
Six little children, one, two, one.
　Bend my head, bend, bend, bend.
Seven little children, one, two, one.
　Stamp my feet, stamp, stamp, stamp.
Eight little children, one, two, one.
　Touch my head, touch, touch, touch.
Nine little children, one, two, one.
　Shake my head, shake, shake, shake.
Ten little children, one, two, one.
　Let's play together, play, play, play.

(2) 学生模仿老师并和老师一起说童谣,做相应的动作。

T: I'll chant the rhyme once again. Please listen to me and follow my activities. OK! Let's begin. One little child, one, two, one...

Ss：...

(3) 师生随着录音一起练习数次。

活动建议：在课外活动时，可通过变队形及舞蹈动作表演此儿歌。

活动目的：

(1) 借用童谣熟悉英语的节奏模式，培养学生的英语语感。

(2) 复习单词及名词单、复数形式。

活动内容：

Five Juicy Apples

Five juicy apples are sitting on a plate. Let's eat one.

It is delicious!

Four juicy apples are sitting on a plate. Let's eat one.

It is delicious!

Three juicy apples are sitting on a plate. Let's eat one.

It is delicious!

Two juicy apples are sitting on a plate. Let's eat one.

It is delicious!

One juicy <u>apple</u> <u>is</u> sitting on a plate. Let's eat one.

It is delicious!

活动建议：在练习时，可用重音强调的方式来突出 One <u>apple</u> 和 <u>is</u> sitting。

活动目的：

(1) 借用童谣熟悉英语的节奏模式，培养学生的英语语感。

(2) 复习单词 vest, coat, sweater, pants 及动词短语 get up, put on, go to bed, take off。

活动内容：

Get up, get up, and put on your vest.

Get up, get up, and put on your coat.
Get up, get up, and put on your sweater.
Get up, get up, and put on your pants.
Go to bed, go to bed, and take off your vest.
Go to bed, go to bed, and take off your coat.
Go to bed, go to bed, and take off your sweater.
Go to bed, go to bed, and take off your pants.

活动 4

活动目的:
(1) 借用童谣熟悉英语的节奏模式,培养学生的英语语感。
(2) 复习关于交通规则的单词: red/yellow/green light, stop, go 及短语 look to the left, look to the right。

活动内容:
Red light!
Stop! Stop! Stop!
Yellow light!
Wait! Wait! Wait!
Green light!
Go! Go! Go!

Look to the left, look to the right.
Left, left, there are no cars.
Right, right, there are no cars.
Both ways are clear, over we go!

活动 5

活动目的:通过节奏练习培养学生的英语节奏感。
活动内容:
I said, Sh! Sh! Baby's sleeping!

I said, Sh! Sh! Baby's sleeping!

What did you say?
What did you say?

I said, Hush! Hush! Baby's sleeping!
I said, Hush! Hush! Baby's sleeping!

What did you say?
What did you say?

I said, Please be quiet! Please be quiet! Baby's sleeping!
I said, Please be quiet! Please be quiet! Baby's sleeping!

What did you say?
What did you say?

I said, Shut up! Shut up! Baby's sleeping!
I said, Shut up! Shut up! Baby's sleeping!

WAAAAAAAAAAAAAAAAAAAAAAAAAAAAA!!!
Not anymore.

活动建议：
（1）此活动可采用一人读，全班呼应或男生问、女生答，女生问、男生答等形式。
（2）在学生熟悉说唱节奏之后，可鼓励学生自己模仿节奏模式写出自己的说唱内容。

活动 6

活动目的： 课前热身活动或课将结束时的放松活动。
活动示例：
Two little hands go clap, clap, clap,

Two little feet go tap, tap, tap,
One little body turns around,
One little child sits quietly down.

活动 7

活动目的: 利用英语歌曲拓展练习。
活动示例:
(1) 整体展示歌曲,听歌曲1—2遍。

　　Miss Lucy Had a Baby

　　Miss Lucy had a baby,
　　His name was Tiny Tim,
　　She put him in the bathtub
　　To see if he could swim.
　　He drank up all the water,
　　He ate up all the soap,
　　He tried to eat the bathtub,
　　But it wouldn't go down his throat.
　　Miss Lucy called the doctor,
　　Miss Lucy called the nurse,
　　Miss Lucy called the lady
　　With the alligator purse.

(2) 单句放歌曲,学生听,老师跟读单句歌曲并解释歌词中的生词。
(3) 整体再听歌曲一遍,学生模仿歌曲。
(4) 单句听歌,并把下列歌词写成正确的语序。
　　Miss Lucy, baby, a, had
　　was, his, Tiny Tim, name
　　in, she, bathtub, him, the, put
　　could, if, to, he, swim, see
　　drank, he, water, up, all, the
　　up, soap, he, all, ate, the
　　to, bathtub, the, eat, he, tried

his, but, go, throat, it, down, wouldn't
called, Miss Lucy, doctor, the
Miss Lucy, nurse, the, called
lady, the, Miss Lucy, called
alligator, with, purse, the

(5) 听歌填空(学生边听边填写歌词中所缺的单词)。

Miss Lucy……a baby,
His name……Tiny Tim,
She……him in the bathtub
To……if he could……
He……up all the water,
He……up all the soap,
He……to eat the bathtub,
But it……down his throat.
Miss Lucy……the doctor,
Miss Lucy……the nurse,
Miss Lucy……the lady,
With the alligator purse.

(6) 听歌排序(根据所听歌词,用 1—12 的数字给下列各句编号)。

His name was Tiny Tim,
He ate up all the soap,
With the alligator purse.
He drank up all the water,
Miss Lucy called the doctor,
Miss Lucy had a baby,
He tried to eat the bathtub,
She put him in the bathtub
Miss Lucy called the nurse,
To see if he could swim.
But it wouldn't go down his throat.
Miss Lucy called the lady,

活动 8

活动名称：根据歌曲写故事
活动目的：练习写作技能
活动过程示例：

(1) 老师先向学生解释本节课的目的：听歌曲，然后根据歌曲内容写一个小故事。
(2) 老师给每个学生发一份歌词，学生边听歌曲边阅读歌词。
(3) 老师解释歌词中的生词和短语。
(4) 老师向学生提有关歌曲的问题，如 What happens in the song? What is the song about? What are some specific lyrics which convey the meaning of the song? Why do you think the writer wrote the song?
(5) 根据问题请学生写三段内容描述歌中的故事，并分析歌曲的主题。第一段是歌曲简介及对这首歌的初步感受；第二段是故事的主体，具体描述歌中所发生的事件的人物、地点、时间和事件；第三段是故事的结尾，并写出听完这首歌的感想。
(6) 学生写完后，与同桌互相修改讨论。
(7) 老师选取个别学生的作文，朗读并纠正和点评。
(8) 再听歌曲，让学生体会并比较歌中的内容和自己写的作文。

活动建议：应根据学生的年龄选择合适的歌曲。在写作时，可以鼓励学生发挥想象力编写与歌曲相关的小故事，不要拘泥于歌词，也不要写成简单的歌词总结。老师也可事先写一份作文，等学生写作结束后，范读给学生听，让学生进行比较。

活动 9

活动名称：听歌辨词
活动目的：听力练习，词汇练习和口语练习。
活动准备：事先准备好编制好的歌词和相关练习。
活动过程：

(1) 老师先给学生简单解释歌词中出现的单词，如：
carpenter   tinker   miller   mill wheel   wood

blouse   sorrow pots   grinding   loneliness

(2) 老师放一遍歌曲,学生注意听。
(3) 老师给学生发放编制好的歌词练习,再放一遍,要求学生边听边填空,并选择歌词中黑体词的正确选项。

If I Were a Carpenter

If I was a carpenter and you were a...
Would you... me anyway
Would... have my **baby/lady**

If a tinker were my **trade/trick**
Would you still find me
carrying the pots I made

Following behind me
Seen my love through loneliness
Seen my love for sorrow
I've given you my lowliness
Come give me your tomorrow

If I worked my hands in **wood/world**
Would... me
answer me babe yes I would
I'd put you above me

If I were a miller
At a mill wheel grinding
... miss your colored blouse
Your soft shoes shining

If I were a... and you were a **lady/baby**
Would you marry me anyway
Would you have my baby
Would you marry me anyway

Would have my baby

（4）分段放一遍歌曲，老师在一段结束后朗读歌词，学生纠正答案。

（5）完整放一遍歌曲，并要求学生注意下列几个问题：

How many people are in the song?

What is the relationship between them?

Explain in a few words what the song is about.

What question is the man asking?

（6）老师和学生一起复习前面解释过的歌词中的生词。

（7）学生配对问答上面的问题。

（8）老师提问，个别学生回答。

活动建议：该游戏活动适合任何年龄段的学生，老师可根据学生的年龄选择合适的歌曲，编制合适的练习题。

活动名称：听歌学文化

活动目的：通过歌曲学习英国文化和美国文化的区别，了解英音和美音的区别，学习英语谚语和口语练习。

活动过程示例：

（1）老师播放歌曲，同时要求学生注意歌曲中不同文化的差异。

An Englishman in New York

I don't drink coffee I take tea my dear

I like my toast done on the side

And you can hear it in my accent when I talk

I'm an Englishman in New York

See me walking down Fifth Avenue

A walking cane here at my side

I take it everywhere I walk

I'm an Englishman in New York

I'm an alien, I'm a legal alien

I'm an Englishman in New York
I'm an alien, I'm a legal alien
I'm an Englishman in New York

If "manners maketh man" as someone said
Then he's the hero of the day
It takes a man to suffer ignorance and smile
Be yourself no matter what they say

I'm an alien, I'm a legal alien
I'm an Englishman in New York
I'm an alien, I'm a legal alien
I'm an Englishman in New York

Modesty, propriety can lead to notoriety
You could end up as the only one
Gentleness, sobriety are rare in this society
At night a candle's brighter than the sun

Takes more than combat gear to make a man
Takes more than license for a gun
Confront your enemies, avoid them when you can
A gentleman will walk but never run

If "manners maketh man" as someone said
Then he's the hero of the day
It takes a man to suffer ignorance and smile
Be yourself no matter what they say

I'm an alien, I'm a legal alien
I'm an Englishman in New York
I'm an alien, I'm a legal alien
I'm an Englishman in New York

(2) 老师就歌曲题目提问,引导学生理解歌曲的内容,如:
What does the title of the song suggest?

(3) 分段播放歌曲,先播放1—3,让学生回答下列问题。学生回答时,老师边听边穿插英美文化的差异知识。

What kind of drinks does an Englishman like? How do you know from the song?

What kind of drinks does an American like? How do you know from the song?

Is an Englishman's accent the same as an American's? How do you know from the song?

What kind of things does an Englishman like to bring?

(4) 播放4—7段,让学生回答下列问题,老师讲解英语谚语的意义:
What do these phrases mean? Can you explain with daily life examples?
"Be yourself no matter what they say."
"Manners maketh man."
"At night a candle's brighter than the sun."
"Takes more than combat gear to make a man."

(5) 播放8—9段,让学生回答下列问题:

a. Which of these two sayings do you agree more with and why?
"Be yourself no matter what they say."
"When in Rome, do as Romans do."

b. What are some of the challenges of being yourself in a foreign country? Why is it good to be yourself sometimes?

c. What are pronunciation differences between British and American English? What sentence in the song clearly captures the idea of differences in accents?

活动建议:此歌曲游戏适合小学高年级的学生学习英语国家的文化知识和英语谚语。老师也可以选择其他传授文化和语言知识的歌曲以适合不同年龄的学生的需求和水平。

六、英语童谣歌曲教学案例

案例 1

英语童谣歌曲名称: Ten Little Snowflakes

(一) 教学内容

1. 词汇教学:snow, snowflakes, flower, star, six points, little, falling;
2. 歌曲教学:"Ten Little Snowflakes"。

(二) 教学目标

1. 语言知识与技能目标

   (1) 掌握 snow, snowflakes, flower, star, six points, little 等词汇;

   (2) 通过打节拍、唱谱等学会"Ten Little Snowflakes"英文歌曲;

   (3) 通过用动物类单词替换 snowflakes,培养学生英文歌曲创编能力。

2. 情感价值目标

   (1) 培养学生少儿英文歌曲感知能力,利用音乐课课型调动学生学习英语的积极性;

   (2) 提高学生对大自然的审美水平,培养学生创造力和想象力。

(三) 教学步骤

1. Warming up

   (1) Topic warm up: Freeze Dance

   (2) Vocal warm-up: 柯尔文手势

柯尔文手势图

手势	唱名	手势要点	调式单级名称	部位
	do	掌心向下，平握空拳	坚强稳定的音 ——大调的主管	头顶
	ti	掌心向下，食指自然伸直，斜指左上方，握其余四指	尖锐又敏感的音 ——大调的导音	
	ta	掌心向下，五指自然松开向下，呈提拉姿势	暗淡、悲叹的音 ——大调的下中音	
	sol	掌手向内，侧平掌	庄重又明亮的音 ——大调的属音	下颏
	fa	掌心向外，拇指伸向下方，其余四指握于掌心	凄凉使人畏惧的音 ——大调的下属音	胸颈
	mi	掌心向下，横平掌	平稳又平静的音 ——大调的中音	胸部
	re	上斜平掌，掌心向左下	活跃向上的音 ——大调的上主音	
	do	掌心向下，平握空拳	坚强稳定的音 ——大调的主音	腰部

（注：柯尔文手势是柯达伊音乐教学法中的一个组成部分，它是借助七种不同手势和不同高低位置来代表七个不同的唱名在空间把所唱的高低关系具体表现出来。七种不同的柯尔文手势所代表的七个不同的音高，使听觉转为视觉，对学生进行音准的训练。）

2. Lead-in：Weather—winter—snow—snowflakes（从颜色、形状等方面观察雪花）

3. Teaching Procedures：

(1) 词汇教学：通过图片展示教授 snowflakes, flower, clean, white, star, little, snowflakes, falling；

(2) "Ten Little Snowflakes"歌曲赏析；

(3) 通过英文字母音符教授歌曲旋律，带领学生唱谱、填谱；

(4) 打节拍：强弱拍、2/4 拍（拍手、打鼓、学生使用腕铃、沙锤、铃鼓等乐器打节拍）；

(5) 歌词学习与练习；

(6) 歌曲弹唱：老师领唱、学生齐唱、男生女生接龙唱；

(7) 歌曲创编：替换歌词（动物：monkey/ panda/ tiger/ elephant）、小组合作接龙唱

(8) 舞蹈创编：老师舞蹈动作示范，学生舞蹈动作示范，学生唱跳，学生上台展示

4. Review and summary：词汇和歌曲

英语童谣歌曲名称：Twinkle Twinkle Little Star

（一）教学内容

1. 词汇教学：star，twinkle，little，wonder，diamond，world，sky，high；
2. 歌曲教学："Twinkle Twinkle Little Star"。

（二）教学目标

1. 语言知识与技能目标

（1）掌握 star，twinkle，little，wonder，diamond，world，sky，high 等词汇；

（2）通过打节拍、唱谱等学会"Twinkle Twinkle Little Star"英文歌曲；

（3）通过单词 beautiful moon 替换 little star，培养学生善于观察生活和英文歌曲创编的能力。

2. 情感价值目标

（1）培养学生少儿英文歌曲感知能力，利用音乐课课型调动学生学习英语的积极性；

（2）提高学生对大自然的审美水平，培养学生创造力和想象力。

(三) 教学步骤

1. Warming up

   (1) Topic warm up：body percussion/歌曲"Do Re Mi"；

   (2) Vocal warm-up：柯尔文手势。

2. Teaching Procedures

   (1) 猜谜语，引出今天的主题 star；

   (2) "Twinkle Twinkle Little Star"歌曲赏析（小猪佩奇版）；

   (3) 词汇教学：通过图片展示教授 star，twinkle，little，wonder，diamond，world，sky，high；

   (4) 通过英文字母音符教授歌曲旋律，带领学生唱谱、填谱；

   (5) 打节拍：强弱拍、2/4 拍（拍手、非洲鼓、腕铃、沙锤）；

   (6) 歌词学习与练习；

   (7) 歌曲弹唱：老师领唱——学生齐唱——现场组乐队（钢琴、小提琴、非洲鼓、腕铃、碰钟、尤克里里等乐器组合）；

   (8) 歌曲创编：替换歌词（beautiful moon）、小组 PK 比赛唱并投票；

   (9) 舞蹈创编：老师舞蹈动作示范，学生舞蹈动作示范，学生唱跳，学生上台展示。

3. Review and summary：词汇和歌曲。

案例 3

小学英语课浸入式教案示例

Curriculum Integration in English

Immersion Book 1A Unit 4 Lesson 2 Snowflakes

Periods	2nd	Type	Music
Teaching Objectives	1. Course objectives： To enable students to (1) Clap the beats of the song； (2) Sing the song according to the melody and rhythm； (3) Dance with the music. 2. Language objectives： (1) To enable students to learn the new words of snowflake：		

(续表)

Periods	2nd	Type		Music
Teaching Objectives	white, clean, six points, flower, star, little, falling; (2)To enable students to understand the meaning of the song. 3. Affective attitudes: (1)To enable students to love the nature and try to discover the beauty of nature; (2)To enable students to learn more songs about winter. 4. Learning strategies: (1)To learn to use body languages; (2)To learn to create more similar lyrics (such as animals).			
Key Points	1. Words and expressions: white, clean, six points, flower, star, little, falling; 2. Ten little snowflakes falling...; 3. Teach them how to clap the correct beats of the song and how to sing correct lyrics.			
Teaching Difficulties	1. Students can clap the beats of the song correctly; 2. Students can sing the lyrics of the song correctly; 3. Students can build a snowflake band with teacher.			
Teaching Aids	1. Videos 2. PPT 3. Word cards 4. A piano 5. Instruments 6. Snowflakes 7. Animal cards			
Teaching Procedures	Steps			
	Teacher's Activity		Students' Activity	Purpose
	1. Warm-up (1) Clap the beats of Cuckoo song; (2)Do vocal warm up. 2. Lead-in (1) Talk about the weather and the season, winter;		1. Students clap hands and shot the legs to feel the beats of the song. Sing the notes with Kodaly Gestures.	(1)To warm up and get them ready for class; (2)Put them in a situation of snowflakes, and let them know their tasks;

(续表)

Periods	2nd	Type	Music
Teaching Procedures	(2) Show them snowflakes and help Elsa and Anna to collect ten snowflakes to back to their castle. 3. Teaching Procedures Step 1. Learn the new words (1) Teaching the words about snow-flakes: white, clean, six points, flower, star, little, falling; (2) Practicing the words by playing a snowball game. Step 2. Learn the melody (1) Watch the video of "Ten Little Snowflakes", Students try to feel the melody of the song; (2) Teacher sings the song while playing the piano; (3) Show Students the Alphabetic Notation of the song; Students sing the melody together. Step 3. Learn the rhythm (1) Show Students the rhythm of the song (use the cat and fish on the plate picture to clap their hands or shot their legs); (2) Students learn how to clap the strong beats and the weak beats. Step 4. Learn the lyrics and sing the song (1) Ask students how many snow-flakes we need and count from one to ten; (2) Talk about the meaning of the lyrics;	2. Students need to finish 5 tasks to help Elsa and Anna to collect the snowflakes: Task 1: describe the snowflake; Task 2: count the snowflakes; Task 3: sing the snowflake song; Task 4: do a snowflake dance; Task 5: build a snowflake band. Students know what each note refers to and can sing the melody by themselves. (1) Students listen to the rhythm in this song and try to clap beats with instruments; (2) Students read the lyrics by themselves; (3) Students should know the meaning of these phrases and act them out; (4) Students follow the video and music to sing the song together;	(3) Stimulate Students' learning motivation; (4) Learn some words to describe the snowflake; (5) Get them be familiar with the melody of this song; (6) Get Students be familiar with the rhythm in this song and clap other similar rhythmic patterns; (7) Give each of the students the chance to speak out the phrases; (8) Learn the last sentence: ten little snowflakes falling; (9) Review the melody and the rhythm, give them a chance to sing together or show themselves in front of the class; (10) Let Students be brave to show themselves; (11) To review the knowledge;

（续表）

Periods	2nd	Type	Music
Teaching Procedures	（3）Teacher leads to sing the song while playing the piano； （4）Students sing by themselves； （5）Boys and girls sing solitaire. （6）Create a new song：change the snowflakes into tigers and pandas or any other animals in the song. Step 5. Do the snowflake dance （1）Show Students the video about the song and enable them to dance together with teacher； （2）Students do the following parts by themselves（sing and dance）； （3）Students can make their new dance of the snowflake song. Step 6. Build a snowflake band （1）Teacher holds the snowflake and invites a few students to sing the song together with playing instruments； （2）Others sing and dance together. Step 7. Sum up Learn to discover the beauty of the nature around you, and we can sing everything we like in our life, love nature, love life. Step 8. Homework （1）Sing the song to your parents or friends； （2）Make a snowflake paper cutting after class, take care of using the scissors.	（5）Divide the students into the tiger group and the panda group to sing the "Ten Little Tigers" and "Ten Little Pandas", they will have a singing contest； （6）Students wait for teacher's invitation and get ready to sing and dance； （7）Students sing, dance and play the instruments to finish "Ten Little Snowflakes" song.	（12）To review what we've learned in today's class； （13）To cultivate students' sense of cooperation by building a band.

（续表）

Periods	2nd	Type	Music
Board Writing	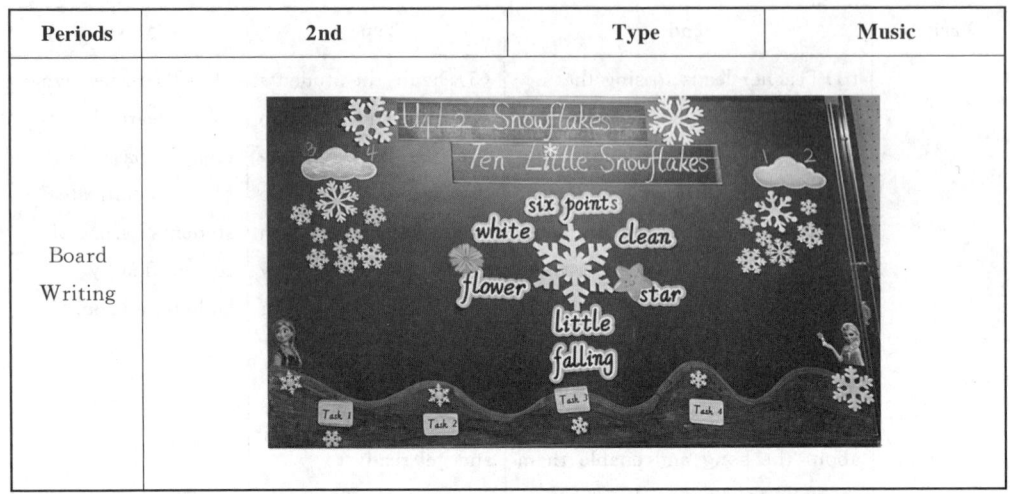		

* 浸入式英语课 PPT 示例

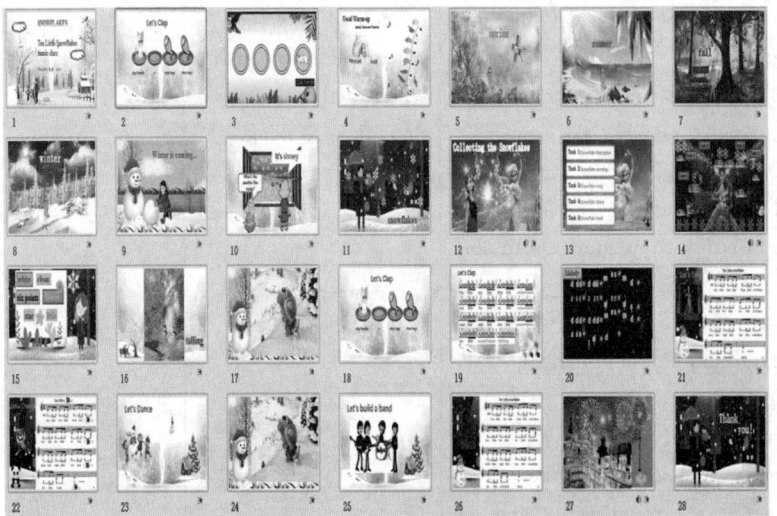

第十章 英语动画电影教学

第一节 小学英语教学中使用动画电影的作用和意义

作为视觉和听觉相结合的整体展现,影视是一种动态呈现背景知识和创造信息语境的媒介。相比静态的文本和单一的听觉呈现信息,影视媒介呈现的动态信息更贴近真实的生活,更具文化内涵和语言的真实性。电影以画面为主体,直观、形象,通俗易懂,便于多层次观众观赏。不同国家、不同民族的电影与本民族群众的生活风俗、伦理道德、文化积累、欣赏习惯密切适应。随着多媒体技术的不断发展,在教学实践中的应用不断增多,在教育领域中,电影已不再是一种单一的群众娱乐媒体,而成了一种全新的教学和学习环境。

融视、听、说于一体,英语动画电影是通过视觉动画和听觉声音形式相互配合讲述故事和呈现画面的多通道媒介。英语动画电影的集成性、形象性、生动性等特点,不仅能以视觉通道和听觉通道呈现大量的语言信息,还能提供大量的非语言信息,如图画、实物、音乐、声音、动作、姿势、面部表情、声调等,最重要的是英语动画电影能够提供比较真实的英语使用语境。英语动画电影的语言内容丰富、地道、通俗,是英语国家社会生活会话语言的真实反映。动画电影色彩鲜艳、人物可爱、动作滑稽、声音悦耳、音乐动听,是儿童最喜欢看的一种电子媒介形式,适合儿童的心理发展特点。

作为一个内容丰富的资源,英语动画电影以其语言真实性较高、适合儿童的兴趣和语言发展等优势,可以在小学英语教学中适度使用。英语动画电影中的发音清晰,语速和内容与现实社会小学生的语速和兴趣比较接近,适合练习听力和模仿语音,也易激发小学生的兴趣。英语动画电影信息的丰富性、情境性、交互性和趣味性等特点能够有效创造比较真实的英语语言环境,为语言教学提供丰富多彩的情景和跨文化信息,创造真实的语言环境。传统的英语课堂强调以课本为轴心的语言教学,教学资料缺乏现实性,和日常生活相差甚远。利用动画电影学习英语,在很大程度上能弥补教本上没有的内容。动画电影中的语言是地道的生活语言，是本族语者活生生的语言，它能把英语学习者带入和语言使用息息相关的现实生活中，语言的理解和运用更接近真实，创造出生动活泼的英语学习环境，能很好地弥补二语环境下小学生英语学习环境的枯燥、单一现象。英语动画电影中丰富的文化资源、真实的语言表现形式，可以被应用到英语教学中，以弥补课本、语言教学片、刻意为教学编排的语言材料的不足，为学生提供更为广泛、生动、逼真的视觉直观情景，使学生有机会接触到鲜活、自然的语言素材，让学生身临其境感受真实的交际语言，充分调动学生视听说的积极性，提高英语听说能力和交际能力。

第二节 英语动画电影的选择

一、选择合适的动画电影材料

小学英语教师利用动画电影培养学生英语听、说、读、写的技能时，首先要根据学生的语言水平选择合适的动画电影材料。动画电影材料是让学习者通过视、听、说等多种方式来体验、学习语言和文化，所以在选择动画电影材料时首先要考虑理解性的输入。所选的电影材料应该力求符合小学生的身心特点，注重选择小学生日常生活中感兴趣、能理解、易吸收的内容，且生动有趣，富有童趣，又贴近小学生生活与情感喜好，其难度既符合小学生的发展特点和英语水平，又略高于小学生的年龄水平和英语水平，使小学生既不至于感到太难，又感到有一定的挑战性。低年级的小学生和高年级小学生的年龄特点、兴趣爱好和语言发展等存在一定的差异，老师在选择动画电影的时候也要考虑不同年级小学生的特点。另外，在选择动画电影的时候，老师还需要考虑初学英语的小学生和从一年级就开设英语的学生在英语水平上的差异。总之，老师在选择动画电影时，要从学生实际出发，因材选料，符合学生的年龄特点、智力发展的特点和英语水平。

从小学生的兴趣和动机的角度来看，益智性、知识性、故事性、文化性和游戏性动画电影比较适合小学生欣赏的口味。对于小学生来说，知识性的动画电影主要用于互动和交际信息的练习。从内容上应避免有色情、暴力、吸毒和下流行为的动画电影。

从小学生的年龄和文化欣赏水平考虑，选择适合小学生年龄阶段的动画电影也极其重要。动画片以其内容丰富、情节简单、语音清楚、容易理解等特点符合小学各个年龄层的学生观看，但在小学低年级应尽量选择一些以日常对话、词汇学习、语音练习为主的动画电影，这类动画电影语音清晰缓慢，剧情简单，大多与儿童的生活比较贴近。比如,《卡由》(Caillou)、《朵拉》(Dora)、《三只小猪》(Three Little Pigs)、《小美人鱼》(Little Mermaid)、《波可》(Poko)、《天线宝宝》(Teletubbies)、《麦克小骑士》(Mike the Knight)、《小鸡快跑》(Chicken Run)、《小鹿斑比》(Little Deer Bambi)等儿童英语原版动画。小学高年级可选择一些剧情稍复杂、对话比较多的动画电影。比如,《料理鼠王》(Ratattolee)、《功夫熊猫》(Kongfu Panda)、《海底总动员》(Finding Nemo)、《疯狂农庄》(Barnyard)、《神奇校车》(Magic School Bus)等英语原版动画,这类动画发音纯正、清晰,语速适中,语言丰富,剧情幽默诙谐。另外,选择一些经典的、小学生耳熟能详的动画电影更有利于小学生的学习,因为大多数经典的动画电影基本都有汉语版,小学生对这些动画电影的剧情和人物比较熟悉,用英语原版学习时比较容易理解,借助字幕有助于他们的听力理解和词汇学习。如:《米老鼠和唐老鸭》(Mickey and Donald)、《白雪公主》(Snow White)、《灰姑娘》(Cinderella)、《阿拉丁神灯》(Aladdin)、《猫和老鼠》(Tom and Jerry)、《睡美人》(Sleeping Beauty)等经典动画片。

从动画电影的制作质量上,在选择动画英语电影时,要避免选择容易分散学生注意力、过于嘈杂的动画电影,避免以下会影响学习过程中视觉效果的情况:动画电影的画面过小;动画电影的制作效果差;动画电影的画面和文本描述不相配;动画电影的画面和字幕不同步;视觉信息和相应的词汇信息不相匹配等。

二、选择不同字幕类型的动画电影

英语原版动画电影有无字幕、英语字幕、汉语字幕、中英文字幕等形式,也有经过语言学校改编的带有关键词字幕的英语动画电影。不同字幕的英语原版动画电影在用于培养小学生英语技能时,各有侧重和不同的功能。教师可根据训练技能的侧重不同,选择不同字幕类型的动画电影交替使用或单独使用。如:利用带字幕的动画电影,能有效地降低小学生学习英语的焦虑感,激发其对英语学习的兴趣和动力;带字幕的动画电影,可以在培养小学生听力技能的同时,通过看字幕培养学生的注意力、辨认词汇、熟悉语音语调、英语语感和快速处理不同信息的能力。

除此之外,因为教学时间的关系,通常应避免在课堂上播放整部动画电影,而是只选取个别与课本教学有关的片段以辅助教学。有关文化背景和历史背景的电影可由老师精选并推荐给学生在课后观看,并完成相关的观看任务,如回答与电影有关的问题、电影笔记等。

第三节　动画电影在小学英语教学中的应用

动画电影的使用,能给学生提供角色模仿的模型,通过教授语言的合适性和文化性增加学生的文化意识，加强学生的视觉和听觉语言理解，破除教室活动的局限，使用最新科技促进语言学习，使学生对与语言直接相连的辅助语言信息有直观的了解，能被用于具体情境中使用语言的培训，加强学生对视觉语言的强化和减少在听力训练中的焦虑感(Arthur,1999)。视觉信息的提供可以帮助学生预测信息、推理信息和分析动画电影中的情景。动画电影也有助于学习者区分听力理解中的词项，有助于角色回忆，有助于对事件排序和编辑以适合学生不同的语言学习需求。

一、利用动画电影练习语音和口语

老师可利用带字幕动画电影的特点对小学生进行英语语音和口语的训练。动画电影可以使学生观察到在真实交际环境下，本族语者讲英语的节奏和语速等超音段语音特点。动画电影对话中含有许多缩略词和连读、吞音、省略部分读音的词汇。动画电影字幕不仅可以帮助学习者更好地体验和理解这些语言表达方式，强化语言使用的语用功能，而且学习者可以通过模仿掌握发音的技能，增进语音的流利性。通过理解剧情，习得一些表达方式的创造性用法。如：在理解剧情后，可让小学生在不需要完全对口型的要求下练习配音，对其进行语音方面的单项训练。教师可通过拆分练习，指导学生正确模仿动画片中的英语对话，要求学生尽可能在语音、节奏和语调方面模仿动画电影中的人物的发音。或可做一些创造性的主题口语训练活动。对电影情景片段让学生分组进行角色扮演，然后录成录像后，组合成一个整体，再回放给学生看。另外，对于小学生来说，尽可能减少学习英语的焦虑感是学好英语的一个关键因素。当学生在看自己的录像片段时，兴趣高昂、活跃、轻松，讲英语的焦虑感会减少，自信心也会随之增加。

二、利用动画电影学习词汇和语法

英语语言技能的流利离不开丰富的语言表达。动画电影中多样的语言输入有助于英语学习者积累丰富的陈述性知识。动画电影中人物的形体动作、眼神、环境等辅助语言所提供的视觉信息可以帮助学生很好地推测和理解动画电影的内容。在英语教学中，动画电影能帮助学生提高对所听到文本信息的解释和猜义能力，使学生对所学具体单词、句型和语法在具体语境中的意义有直观的了解。如在带字幕的电影中，大量的语境线索可以帮助学习者学习词汇、习得新词。经常使用的词汇，特别是在生词比较少的文本中经常使用的词汇极可能容易被记住(Ellis,1999)。Katchen(2001)认为，带有母语字幕的电影有助于词汇习得。带有关键词字幕的电影同样有助于词汇习得，因为关键词可以通过突出目标词汇来增加附带习得(Ellis,1999)。关键词字幕的电影可以用于有目的地学习不同语域的专有词汇,如,关于动画片所出现的人和事的词汇。

真实的动画电影中还含有大量的习惯用语和固定短语,并能够提供使用这些习语的真实语境,展现给说话者语言运用的合适性知识。语言学习者的词汇创新能力需要句法技巧知识,动画电影通过语音和字幕两种形式把语法呈现在真实的语境中,有助于提高学习者的这种能力(Katchen,2001)。动画电影字幕也可被用作诱发语言输出的一种手段,帮助语言学习者获得词汇创新能力,因为有了动画电影字幕的提示,学习者可以自然地猜测新词、短语和句子结构的意思和用法。这种猜测不仅可以强化学习者对新词、短语和句子结构的习得,而且可以通过猜测对话中的新词,培养学习者良好的语言使用创造力和想象力,培养语义流利性。

三、利用英语动画电影学习文化背景知识

"所有的儿童天生具有一种吸收文化的能力。""如果儿童生活在一个有文化的环境里,就会丰富他的词汇。"(蒙台梭利,1993:429)由此可见,儿童学习英语,环境是非常重要的。动画电影中的直观画面给学生理解和学习文化提供了语境信息,其色彩和情节能刺激和激发小学生学习和了解文化的兴趣。英语动画电影能够展现学习者感兴趣的特定英语国家的文化习俗和价值观念,促进文化学习和语言习得的共同发展,因为"电影可以为图式背景知识的发展提供重要的输入基地"(White, et al., 2000),因而,英语动画电影完全可以用来培养小学生跨文化意识和目标语的整体理解能力。

除了表现一些主要的文化差异,比如节日、婚礼和不同年龄、不同性别的人之间的相互交往和接触等,动画电影中会经常描述与语言学习者日常生活完全不同的生活场面(Katchen,2001),比如英语国家不同的洗衣方式、房间家具的摆设、厨房设施、不同的食物、家庭生活和聚会、儿童游戏和学校生活等。小学生通过英语动画电影不仅可以了解这些文化差异,而且可以借助电影字幕学习怎样用英语表达这些文化差异。这样,既学习了目标语文化,又培养了学习者在交际中可接受性和表达地道性的意识。

呈现真实生活场景的动画电影不仅能让小学生看到和听到真实语境中的真实语言,而且能让小学生观察到真实的语言交往模式。通过电影,小学生能"目睹那些操本族语者用不同的口音、手势等身态语进行的动态交往模式"(White, et al., 2000),比如游戏、约会、吵架、争论、抱怨、道歉等,还能看到在不同环境下解决问题的方式,比如在学校、家里、公园和工厂等。在根据情景、性别和正式程度等方面来培养小学生恰当地使用语言的能力时,电影被看做能够描述语言使用文化合适性和社会语言合适性的关键要素(White, et al., 2000)。Katchen(2001)也注意到真实的电影在能够为学习者提供社会语言形式的同时,在电影中出现的描述不雅行

为的言语也被可视为在不同语境下语言使用合适性的知识。

第四节　小学英语教学中动画电影的教法

作为一种教学资料,动画电影是比课本和录音更有动感的媒介。在小学英语教学中使用英语动画电影的主要目的是为了训练小学生的英语技能和跨文化交际能力。这不同于一般的电影欣赏,需要有老师的引导。所以小学英语教师要在使用动画电影的方法上下功夫,充分利用动画电影的特点,针对学生的年龄特点,选择适合小学生的方法,从小学生英语学习的听、说、读、写、练、玩等方面全方位开展教学,循序渐进地引导学生学好英语。在小学英语教学中使用动画电影时,要遵循不同英语水平的学生采用不同的动画电影播放的原则,不同英语语言技能的训练也需要采用不同的播放动画电影的方法。另外,在小学英语教学中使用动画电影时,还需要结合听、说、读、写和语音、词汇、语法、写作等语言技能的训练方式,选择合适的放映方式一起进行教学

一、小学英语教学中放映动画电影的常用方法

- 放映无字幕的动画电影,让学生通过画面和人物的动作猜测动画电影的大意。
- 放映带有目标语关键词字幕的动画电影片段,呈现词汇。
- 放映动画电影片段,训练语音语调。
- 放映带有中英字幕的动画电影,阅读动画片的台词,了解动画片整体内容。
- 放映带有英语字幕的动画电影,根据动画的剧情进行猜测。
- 放映带有英语字幕的动画电影,模仿练习。
- 放映带有英语字幕的动画电影,做角色扮演。
- 放映带有英语字幕的动画电影,对比发音。
- 放映带有英语字幕的动画电影,配音练习。

二、利用动画电影训练口语和课堂演讲的方法

- 教师用简单的英语讲述要放映的动画电影的大意,包括动画中的人物的名字、年龄,事件的名称等。
- 列出并讲解动画中的关键词。
- 播放挑选好的动画电影。
- 分片段放映,并分解片段画面,让学生理解动画电影的内容。

- 分解片段画面,学生逐句模仿动画电影中人物的语音语调和会话。
- 整体放映带英语字幕的动画电影,学生随着动画电影中的人物低声朗读或默读。
- 按动画的情景片段分角色、分片段给学生分组、分配任务,发放动画电影的脚本。
- 学生课后排练。
- 老师按照动画电影的顺序给各组各角色学生录像。
- 老师对录制的学生动画进行简单编辑和串联。
- 在全班放映学生彩排的动画电影。

三、系列情景短篇动画电影的使用方法

系列情景短篇动画电影在小学英语教学中可用来做主题讨论,如上学、交友、节日、旅游等。教师可就短篇中出现的主题先做概论性介绍,然后就电影画面中的情景话题逐一或有选择地引导学生理解,并从多角度展开讨论。通常主题讨论的动画电影应选择语言难度较小的短篇电影,教师可采用不同的放映方式交替练习。

四、动画电影情景片段的使用方法

从动画电影故事中摘取的情景片段主要集中在特定的人和物上,可以用来训练口语。如,教师可采用下列步骤训练学生:

- 学生观看小段没有配音的情景片段(同时用英语默默地思考画面所表达的内容)→
- 学生用英语把自己的想法在小组讨论中讲出来→
- 播放有英语配音的情景(学生思考画面所表达的内容和自己所表达的不同之处)→
- 再次播放有英语配音的情景(学生自由跟说、齐说多次)→
- 课后多次练习直到能够快速流畅地说出为止。

五、整部动画电影播放的方法

整部动画电影播放是把电影作为一个整体连续播放,中间不停顿。看完后,教师设计问题引导理解。整部电影播放可使学生通过视觉的整体画面来理解电影情节,增强学生使用目标语的自信,解除畏惧心理,培养学生的交际能力和语用意识,获取对交际的整体认识。

六、利用动画电影的特点进行口语技能的训练

- 熟悉程度——学生对动画片中的人物和情节大多比较熟悉,借助字幕有助

于他们的听力理解。
- 幽默——动画中滑稽夸张的表演能吸引学生并使学生理解复杂的对话。
- 配音——动画中的配音不需要做到声、画同步,学生在不需要完全对口型的要求下练习配音,对训练学生口语流利性有非常好的效果。
- 创造性——动画中引人发笑的人物造型和富有想象力的故事情节可以培养学生创造性思维的能力,学生在看完后可做一些有话可说的创造性口语训练活动。

第五节 小学英语教学中使用动画电影应注意的事项

虽然动画电影有助于英语学习,但是这只是一种辅助的教学手段。小学英语教师在使用动画电影教学时要注意不要为热闹好玩而使用动画电影,失去了课堂教学本身的教育目的。另外,许多小学英语教师没有经过系统的培训,不知道使用动画电影教学的方法,只是一味强调利用动画电影教学能激发学生的学习兴趣、培养学生的理解能力,而从没有认真或不知道怎样准备课堂上使用动画电影教学的方法。动画电影的教学不是简单的"按键观看"的方法("push-the-button-and-watch")。不少老师把动画电影教学的失败归咎于学生的学习动机低、没有兴趣、视频效果差、设备简陋等,而没有反思自己使用动画电影教学的方法是否合适,没有意识到利用动画电影教学需要熟悉教学方法和精心的准备。

有效使用动画电影于英语教学的关键不在于教师是否有能力使用动画电影输出语言信息,而在于教师是否有能力通过动画电影的教学让学生接收所输出的语言信息。利用动画电影教学是辅助课堂语言教学的手段,不是代替课堂教学。动画电影教学和听力教学一样,也可分为观看前活动、观看中活动和观看后活动。教师需要在课前做好充分准备,熟悉使用动画电影有效进行语言教学的基本技能和方法。在使用动画电影进行英语教学之前,小学英语教师应先认真思考下列问题,以弄清楚是否有必要在教学中使用动画电影:

- 怎样在英语课堂上使用动画电影学生才能从中获益?
- 在课堂上怎样使用动画电影?教室里是否有能播放动画电影、进行语言教学的设备?如果有,怎么使用这些设备?如果没有,其他可以使用动画电影的备选方案有哪些?
- 动画电影中的视觉成分是怎样提高听觉成分的理解?
- 怎样选择动画电影?选择什么类型的动画电影?为什么选择这样的动画

电影？
- 所选的动画电影在英语学习的哪方面有助于学生的学习？
- 所选动画电影的哪些片段可用于听、说、读、写技能的训练？哪些适用于会话和语音训练的？哪些适用于文化教学的？
- 你知道怎样利用不同字幕形式的动画电影培养小学生不同的语言技能的方法吗？
- 你打算怎样在10分钟内使用动画电影片段？在课堂上使用动画电影片段进行进一步强化的方法有哪些？
- 怎样从动画电影片段中选取关键词和关键句子结构？
- 动画电影片段应该播放几遍？为什么？
- 每一遍播放的教育意图是什么，训练哪种语言技能？
- 怎样利用动画电影片段进行语音训练？
- 怎样利用动画电影片段进行听力和会话训练？
- 怎样利用动画电影片段进行阅读训练？
- 怎样利用动画电影片段进行写作训练？
- 怎样利用动画电影片段进行文化教学？
- 怎样利用动画电影辅助语言教学计划？
- 怎样评估动画电影教学的效果？
- 不使用动画电影教学，使用其他媒介和方法能达到同样的教学效果吗？如果有，这些方法是什么？

在小学英语课堂使用动画电影教学是英语教学的一种辅助手段，需要合理的方法选择和活动设计，需要充分利用动画电影的优势，创造语言习得环境，培养学生英语语言技能。动画电影对小学生英语水平的提高不是短期内可以看到效果，需要坚持和长期练习。

动画电影教学示例

电影片段： 选自美国喜剧 *Planes, Trains, and Automobiles*（《旅行冒险》）中的一个30秒钟的小片段。Neal Page 和 Del Griffith 坐在飞机上等待飞机起飞，（他们之前互不认识，只在候机室碰过面）Del 转向 Neal 做自我介绍。

教学目的：
学习和练习下列情境中合适的英语表达方式：
1. 和陌生人第一次谈话的用语；

2. 问候交谈者的用语；
3. 介绍自己的用语；
4. 使用惊叹语表示有兴趣（如"Oh really" "How interesting" etc.）；
5. 转换话题的用语（如"So" "By the way" "Tell me" etc.）。

教学对象：小学高年级学生

教学准备：教师事先观看电影片段，根据电影片段设计好完形填空题并打印好准备发给学生。

教学过程：

观看前的活动

1. 将动画电影的画面定格在 Neal 和 Del 在飞机上坐着等飞机起飞。老师解释这两个人以前不认识，下面将是他们第一次自我介绍自己的对话。
2. 老师请学生和同桌讨论下列问题：
   - 你是怎样和陌生人开始交谈的？
   - 在这种情况下，你会选择什么样的话题开始交谈（比如，basic greetings，name，jobs，hobbies，travel destination(s)，family 等）；
   - 在谈话中你会使用什么样的短语来转换话题（比如，"so" "by the way" 和 "well"等词语）；
3. 老师让学生就每一个话题问具体的问题（比如，关于工作，"So, what do you do for a living?"或者"How do you like your job?"关于旅游，"And where are you heading?"等）。
4. 老师把学生的提问写在黑板上。
5. 老师让学生提出不宜在这个场合提出的问题（e.g., "How old are you?" "How much money does your job pay?" "Are you married?"）。
6. 老师向学生讲解使用感叹语和肢体语言表达自己的惊讶和感兴趣（e.g., "Oh really" "Wow" "Uh-Huh" "Oh" "No kidding" etc.）。

观看中的活动

7. 老师播放无字幕的英文电影片段。
8. 老师给学生发放完形填空的练习题。

   词汇表：American, nice, fabulous, pleased, introduce, so, world, living, sales, rings

   Del：I never did _____ myself. Del Griffith, _____ Light and Fixture, Director of _____, Shower Curtain Division. I sell shower curtain _____. The best in the _____. And you are?

   Neal：Uh, Neal Page.

Del: Neal Page. _____ to meet you, Neal Page. _____, what do you do for a _____, Neal Page?

Neal: Marketing...

Del: Marketing! Super, super, _____. Isn't that _____.

9. 学生分成小组,老师再播放电影片段一次,小组学生视听电影中两人的对话。
10. 让学生根据所听到的对话内容填写练习题中的空格,并互相比较自己观看前的猜测。
11. 再次观看电影片段,学生模仿电影片段中的对话,并纠正填空中的错误。
12. 再次观看电影片段,让学生讨论哪些短语可以用来替换空格中的短语,如可以用"Nice to meet you"替换"Pleased to meet you",可以用"Oh"替换"Super",用"By the way"替换"So"等。

观看后的活动
13. 让学生两人一组做角色扮演活动(也可请一两组学生到教室前面向全班表演)。
14. 老师设定情景,让学生两人一组角色扮演活动。

活动建议: 在观看电影片段前,老师也可让学生对将要观看的电影片段中人物和地点做更多的推测练习(如,这两个人是什么人?男性还是女性?是干什么的?这个事件是在哪里发生的?)。在观看中要提醒学生注意对话中的语音语调,在角色扮演活动中要让学生有意去模仿电影对话中的语音语调。如果学生英语水平较低,可以在完形填空中给出所要填词的首字母以降低难度。

第十一章 现代信息技术与小学英语教学

第一节 信息技术与小学英语教学

现代信息技术成果在教学上的运用,是教育现代化的重要标志之一。现代信息技术在小学英语课堂上的运用就是利用幻灯、录音机、录像、投影、电视和计算机等多媒体设备制作成的多媒体教学软件,直接用于课堂教学之中,优化教学过程,帮助教师完成预定的教学目标,激发学生学习的兴趣,提高课堂效率,改进教学方法。

国内外教育心理的研究已表明,人们从语言方式获得的知识能够记忆15%,从视觉获得的知识能够记忆25%,而同时运用视觉、听觉可接受知识的65%。作为教学辅助手段和工具,现代信息技术在小学英语教学中运用的优越性主要表现在提高教学效率上。它具有直观形象的特点,不受时间、空间的限制;能够创造真实的语言环境;能够使学习的事物或现象变小为大,变大为小,变快为慢,变慢为快,变静为动,变动为静;把抽象的概念具体化;形象生动,鲜明逼真,能唤起学生学习的兴趣,有助于知识的理解、记忆和巩固。因此,现代信息技术对丰富教学内容,缩短教学时间,增强学习兴趣,提高教学质量具有重要的作用。

一、信息技术和信息技术教育

对于信息技术,目前大致有三种理解:(1)信息技术就是计算机技术;(2)是计算机技术与网络技术的组合;(3)包括视听技术、计算机技术和整合技术。南国农(1993)认为,在谈论中小学信息技术时应包含"视听技术媒体使用"的模块,因而将信息技术定义为"对信息的采集、加工、存储、交流、应用的手段和方法的体系"。据此,信息技术包含了手段和方法两个方面的内容。手段为各种信息媒体,如印刷媒体、电子媒体、计算机网络媒体,是一种物化形态的技术。方法是运用信息媒体对各种信息进行采集、加工、存储、交流、应用的方法,是一种智能形态的技术。

运用信息技术进行教育活动,是以培养学生信息意识、知识、能力和道德为目标的教育。运用信息技术进行教育活动,需要运用现代教育理论和现代信息技术,通过对教与学过程和资源的设计、开发、利用、评价和管理,以实现教学优化。优化教学过程,开发教学资源,是信息技术教育面临的主要任务。它需要在现代信息技术环境中,研究与人类学习有关的各个要素及其相互关系的活动规律,以促进学习。

我国的信息技术教育大致经历了三个发展阶段。第一个阶段:20世纪70年代以前,以幻灯、电影为主;第二个阶段:20世纪80年代以后,以投影、录音、电视为主;第三个阶段:20世纪90年代以来,以计算机多媒体和网络系统为主的新阶段。

新时期的信息技术教育有"五化""三性"的特点。"五化"指教育信息显示的多媒化、处理的数字化、储存的光盘化、传输的网络化、教育过程的智能化。"三性"是指"开放性""非线性"和"交互性"。开放性指信息技术教育打破了时空的限制,教育资源能够被所有需要和愿意学习的人共享。非线性指信息技术教育打破了传统的线性知识框架,学习内容是网状的、发散性的、板块的,有多种组合方式。学生可以自行选择学什么、何时学、怎样学,真正实现了个性化的自主学习。交互性指通过计算机和网络实现了师生、生生交互以及课内交互、课外交互、内外交互、网上交互和网下交互。

二、信息技术与外语教学

信息技术运用于外语教学已有一定的历史。在20世纪六七十年代,语言实验室在不同的教育环境中得以建立。传统的语言实验室是由很多座位构成,每个座位上提供一个卡座、一个话筒和一个耳机,教师通过中央控制板监督学生的学习。这种技术的开发是基于刺激—反应的行为主义理论。据此理论,语言行为可以模式化,通过练习可以不断强化,学生继而快速学会使用目标语言。练习越多,学得就越快。语言实验室的建立,将技术运用于外语教学中,使外语教学向前迈进了一步。但在使用的过程中,也发现了一些问题。基于语言实验室的活动对于学生来说显得冗长而乏味,师生间缺少互动,不能实施个性化的教学。除了教学上的缺陷,音频设备也很笨重,容易出故障,而且只有一个功能——播放音频资料(输入)。

基于以上问题,计算机辅助语言教学,作为一种新型的外语交际教学方式被提了出来。计算机和高质量的计算机辅助语言学习软件为外语学习提供了另一媒介。现在,各种各样的学习软件已经开发出来,学习软件设计中包含了声音、图片、视频、动漫等输入方式。例如,词汇、语法、语音学习向导、拼写检查器、电子工作簿、读写教程,还有授权的软件包,教师可以用来编写练习题,补充已有的语言教学内容。除了大量可获取的计算机辅助语言学习软件,计算机的互动功能和多媒体的输入方式也能很好吸引学生,激发学生学习语言的兴趣和动机。不仅如此,计算机还能提供及时反馈,让学生能按自己的进度安排学习。信息的呈现不再是线性的,学生可以自己选择练习或复习的内容。

虽然计算机辅助语言教学有很多优势，并且被广泛使用，但仍然受到质疑。有的人认为，通过填空练习学习外语的语法知识不会提高学生正确使用语法造句的能力。还有人认为，学习软件的语言过于刻板，与使用中的自然语言的复杂性不相吻合。例如，设计来帮助学生掌握动词词形变化的练习题软件，仅仅聚焦在动词形式上而已。针对这样的问题，最近研究者们又开发出一些和当前外语教学理论与实践步调一致的互动式电子游戏和程序，提供了一些更为真实的任务型交际学习活动。

三、信息技术与小学英语教学

1. 信息技术运用于小学英语教学中的优势

（1）体验式学习。互联网的技术让学生进行各种体验成为可能，他们通过"做中学"来获取知识，因而不仅是知识的接受者，也是知识的创造者。

（2）学生学习动机强。基于网络多媒体的英语学习充满了乐趣，有游戏等多种介质，在学生看来也是一种潮流，因而学习的动机远远大于在传统的教室里学习英语的动机。基于网络多媒体设计的英语教学活动也让学生感觉更加独立。

（3）提高学习效果。现代信息技术的运用，也有利于学生发展适合自己的学习策略，增强学生的自信心，因而对语言学习的态度也有正面的影响，继而促进其学习效率的提高。

（4）原汁原味的学习资料。通过网络，教师和学生随时随地都可获取各种各样的原版英文资料，运用于英语学习。也就是在英语的学习环境中获取充足的语言输入，学习原汁原味的英语。

（5）更多的语言互动。通过发邮件、加入新闻组或信息组，学生可以用英语与素未谋面的人交流，特别是英语本族语者，当然也能和自己的老师、同学交流。网络上的各种工具也能帮学生对自己的在线作业进行评阅，提供语言使用反馈意见，继而帮助学生提高语言使用能力和交际能力。

（6）学习个性化。利用现代技术的信息呈现不是成线性的，因而学生可以根据自己的语言水平进行学习内容的筛选，并按自己的进度合理安排学习，实现了语言学习的个性化发展。

（7）语言教学材料的丰富。网络的使用使语言学习不再受书本的限制和地域的限制。学生随时可以置身于跨文化交际的学习环境之中进行语言学习。学习资料介质也多样化，语言的学习不再是呆板无趣的活动。

（8）全球性的思维方式。网络的使用已经使英语教学的场景全球化，因而学生获取的也是全球化的思维方式。

综上所述，信息技术在小学英语中的运用为学生个别化的学习和发展个性特长提供了前所未有的机会。现代信息技术的使用，也大大提高学生的积极性、主动性和创造性,为实施素质教育、培养创新人才提供了最佳的途径。

2. 信息技术在小学英语课堂教学中应用的必要性

信息技术有助于学生全面发展,它创设情境的优势显而易见,这种创设情景的途径在小学英语教学中显得尤为重要。

(1) 从小学生自身发展的需要来看,在小学英语教学中开展信息技术教育是当代学生自身发展的需要。将现代信息技术运用于小学英语教学中,培养的不仅是学生使用英语的能力,也培养了学生的信息能力。而信息能力是现代社会人们生存的基本能力。

(2) 从现代化教育的内容来看,在小学英语教学中开展信息技术教育是实现教育现代化的必由之路。信息技术对教育的影响是不仅带来教育形式和学习方式的重大变化,更重要的是对教育思想、观念、模式、内容和方法产生深刻的影响。

(3) 从小学生的心理特点来看,信息技术迎合了小学生的兴趣特点,由此可以激发起他们学习的动力,建立起对英语学习的自信和积极的态度,而且提供了教学的多样性。

(4) 从小学生学习语言的特点来看,信息技术能够混合声音和图像,能够为小学生的英语学习提供比较真实的语言环境。这样,小学生可以看到如何在实际生活中使用英语,由此弥补我国小学生缺乏真实英语语言环境的缺点,使得学习的英语更容易被理解和记忆。

(5) 从小学生的认知角度来看,信息技术在小学英语课堂上的运用为小学生提供了最新的语言信息,能够引起学生的好奇心,培养学生的观察能力和从上下文推理的能力,培养学生独立学习的能力。

(6) 从小学生对社会文化适应的角度来看,通过信息技术创设语言情景能够使小学生看到英语国家的真实的人情地貌、风俗习惯等文化背景,从而有助于消除文化上的差异感,培养学生的文化适应性能力。

四、小学英语教学中运用信息技术的指导原则

将信息技术运用于小学英语教学中,教师需要注意以下方面的原则:

1. 研究信息技术在教学中的最佳使用途径

现代信息技术在英语教学中的运用是基于语言教学研究的理论和实践,因而教师要学习当前的语言学习理论、教学法,理论与实践相结合,在教学中有意识地运用现代信息技术,探讨将现代信息技术运用于教学的最佳途径。

2. 关注已开发的各种英语教学工具和教学资料网站

除了传统的教学工具和方式,教师要关注将现代信息技术运用于语言教学的各种方式、教学软件和工具:比如,多媒体注解的阅读文章、电子词典、语料库和检

索软件、扩大词汇量的软件、语音软件、口语软件、听力软件和语法学习软件等。许多网站提供这些英语学习软件及相关的练习。教师还要注意搜集提供各种英语教学资料和学习的网站。

3. 熟悉对各种运用途径和教学工具的评估

教师要熟悉对各种语言教学软件和课程软件、资源的评估标准，在将这些融入语言教学前，要对其进行评估。例如，要考虑教学目标、信息呈现方式、对于学生的适合性和期望结果，还要考虑时间和精力。现在网络上有各种各样的英语教学资源和学习软件，但不是全都适合课堂教学，适合自己的学生。有的材料或工具仅着眼于一个技能的培训，而有的是培养学生的综合技能。另外，材料或工具的选用要考虑能否激发学生的学习兴趣和动机，能否实现教学环境的最大优化，难度是否适中，能否取得既定的教学效果。

4. 适时选用恰当的现代信息技术

现代信息技术丰富了语言教学内容，发展了语言教学途径。但在语言教学中，并不是为了运用技术而使用，教师应该根据教学的需要适时使用。如，在多媒体网络的教室里，并不是任何时候都要使用电脑、PPT和网络等。需要学生进行讨论或对话时，可以将设备关闭或置之一旁。信息技术只有在需要或有助于教学的时候才使用。

教师需要选择性地使用技术，设计合理的教学活动。如在听力练习中，录音机的回放功能就能很方便帮助教师锁定需要反复听的地方，比CD、MD、DVD的遥控器就好用得多。在阅读的教学中，教师可以利用网络通过合适的浏览器，搜寻与教学主题相关的文章，选用与学生英语水平相当难度的资料，培养学生的阅读能力等。

五、小学英语教学中常用的信息技术及其应用

音响媒体：录音机、音箱、话筒等，以及相应的教学软件。

　　功能和特点：能够录取各种语言材料和声音，然后根据需要播放、重放、前进、后退；能够将声音放大，扩大教育面；传播信息迅速，不受时间、空间限制。

　　教学应用：播放标准的语言示范录音；播放和录制教学中所需要的不同背景下不同口音的录音；播放英语歌曲，让学生边听边唱边表演，或欣赏配乐英文小诗、童话、寓言短片等，让学生边看投影、幻灯片边听录音。

光学媒体：幻灯机、投影仪等，以及相应的教学软件。

　　功能和特点：能够将某些实物、标本等放大显示；放映时间可长可短，不受限制；教学软件的制作比较简单。

　　教学应用：可用来呈现词汇；创造语言环境；呈现画面帮助理解录音；呈现课文图像及故事结构等。

声像媒体：电视机、录像机等，以及相应的教学软件
功能和特点：能给学生视觉、听觉两方面的信息；能以活动的图像，逼真地、系统地呈现事物及其变化过程。
教学应用：可用来呈现词汇；创造语言环境；呈现画面帮助理解录音；呈现课文图像及故事结构等；播放有关现成的教学软件及素材。
综合媒体：语言实验室、计算机等，以及相应的教学软件。
功能和特点：能兼顾以上几种媒体的功能和特点。
教学应用：教师可运用多媒体技术的特点设计各种动画、制作 PowerPoint 等，还可设置各种不同的播放方法，如无声观看、只听不看、定格观看、创设信息沟等方法，再配合其他教学活动（小组讨论、选择问答、角色扮演、再创表演等）完成课程教学需要。

正是由于信息技术的这些教学优势，使得创设的情境更为形象、生动、逼真，易于学生接受，易于唤起师生情感，调动了学生的学习积极性，得以提高教学效果，达到教学目的。

六、运用信息技术进行小学英语课堂教学应注意的几个方面

1. 正确处理运用信息技术过程中的三大基本因素：人——教师、学生；机——各种教学设备；教学信息——文字、形象教材。只有正确处理各因素之间的关系，使它们科学地组合起来，才能实现最有效的教学过程。

2. 虽然信息技术有许多的优点，但它仍然只是英语教学的辅助手段，只能帮助老师有效地完成教学工作，而不能完全取代教师的教学；信息技术不是运用的越多越好，要从具体的教学目的、任务和学生的实际情况出发，把形声材料和文字材料、现代科技教具和传统教具结合起来，使其互相补充而不是互相排斥，才能收到预期的效果。

3. 设计适当的教学活动，具体运用时，要加强活动的计划性和目的性。课前做好充分准备，制定可行的程序和步骤。课上做好引导启发工作，使学生的注意力集中在学习的主要对象上，做到看、听、说、思、演结合。在整个教学过程中，教师做什么，学生做什么；教师怎么讲，学生怎么练；如何引起学习动机，保持学习兴趣等等，都要有周密的设计。

4. 课后要善于总结使用信息技术的经验，查缺补漏，及时对出现的问题及不足之处进行反思，对教学做出正确的诊断。

运用信息技术进行英语教学的方法多种多样，它不仅可以用一种媒体来创设，还可以多种媒体优化组合来创设。要想达到激发学生兴趣、增强学生记忆力的教学目的，还要注意形式上的新异性、内容上的生动性、方法上的启发性。

第二节　PPT 与小学英语教学

一、PPT 在小学英语教学中的运用

多媒体技术是指把文本、图形、图像、视频、动画和声音等运载信息的媒体结合在一起,通过计算机进行综合处理和控制,在屏幕上将多媒体要素进行组合,并完成一系列交互式操作的信息技术。

PPT 是一种集幻灯片、多媒体和网络于一体的演示文稿制作软件。与微软的软件包绑定,因其制作简单、操作方便、表现力丰富、预设性强以及容易保存和修改、便于转换成其他格式文件等优点而被大家广泛使用。在语言教学中,它可以用于知识的讲解、练习和复习,也可用于测试。

在知识讲解中,教师可以运用 PPT 呈现新知识、新概念。教师需要预测学生理解中可能遇到的困难和误解,据此合理安排或调整 PPT 演示顺序。PPT 需要简单明了,不能信息堆积。高质量的 PPT 难于制作,但一旦做好,却可以不断地重复使用,并与他人分享。

PPT 也可更广泛地运用于各种练习和复习中。为此,需要选择可以不断重复使用的材料,例如:在练习动词的不规则形式时,就可以通过 PPT 不断呈现;还有形容词的比较级等形式、可数名词与不可数名词的对比等等,都可以每周或隔周使用,或隔一周期练习或复习。教师也可以利用 PPT 制作各种游戏,用于语言知识的巩固练习。当然,并不是每次上课都要用 PPT,学习新的知识以后,教师在经过一段时间后可以选用其他教师制作的演示文稿在课堂播放,帮助学生回顾已经学过的知识,这样也会给予学生不同的视角理解旧的知识点。PPT 也是考前学生复习要点的很好方式。

有的教师也将 PPT 运用于考试。比如在词汇测试中,教师将单词的图片显示在 PPT 的幻灯片上,并将每一张幻灯片的播放时间合理地预设好,学生要求在间隔时间内写出每张图片的目标单词。教师利用 PPT 的计时功能,还可以设计制作其他各种各样的考试和小测验。

二、PPT 教学课件的制作
1. 学习并掌握基本的电脑操作
- 学会微型计算机的基本操作;
- 学会图标、窗口、菜单、对话框的概念与操作;

- 学会复制与粘贴；
- 学会画图软件及其他附件的使用；
- 学会 Word 文字处理：中英文输入方法；文档的建立、打开、保存、关闭等；文档的基本编辑；文档的排版；表格制作、公式编辑、绘图、图文混排等；
- 学会模版、背景和色彩的运用；
- 学会动画、照片、剪辑画的插入；
- 学会声音的录制和插入；
- 学会文件的存取和播放技巧；
- 学会创建幻灯片或利用模版建立幻灯片；
- 学会设置放映方式和效果，放映与打印幻灯片；
- 学会图像、语音、动画和视频的简单处理。

2. PPT 课件制作的基本要素

（1）PPT 课件的基本构成

PPT 课件的制作由课件设计、脚本创作、素材准备、程序设计、总装与测试等部分组成。

课件设计。课件设计就是指教师根据自己的教学要求而制订的一个课件制作方案。方案应以如何突出创新教学，突出教学难点来考虑，以达到优化教学效果的目的。课件的设计确定了课件的主题，它是整个制作过程的主导。课件的制作应避免内容的过分繁多、杂乱，即要把握好课件的"度"，不可让其"喧宾夺主"，其制作和使用都仅仅是围绕课堂教学而进行的，不能因课件而教学，而是因为要达到良好的教学效果去制作课件。教材中能用简单的实物呈现的就没有必要用图片等形式在课件中呈现。

脚本设计。脚本是贯穿课件制作全过程的依据，是课件制作中最主要的部分。脚本的创作是一个综合考虑的过程，首先要确定课件的类型，是演示型、交互型或者是综合型，然后根据每页要表现的主题，构思版面内容，素材的搭配和页与页之间的交互联系。

一个脚本的设计并不一定是文字的形式，有时也可以是制作者在计算机上初步的页面设计或对整个课件的大体框架和要求以及对课件每页内容的初步构想。

每页的文字内容确定后，仔细考虑哪些内容可以用其他媒体元素替代，如平时比较少见的物体和场景，可以用图片来说明，如果是整个过程，用动画视频来表现比较好，并且可以配上相应的解说。

素材的准备。素材的准备工作应该根据脚本设计的要求进行，素材包括文字、图片、动画、声音、视频等，制作时需要较全面的电脑知识。当然，作为一名英语教师，不可能掌握较高深的计算机知识，课件的制作也往往需要计算机教师的大力辅助,有时一个优秀课件的制作和完成甚至是一个团体共同努力的结果。但是作为一名英语教师至少应该掌握一些基本的计算机知识,可以制作简单的幻灯片,在日常的教学过程中,留意与教学有关的图片或影视资料等,最好能够建立自己的资料库,以便于在今后的教学过程中充分使用教学资源。

程序的设计。所谓的"程序设计"就是利用一种或多种多媒体开发工具将所需要的素材有机地结合起来,并且提供方便快捷的一系列智能化控制。一般来讲,教师在制作课件的过程中常用的软件有:Authorware 5.0、Flash 4.0、PowerPoint 等。其中 Authorware 是一个图标导向式的多媒体制作工具,无须传统的计算机语言编程,只要通过各种图标的调用,就能把多媒体素材有机地汇集起来,达到多媒体课件制作的目的,让程序设计变得简单轻松。

总装与测试。在教师实际制作的过程中,由于授课思路的不断调整和完善,课件的设计也往往也需要这样或那样的调整及改变,而一个较大的课件由于制作的需要也往往被分割成与之相关的几个模块,在最后的阶段被连接成一个整体,这就是所谓的"总装"。当然,一个产品的好坏,在出厂前总要接受一定的测试与调整,看其程序能否顺利运行,内部连接是否正确流畅,各种插件,尤其是声音、动画能否正常播放等等,从而避免使用时出错。

(2) 网上资源的利用

每一位教师都可以根据教学需要和教学内容制作自己的 PPT。怎样制作 PPT? 现在网上有很多的学习指南的网站。教师可从网上下载一些能免费分享的 PPT,结合自己所教授学生的实际情况修改后运用于教学中。也可利用搜索引擎,输入"English PowerPoint presentation"或"ESL PowerPoint"等关键词进行相关演示文稿搜索,然后下载。但有些文稿是"只读"文件或进行了写保护,这时需要建立一个 PPT 文件,将下载的文稿复制到新的 PPT 文件中予以加工处理,最后做成新的教学演示文稿。对于下载的演示文稿还有下面两个问题:(1)如果用的不同操作系统,可能 PPT 模版的一些字体和符号在另一操作系统中不能予以辨别或显示;(2)下载的文档可能带有病毒,这也是最主要的问题,因此需要在值得信任的网站下载文档。

3. 利用 PowerPoint 制作教学课件的步骤和基本技法

PowerPoint 是一种演示文稿制作软件,也可以被称作演示图形软件。该软件有易学会、操作简便、内容丰富、主题鲜明、背景优美等特点。下面介绍幻灯片制作的简单步骤和基本技法。

(1) 创建 PowerPoint 演示文稿

开机后双击打开 PowerPoint 软件,进入软件后会显示如图 11-1 所示的界面。

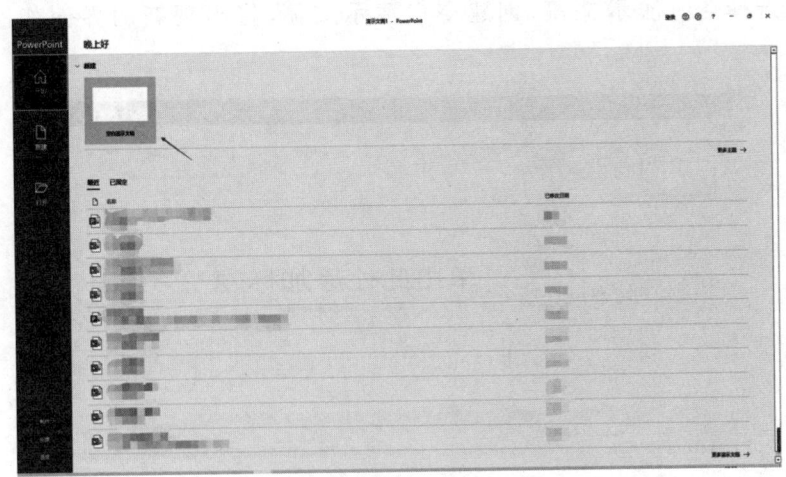

图 11－1

如果已安装 PowerPoint 软件，在桌面无显示快捷方式，则需要点击 Windows 开始按钮，如图 11－2 箭头所指，然后再在"P"开头的软件中找到 PowerPoint 软件，

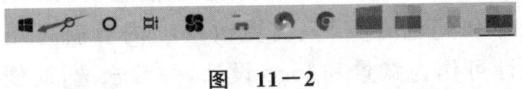

图 11－2

如图 11－3 所示，单机"PowerPoint"即可打开显示如图 11－1 的画面。

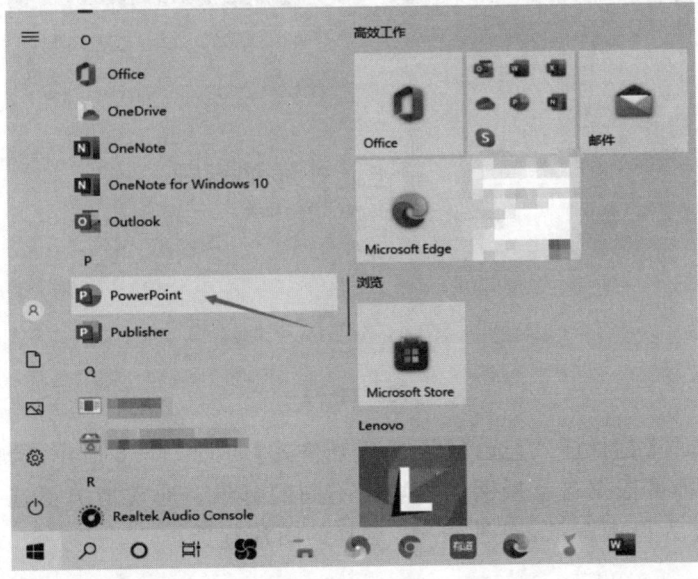

图 11－3

单机选择空白演示文稿,创建空白演示文稿,将出现新的界面如图 11－4 所示。

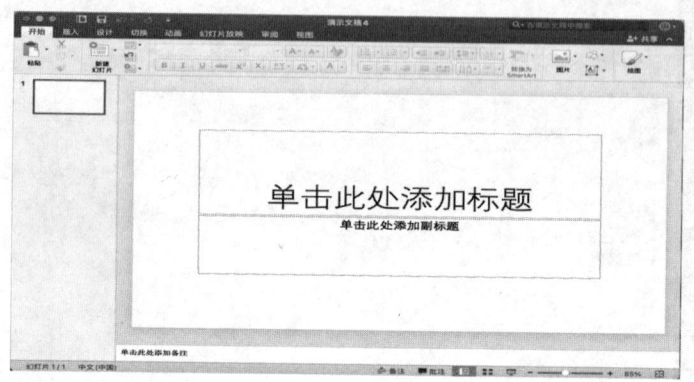

图 11－4

(2) 简单母版设计与版式选择

简单母版设计

母版是指幻灯片中存储有关应用的设计模板信息的幻灯片,包括字形、占位符大小或位置、背景设计和配色方案,只需更改一项内容就可更改所有幻灯片的设计。因此,母版的设计可作为背景和 logo 设计,一劳永逸,简便快捷。

点击【视图】选择【幻灯片母版】如图 11－5 所示。

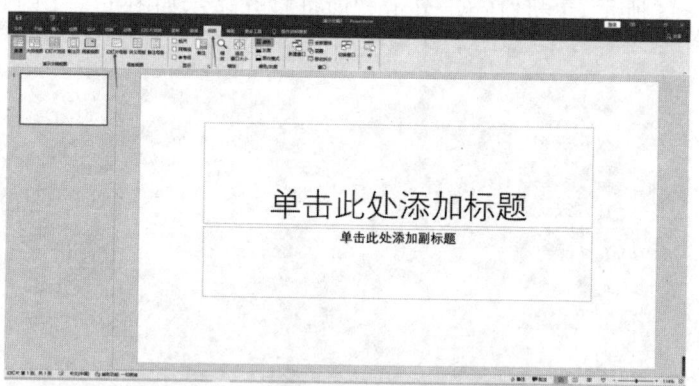

图 11－5

接着再选择【背景样式】选择【设置背景格式】如图 11－6 所示,会弹出背景填充的类型,教师可根据自己授课内容填充不同的背景。通常情况下选择较为合适的背景图片作为母版背景,如图 11－7 选择的图片背景。

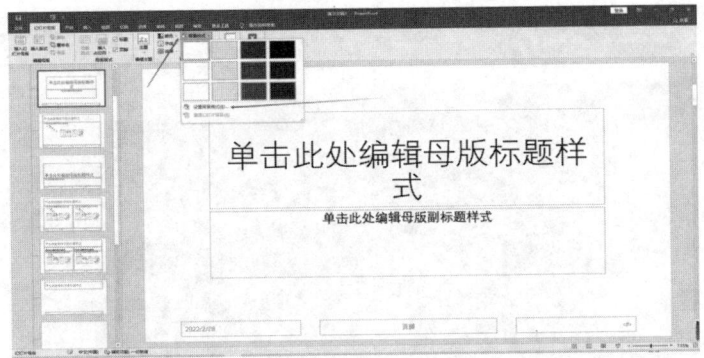

图 11-6

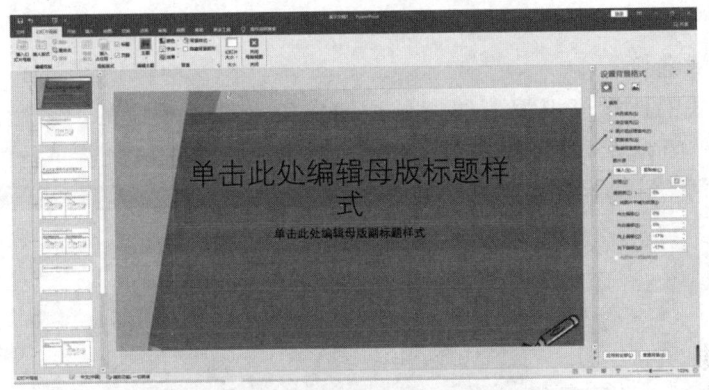

图 11-7

母版基本设计操作完成后,点击【关闭母版视图】按钮即可回到初始页,进行内容版式的设计,如图 11-8、图 11-9。

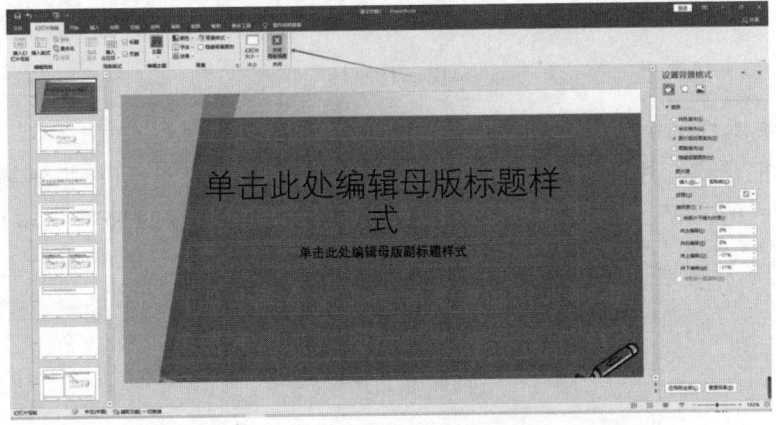

图 11-8

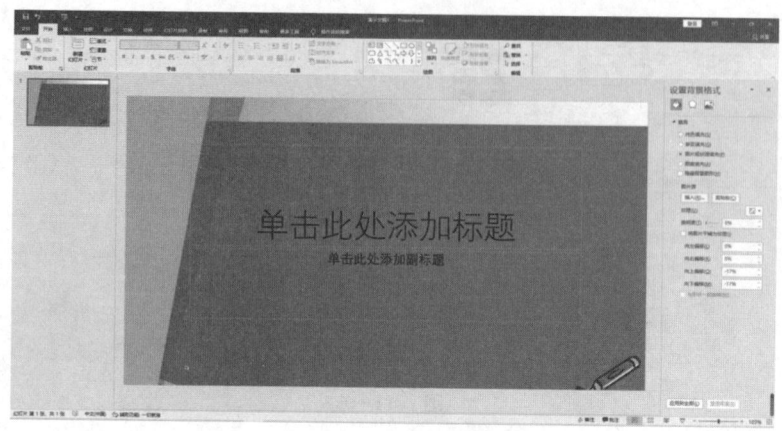

图 11-9

内容版式选择

内容版式的选择可根据不同幻灯片的定位来选择相应的内容版式,选择【版式】如图 11-10 所示,也可以自行设计插入图片、文本框、视频等进行内容的创作。

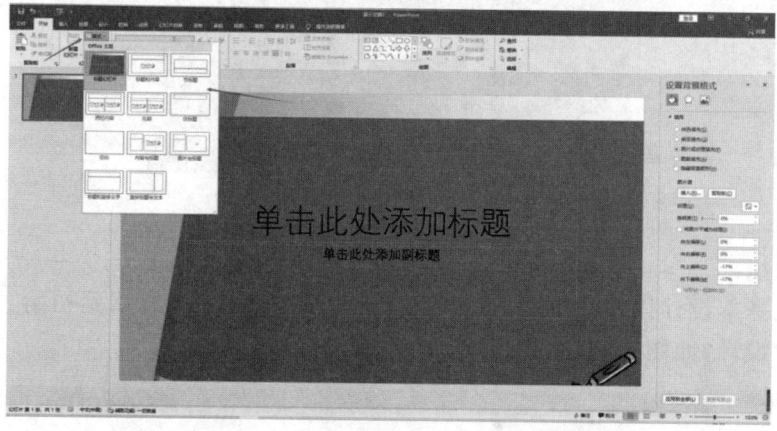

图 11-10

(3) 文本框的插入

文本框是幻灯片内容创作的重要辅助工具,插入文本框,可根据需要编辑、移动文本框内的文字。文本框插入分为【绘制横排文本框】和【竖排文本框】,如图 11-11 所示。

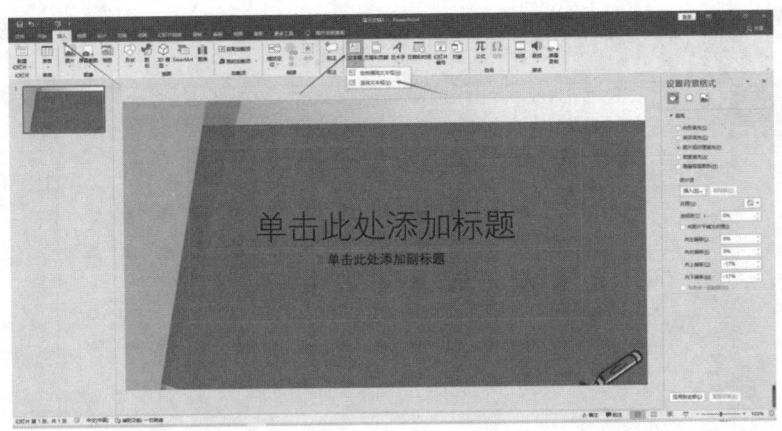

图 11—11

横排文本框呈现文字形式为横向,竖排文本框呈现文字形式为竖排,如图11—12所示。

图 11—12

(4) 插入图标

PowerPoint 提供了相对庞大的各类型图标,以美化幻灯片的制作。在英语课件制作中可考虑将图标中的部分内容当做卡通内容辅助融入课件制作中。选择【图标】,即可出现不同类型的图标供选择,如图11—13所示。

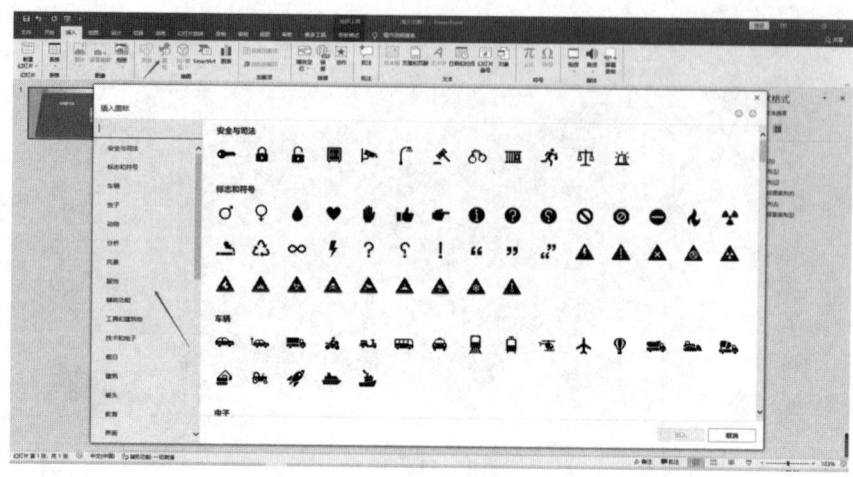

图 11—13

单击选中需要插入的图标,如图 11—14 所示,点击【插入】按钮,即可插入相应的图标,如图 11—15 所示。插入后可右击该图标,填充适合自己幻灯片风格的颜色,单击选中颜色即可填充,如图 11—16 所示。

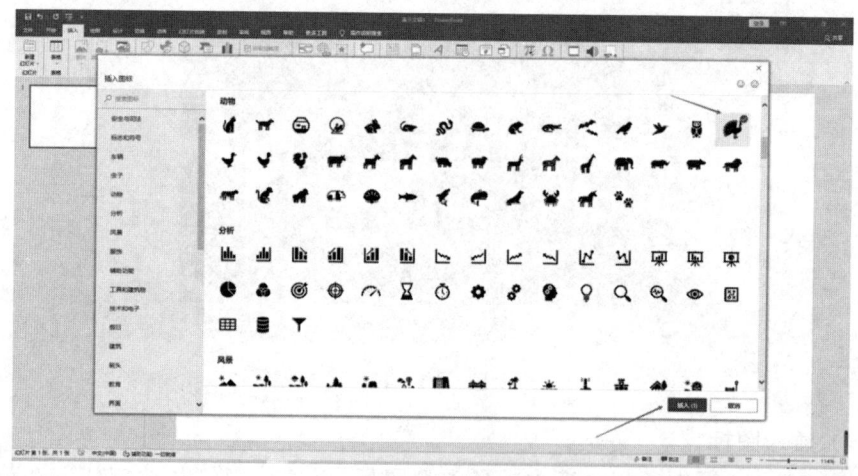

图 11—14

图 11-15

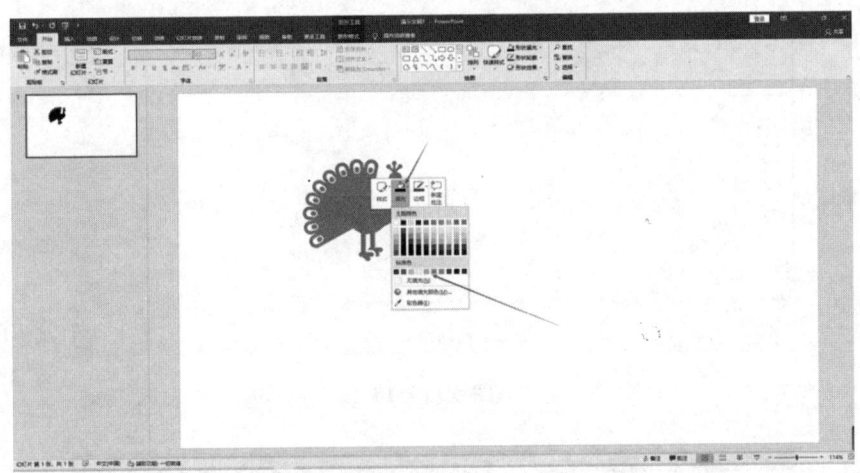

图 11-16

(5) 插入图片

图片插入

图片的插入可形象的阐明幻灯片要表达的内容。其步骤为,单击【插入】再单击【图片】选择【此设备】(此设备表示图片在计算机某个磁盘内)如图 11-17 所示,按照图片相应路径找到要插入的图片,如图 11-18 所示,点击【插入】即可,如图 11-19 所示。

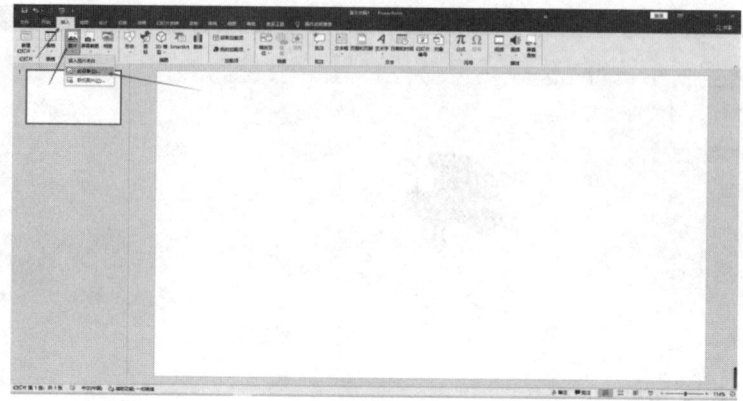

图 11—17

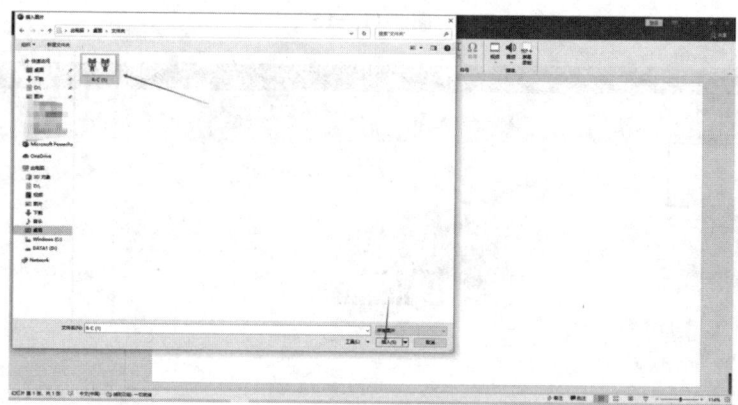

图 11—18

图 11—19

图片调整和剪裁

图片插入后往往会出现图片过大的情况,可拖动至合适的大小比例。操作如下:单击选中要调整的图片,鼠标指针在矩形四角处表示等比例放大或缩小,在四角处单击鼠标左键不放松,移动鼠标即可等比例放大或缩小图片;选中图片后,鼠标指针指向矩形四边中点处,单击鼠标左键不放松上下或左右移动,则表示同方向拉宽或拉长图片,如图11-20、图11-21所示。

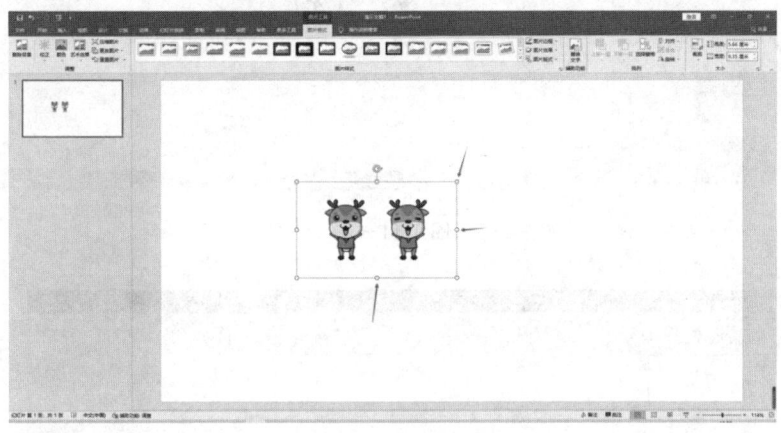

图 11-20

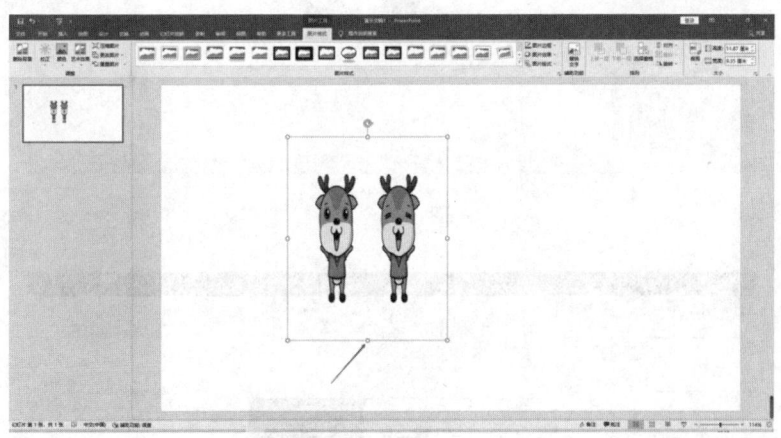

图 11-21

图片的裁剪是根据实际需要进行图片编辑的一种方式。其操作步骤如下:单击选中要编辑的图片,在图片上右击选择【裁剪】工具,如图11-22,单击【裁剪】即可进入裁剪模式如图11-23所示,鼠标指针指向要裁剪的区域边框,按住鼠标左键拖动,即可完成裁剪,如图11-24所示。完成裁剪后在空白区域单击鼠标左键,即可完成图片裁剪工作，如图 11—25 所示。

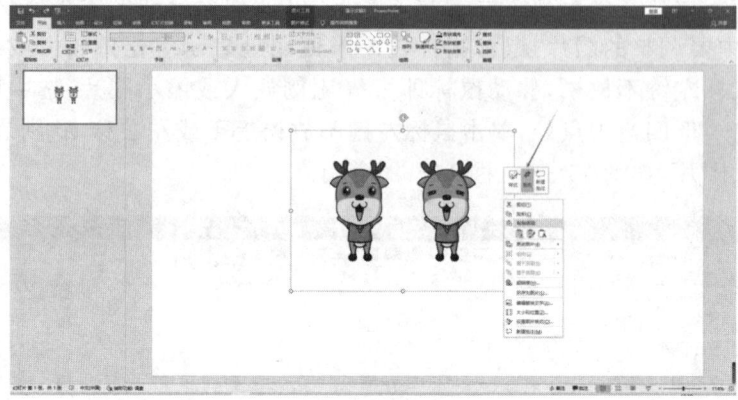

图 11—22

图 11—23

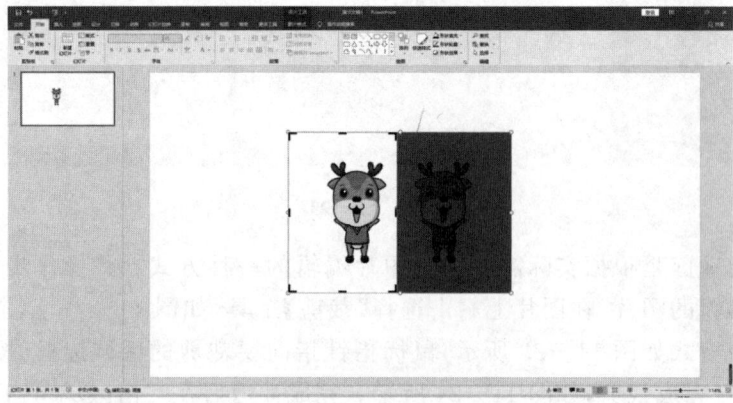

图 11—24

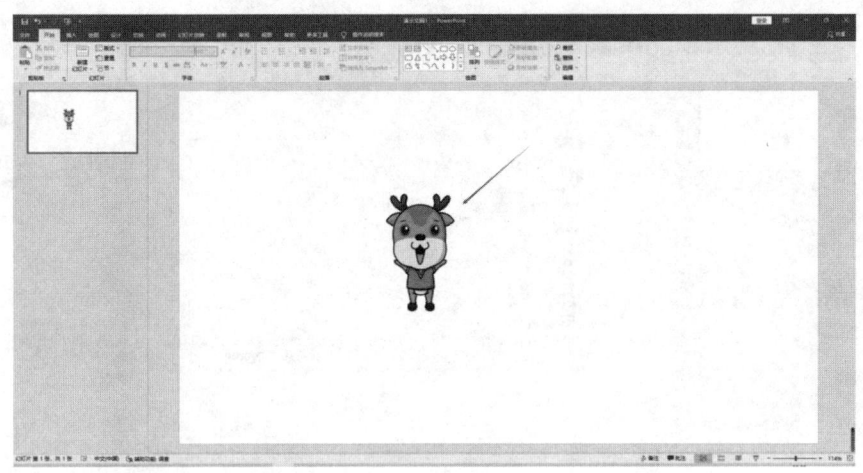

图 11—25

（6）插入视频

当文字和图片不能动态、直观地描述一个场景时，我们可以考虑使用视频。插入视频前首先需要将自己要展示的视频存储到电脑中，记住存储路径。具体插入视频操作步骤如下：单击【插入】，再单击【视频】，选择【此设备】，如图 11—26 所示，单击【此设备】后会出现如图 11—27 的对话框，选择要插入的视频，再单击【插入】即可完成视频的插入，如图 11—28 所示。

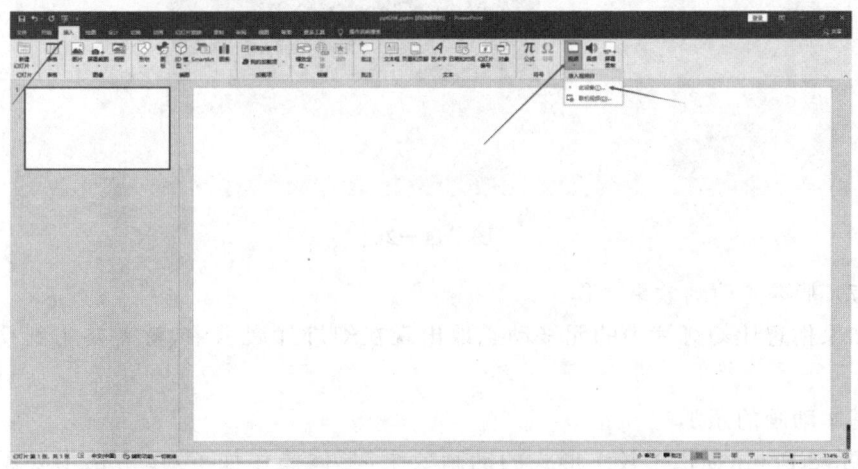

图 11—26

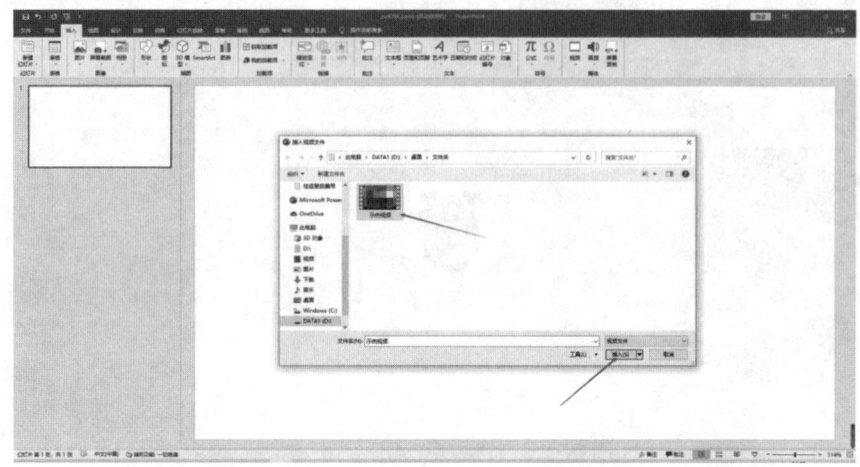

图 11－27

图 11－28

（7）基本的动画效果制作

如果你想让幻灯片中的元素动态地出现在幻灯片展示中，就需要用到动画的功能。

基本动画的添加

PowerPoint 提供了较多形式的动画效果，具体操作如下：单击选中要添加动画的对象，然后选择并单击【动画】再单击【添加动画】，选中要添加的动画类型并单击，即可完成动画效果的添加，如图 11－29 所示。

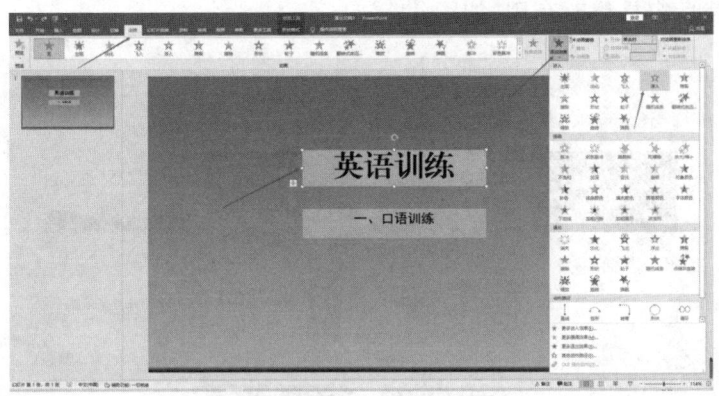

图 11—29

播放先后顺序的调整

动画出现的先后顺序经常在演示中用到,具体操作如下:单击【动画】再单击【动画窗格】会在右侧出现【动画窗格】栏,单击鼠标左键不放松,上下拖动即可实现顺序的调整,最上侧为最先播放,排在下方则表示播放的顺序为下一个播放,以此类推,如图 11—30 所示。

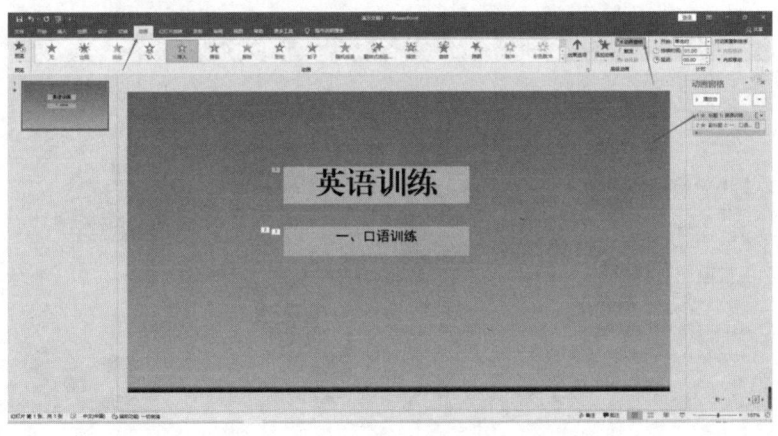

图 11—30

(8) 常用的幻灯片素材及模板网站

部分照片等素材可通过搜索引擎搜图功能进行关键词搜索,并下载使用,使用过程中若用作商用目的,需要注意版权问题。

免费模板资源网站(本节网站检索日期为 2022—10—11)

★微软官方模板,https://www.officeplus.cn/

该网站是微软官方模板网站,登陆即可下载,该网站模板较为美观,且注重设计规范,下载后容易修改套用,如图 11－31。

图 11－31

★扑奔网,网址 http://www.pooban.com/
该网站幻灯片模板需要充值下载,但大部分背景图和矢量图示素材在注册登录的状态下可免费下载使用,如图 11－32。

图 11－32

★pptfans,网址 http://www.pptfans.cn/
该网站幻灯片模板可免费下载,但素材类部分要收费,有较为专业的 PPT 插件可充值使用,如图 11－33。

第十一章 现代信息技术与小学英语教学 217

图 11—33

★优品 PPT，网站 https://www.ypppt.com/
该网站幻灯片模板和大部分矢量图素材均可免费下载，如图 11—34。

图 11—34

★比格 PPT，网址 http://www.tretars.com/
该网站风格较为独特，类似于新媒体文章推送和博客，会通过一些文章的形式推荐 PPT 模板。大多数均为免费下载，但下载方式需要用到云盘等，如图 11—35。

图 11-35

★justfreeslide,网址 https://justfreeslide.com/

该网站资源整体设计质量较高,无须登陆即可下载,网站界面为英文,需要借助翻译工具翻译后方便下载模板资源,如图 11-36。

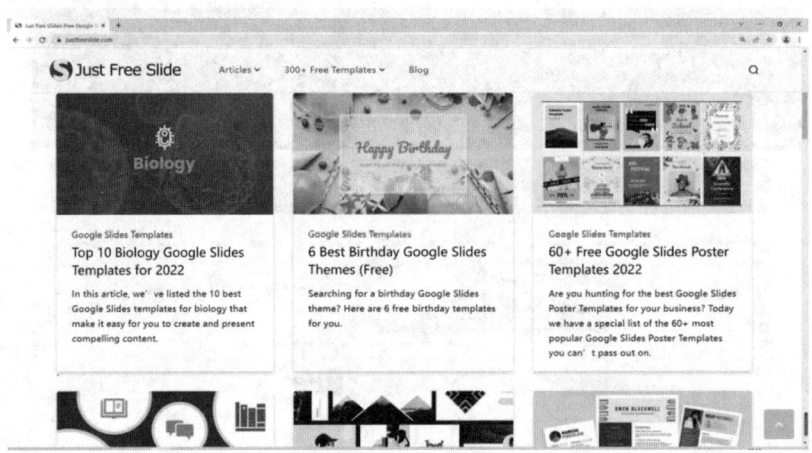

图 11-36

收费模板资源

★pptstore,网址 https://www.pptstore.net/

该网站类似于模板的购物网站,选中后需要付费才能下载,模板质量较高,如图 11-37。

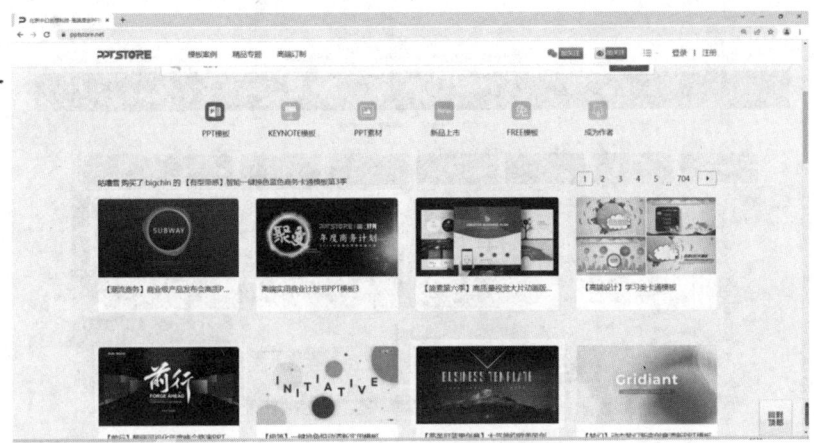

图 11—37

★吾道，网址 https://www.woodo.cn/

该网站 PPT 模板资源设计新颖，矢量图等资源也较为丰富，可支持在线多人在网页制作并导出 PPT，模板设计质量高，如图 11—38。

图 11—38

★觅知网，网址 https://www.51miz.com/

该网站模板分类较多，充值终身会员可长期使用，模板种类多质量较好，如图 11—39。

图 11—39

三、PPT 课件的播放

如果仅仅想播放一些 PPT 文档,而电脑里没有播放器,可访问下载 PPT 文件的播放器。一般来说,演示文稿可以通过以下途径播放:(1)电脑显示屏;(2)电视机;(3)投影仪。

电脑显示屏用于个人观看比较适合,或者组别在 2—4 人的小组活动中。学生可以按照自己的进度观看演示文稿,练习或复习所学材料。错过某一课堂学习的学生,也可以通过手提电脑显示屏演示文稿的播放,补上缺席的课程。但要注意的是,调皮的学生有可能会修改已经做好的 PPT 演示文稿,所以一定记住将文档备份。使用电脑播放 PPT 文档的局限性在于:在大班上课,它要求有很多电脑,而在一些学校还不能满足这一要求。

PPT 演示文稿也可在一般的电视上播放,只需将电脑与电视机连线。但这也并不是那么容易的事,首先要保证电脑的输出文件格式正确,老的电脑还需要一种叫"转换器"的设备,将电脑的"输出"送出,与电视的文件格式兼容。现在市面上的电脑或手提一般都配有内置的"转换器",或为了提高视频效果的"视频卡"。无论怎样,教师在教学中利用电视播放 PPT 演示文稿的时候,必须保证正确的文件格式从电脑能传送到电视机上,因为各个地区使用的系统会不一样。还有一个解决问题的办法是考虑电视机的输入,可以利用录像机(VCR),大多数的录像机在前、后都有输入插孔插座,有的电视是有复合视频接口或套接字的超级视频,能马上识别输入的信号,有的是通过遥控板的指令,按"输入键"或"播放"就能将信号转至电视机。

使用电视播放 PPT 演示文稿有一个好处,就是整个班,特别是大班都能同时看到演示文稿。但要保证电视屏幕足够大,字体足够大,以便坐在后面的学生也能看清楚。为保证教学效果,最好是在教室的前、后摆放两台电视。在文稿播放的过程中,教师可以组织学生讨论,指出重点。使用无线鼠标还可以使教师远离电脑,置身于学生当中,制造讨论氛围,或者也可以让学生掌控鼠标,控制播放的进度,掌控鼠标的学生可以随时针对展现的内容向同学提问,增强教学中的互动。

现在大多使用投影仪播放 PPT 演示文稿。与电视机播放不同的是,投影仪播放更为清晰,画面更大,操作更简单;电视机能满足二三十人同时观看,投影仪却能同时满足两百甚至两千人的观看。使用投影仪,唯一需要的就是在投影区域的暗光。当然,专门的投影屏幕比白墙效果会更好,继而投资也更大。现在的投影仪更为轻便,但其价格仍然偏高。

四、课件案例及教学设计

课件案例及教学设计 1

教材:《新标准英语 5B》(外语教学与研究出版社)
课文: MODULE 8 Unit 2 I think line A is longer than line B.
教师: 巩艳娉
课件设计: 巩艳娉
设计思路:

《新标准英语 5B》(*NEW STANDARD ENGLISH 5B*,以下简称为 *NSE 5B*)是外语教学与研究出版社依据教育部制定的《英语课程标准(实验稿)》,在充分调研和科研论证的基础上,与英国著名教育出版机构——麦克米伦出版公司共同推出的我国第一套中小学"一条龙"英语教材。本教材具有权威性、系统性、兴趣性及真实性等特点。这就要求教师在处理教材的过程中需要具备良好的分析能力,大胆的构思与创新,以及对教材的取舍能力。*NSE 5B* Module 8 Discussion 一课重在培养学生分析问题和理解问题的能力,而本模块所涉及的三课:Unit 1 What do you suggest? 重在培养学生发表自己意见和看法的能力,倡导学生大胆说,体现了学生个性等时代特性;而 Unit 2 I think... 和 Unit 3 Do you agree or disagree? 相互联系较为紧密,教学目的均是要让学生通过讨论畅谈自己的意见和看法,故而教师在处理 Unit 2 内容时,选择了两单元内容的融会和贯通。课本中 Unit 2 的教学虽然有一定的发散思维能力的培养内容,但从教学和学生的实际情况出发,应该在教学内容上做大量填充,从视觉、学科整合等方面充分发挥学生的想象力,进行发散思维的综合培养。

由于目前五年级的学生是三年级开始接触英语的群体,经过了近三年的英语学习,具备一定的语言表达和运用能力,但是对于11岁左右的孩子来说,"勇敢地表达自己的看法,积极地参与任务的讨论,通过合作学习、探究来达成一定的意见"应该是一个重点和难点。综合上述种种原因,要在难点上达到一定的突破,取得良好的教学效果,这就需要教师采用多种教学方法和手段。而在现代教育技术中,用多媒体CAI课件的形式进行教学,可以做到图文声像并茂,内容丰富多彩,既能增加对学习目标的理解,又能使课堂气氛轻松活跃。在课件中插入的相关画面或影像资料,不仅能让学生学到书本上的东西,而且扩大了他们的视野,获得书本上没有的东西,由此扩展学生的思维范围。也因此启发了学生在课堂上积极思维、讨论合作的学习意识;通过多媒体CAI的趣味性、外部刺激多样性,使学生主动参与思考及大胆发表自己意见,培养了学生自主学习的能力及合作精神,又使学生用英语表达了自己的思想,有助于学生的英语口语练习,体现了学生的主体性。更重要的是促进了学生思维能力,对其学习英语长时间的兴趣培养起到了一定的作用。不仅实现了教学目标,又提高了课堂教学效果。

教学过程:

1. **课前准备**

课前两分钟时播放歌曲"Good morning!"让学生在轻松愉快的英语氛围中体味学习英语的乐趣,教师与学生共同歌唱的同时,教师可以通过亲切的微笑、与学生握手等达到师生和谐相处的效果,为营造良好的教学环境做好初步准备。在处理这一部分时,之所以选择多媒体进行教学呈现,是因为这可以避免使用录音机造成单纯的音响效果,屏幕上鲜艳的色彩使学生产生耳目一新的感觉,适时出现课题(如课件1所示)使学生明白本节课的学习内容。

课件1[①]

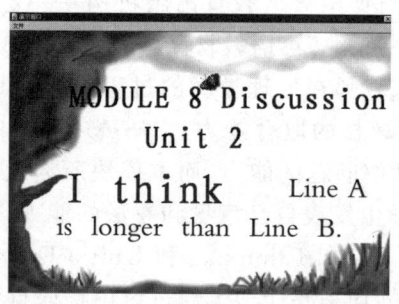

2. **热身活动**

在课件中设计了一组"印第安"图片(如课件2所示),并让其循环出现,再配以

---

① 因本书是单色印刷,不能展示这套课件的色彩。若需原版彩色课件,请联系出版社索取。

本课朗朗上口的诗歌,同学们不由自主地在音乐、图片的影响下唱着诗歌,身临其境地感受歌曲中的场景,充分地调动了学生的学习兴趣,使其情绪高涨。同时在这一环节中为教授"Do you agree/disagree? I do agree./I disagree."做了一定的准备,以便于学生在接下来的环节中对表达自己的意见做了一定的铺垫。

课件 2

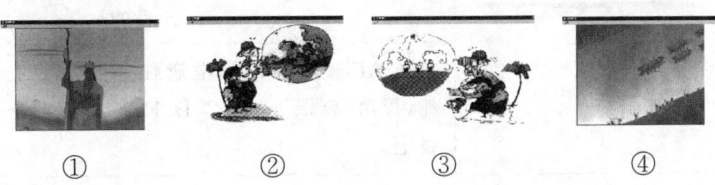

① ② ③ ④

3. 复习及导入新课内容

为了更好地学习本课的知识,导课的好与坏起着至关重要的作用。于是教师设计了游戏"Guessing game"。教师课前准备了一个漂亮的小背包,在里面放置了彩色的玻璃球,由教师抓出一把问"How many glass balls are there in my hand?"在学生回答的同时,既复习了数字,又为教授"I think ... I agree/I disagree... etc."做了很好的过渡。而"Comparing game with 2 pieces of chalks."很好地对形容词的比较级进行了复习,又以问句"What can we do with this 2 pieces of chalks?"自然地过渡到对"line & circle"的教授上。在这一部分教师展示了多幅鲜艳的图片及小动画(如课件 3 所示),让学生通过练习使他们主动思维、判断正误。而评价的过程又没有采用简单的"×√"对学生进行评价,而以可爱的小星棒检验他们的对与错,使学生充满了自信和对新知识的渴望。

课件 3

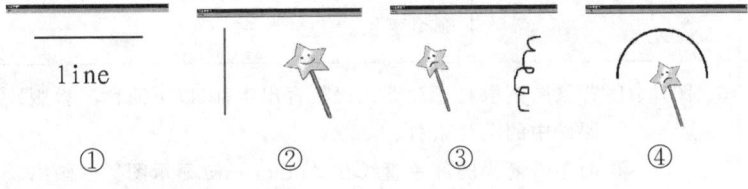

① ② ③ ④

4. 呈现新课内容、巩固及结束

教师在课件中穿插与课文中有关直线比较的相似图像、影像、并以鸟博士的形象对学生进行设问"Line A, line B, which one is longer?"(如课件 4 所示)。

课件 4

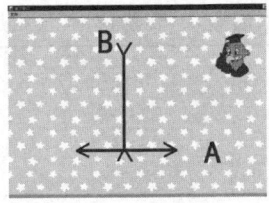

课件 5—35 将从页面内容、屏幕显示、屏幕说明、设计目的、教学目标、教学效果等方面具体说明本课课件的设计制作和教学演示过程:

课件 5 及说明

页面序号	3—5	页面内容	一条直线被两个矩形框遮住
屏幕显示			设计目的
			直线 AF 被两个矩形框遮住来激发学生的好奇和兴趣,探讨、判断 A、B、C、D、E、F 六个点是否在一条直线上。
屏幕说明	1. 图片:① 黑色的直线是在 Authorware 显示图标中画出。 ② 两个红色的矩形框是在 Authorware 显示图标中画出。 2. 动画:学生做出判断后,两个矩形框从上图位置向屏幕右侧移去。			
教学目标	让学生通过观察,培养他们认真思考的好习惯。			
教学效果	通过讨论及思考得出正确的结论。			

课件 6 及说明

页面序号	4—1	页面内容	两条方位不同的直线及鸟博士
屏幕显示			设计目的
			在浅蓝色的背景下小鸟博士和蔼地提问,使学生能轻松地思考,激发学生的热情,并讨论直线 A 与直线 B 哪个更长。
屏幕说明	1. 图片:① 背景图案取材于江苏人民教育出版社(以下简称苏教版)一年级数学课件中的图片素材。 ② 两条带箭头的红色直线在 Authorware 显示图标中画出。 2. 动画:有动作的鸟博士取材于"鹏博士素材库"六。 3. 声音:鸟博士向学生的提问由授课教师直接录入。			
教学目的	以有争论的图形,使学生产生错觉,进而激发学生学习欲望。			
教学效果	教学目的、教学效果引起争议,现场讨论,气氛热烈。			

课件 7 及说明

页面序号		4—2	页面内容	直线 A,B 长度的比较过程
屏幕显示				设计目的
				鲜明的色彩,引人注意,黑色直线从 B 缓慢翻转移入与直线 A 重合,使学生很直观地去观察到底哪条直线长。
屏幕说明		1. 图片:① 背景图案取材于苏教版一年级数学课件中的图片素材。 ② 两条带箭头的红色直线在 Authorware 显示图标中画出。 2. 动画:① 有动作的鸟博士取材于"鹏博士素材库"六。 ② 在 Flash 下制作黑色直线从 B 翻转移入与直线 A 重合。		
教学目的		通过演示印证讨论结论的正确与否。		
教学效果		得出正确结论的孩子兴高采烈,没得出正确结论的孩子会反思。		

课件 8 及说明

页面序号		4—3	页面内容	给出文字、图片、声音信息,比较两直线结果都是一样长的
屏幕显示				设计目的
				鲜明的色彩,引人注意,黑色直线与红色直线 A 重合,使学生很直观地观察到直线 A、B 其实是一样长的。并且小鸟博士会亲口告诉大家 Line A is the same as line B.
屏幕说明		1. 图片:① 背景图案取材于苏教版一年级数学课件中的图片素材。 ② 两条带箭头的红色直线在 Authorware 显示图标中画出。 2. 动画:① 有动作的鸟博士取材于"鹏博士素材库六"。 3. 声音:鸟博士向学生的提问由授课教师直接录入。		
设计目标		通过结论引出"the same as"这一词组,使学生进一步理解并掌握该词组。		
教学效果		学生很好地理解了该词组的含义,为下一步的运用做好了准备。		

课件 9 及说明

页面序号	5—1	页面内容	四个不同颜色的圆及其单词
屏幕显示	blue circle / green circle / red circle / black circle	设计目的	
		用鲜艳的色彩引起学生的注意，分别展出四个图片，认识"圆"用英语的表示方法。	
屏幕说明	1. 图片：① 鲜艳的背景直接在 Authorware 显示图标中画出。 　　　　② 不同颜色的圆也在 Authorware 显示图标中画出。 2. 文字：在 Authorware 显示图标中写出。			
教学目标	通过多页的演示，使学生理解运用生词"circle"，并且复习有关颜色的部分词语。			
教学效果	用鲜艳的色彩刺激学生的感观，使其注意力集中，并且很好地掌握的生词"circle"。			

课件 10 及说明

页面序号	5—2	页面内容	两个环绕动画的圆及鸟博士
屏幕显示	（A圆、B圆及鸟博士图）	设计目的	
		鲜明的背景，明快的动画旋转，鸟博士的提问，一层一层的悬念，激发学生的思维能力。	
屏幕说明	1. 图片：① 黄色的背景是直接在 Authorware 显示图标中画出。 　　　　② 红圆 A 和透明圆 B Authorware 显示图标中画出。 2. 动画：① 两个圆外围不停旋转的小圆，是在 Flash 下设计成的素材。 　　　　② 鸟博士：取材于"鹏博士素材库"六。 3. 声音：鸟博士的提问由授课教师直接录入。			
教学目标	通过多页的演示，使学生理解运用生词"circle"，并且复习有关颜色的部分词语。通过易产生错觉的两幅图，进一步让学生对有关"circle"的任务，产生讨论兴趣。引起学生共同的思考，激发其成就欲。鸟博士的设问又锻炼了学生们的听力。			
教学效果	学生通过认真思考，可以得出正确的结论。			

课件 11 及说明

页面序号	5—3	页面内容	两圆从各自的地方移到下方
屏幕显示		设计目的	
		红色圆 A 与透明圆 B 分别从各自的地方向下移,从而为学生降低比较的难度,学生们也通过动画演绎,更加有讨论欲。	
屏幕说明	1. 图片:① 黄色的背景是直接在 Authorware 显示图标中画出。并设计了移动。 ② 红圆 A 和透明圆 B Authorware 显示图标中画出。并设计了移动。 2. 动画:① 两个圆外围不停旋转的小圆,是在 Flash 下设计成的素材。 ② 鸟博士:取材于"鹏博士素材库"六。		
教学目标	通过实际演示,降低比较难度,树立学生的自信心。		
教学效果	学生学习气氛高涨,大多数学生都获得了成就感。为下一步更深层次的教学做好准备。		

课件 12 及说明

页面序号	5—4	页面内容	两圆的重合及鸟博士的再次提问
屏幕显示		设计目的	
		两圆重合,得出正确结论,而鸟博士的再次提问又让学生大胆地进行了个人意见的表述。	
屏幕说明	1. 图片:① 鲜明的黄色背景在 Authorware 显示图标中画出。 ② 鸟博士的提问语句在 Authorware 显示图标中写出。 2. 动画:① 两圆的重合移动,是在 Authorware 中实现。 ② 鸟博士:取材于"鹏博士素材库"六。		
教学目标	最终的结论使学生获得成就感,进一步锻炼了学生的听力,使学生明白这句话的意思。		
教学效果	学生渴望得到下一学习任务,具有一定的挑战欲望和信心。		

课件 13 及说明

页面序号	6—1	页面内容	六个圆及其英文含义解释
屏幕显示	Six circles?		设计目的
			绘出此图形,让学生想象,除了你亲眼看到的,你还联想到了什么？充分发挥学生的想象力、单词量的积累及大胆发言的能力。
屏幕说明	1. 图片：色彩鲜明的六个圆在 Authorware 显示图标中画出。 2. 文字：在 Authorware 显示图标中写出。			
教学目标	引起学生思考,锻炼其发散思维。			
教学效果	学生都不敢轻易下结论,不断讨论和猜测。			

课件 14 及说明

页面序号	6—2	页面内容	六个圆演绎成六支铅笔及其英语解释
屏幕显示	Oh, they are six pencils.		设计目的
			上一页的六个圆,通过直观的 FLASH 演绎成六支铅笔,使学生产生强烈的好奇心及求知欲。
屏幕说明	1. 文字：在 Authorware 显示图标中写出。 2. 动画：六支铅笔是在 FLASH 下设计成的素材。			
教学目标	使学生通过此图激发其想象力,得到更多的想象结论。			
教学效果	效果良好,学生各抒己见,有人得出此图为六根木棍,也有人认为它是十二个圆圈,还有人认为此图为六根空的钢管。在这一环节中师生共同参与讨论,教师也因此得到了启示。			

课件 15 及说明

页面序号	7	页面内容	在鲜明的背景下进行下一步新任务
屏幕显示	Do you know...?		设计目的
			插入相关画面或动画资料,不仅能让学生学到书本上的东西,而且扩大了他们的视野,获得了书本上没有的东西,由此扩展了学生的思维范围。
屏幕说明	1. 图片:① 活泼的背景图案取材于"课件大师"素材库。 ② 五个可爱的黄河小博士脸,用于热区按钮,便于教师根据具体情况进入不同的模块学习。红色的箭头表示退出本模块的学习,可进入下一步骤的学习总结。 2. 文字:在 Authorware 显示图标中写出。 3. 动画:鸟博士:取材于"鹏博士素材库"六。			
教学目标	进一步展示新的教学任务,让学生对下一步学习产生好奇心理。			
教学效果	学生愿意接受新的挑战。			

课件 16 及说明

页面序号	7—1—1	页面内容	留有悬念的人脸,及其引导文字
屏幕显示	Is he happy?		设计目的
			展示留有破绽的人脸,引起学生的观察好奇心,并复习了对表情表述的单词。
屏幕说明	1. 图片:① 取材于 2003 年《视野》杂志第 6 期。 ② 浅粉色背景,取材于苏教版一年级数学课件库。 2. 文字:在 Authorware 显示图标中写出。			
教学目标	培养学生的观察能力,复习有关表情的生词,同时为学生表达自身的真实感受做出引导。			
教学效果	学生能直观地依据图片中人物的面部表情做出肯定回答:"He is very happy."			

课件 17 及说明

页面序号	7—1—2	页面内容	展示上图的反转画面及引导词语
屏幕显示	（图：He is sad.）		设计目的
			通过动画将上图的脸翻转，培养学生的学习热情，启发学生能从不同角度看待问题。
屏幕说明	1. 文字：在 Authorware 显示图标中写出。 2. 图片：① 取材于 2003 年《视野》杂志第 6 期。 　　　　② 浅粉色背景，取材于苏教版一年级数学课件库。 3. 动画：将上图的图片进行转动和移动。			
教学目标	启发学生能从不同角度看待问题，为得出辩证的结论做好准备。			
教学效果	学生可以直观地得出"He is sad."的结论，并有了一定的疑惑或思考。			

课件 18 及说明

页面序号	7—1—3	页面内容	两张脸同时展示
屏幕显示	（图：Happy? Sad?）		设计目的
			将两张脸同时展示，直观比较，引起学生更深层次的思考：看待问题要从多方面去观察。
屏幕说明	1. 图片：① 取材于 2003 年《视野》杂志第 6 期。 　　　　② 浅粉色背景，取材于苏教版一年级数学课件库。 2. 文字：直接在 Authorware 下录入。 3. 按钮： 返回 返回到页面 7，选择新的学生任务。			
教学目标	通过比较，引起更深层次的思考，从而得出："Look at things from different sides."			
教学效果	学生换一个角度看问题会得出不同的结论。			

课件 19 及说明

页面序号	7—2—1	页面内容	一张超抽象的"人脸"及鸟博士
屏幕显示			设计目的
			一张超抽象的"人脸",锻炼学生的观察能力及个人表述能力。
屏幕说明	1. 图片:从网上下载。 2. 动画:鸟博士:取材于"鹏博士素材库"六。			
教学目标	锻炼学生的观察能力,复习有关动物的生词。			
教学效果	学生好奇之余,开始讨论。			

课件 20 及说明

页面序号	7—2—2	页面内容	演示"人脸"的额头是一头"大象"
屏幕显示			设计目的
			通过对"大象"的演示,验证学生的观察能力,引发学生寻找其他的动物。
屏幕说明	动画:"大象"从"人脸"中浮出在 FLASH 下制作。			
教学目标	通过对"大象"的演示,引发学生寻找其他的动物,明了本图的设计含义。			
教学效果	学生恍然大悟,开始寻找图中所有的动物。			

课件 21 及说明

页面序号	7—2—3	页面内容	展现另外一个小动物——兔子
屏幕显示			设计目的
			通过兔子的展现,验证学生的观察能力,引导学生寻找其他的动物。

(续表)

页面序号	7—2—3	页面内容	展现另外一个小动物——兔子
屏幕说明	图片:在"人脸"上截取部分。		
教学目标	通过有目的的寻找,来满足其好奇心。		
教学效果	学生能很快做出反应,得出正确结论。		

课件 22 及说明

页面序号	7—2—4	页面内容	展示"人脸"的嘴巴"老虎"
屏幕显示			设计目的 通过对"老虎"的演示,验证学生的观察能力,引导学生寻找其他的动物。
屏幕说明	动画:"老虎"从"人脸"嘴部浮出,在 FLASH 下制作。		
教学目标	更进一步地满足其好奇心理,引导学生自己思考观察。		
教学效果	学生更快地做出反应,兴趣高昂。		

课件 23 及说明

页面序号	7—2—4	页面内容	展示"人脸"的下巴"熊"
屏幕显示			设计目的 通过对"熊"的演示,验证学生的观察能力,引导学生寻找其他的动物。
屏幕说明	1. 动画:"熊"从"人脸"嘴部浮出,在 FLASH 下制作。 2. 按钮: 返回 返回到页面7,选择新的学生任务。		
教学目标	有目的显示图形,进一步为下一步学生的独立观察做好准备。		
教学效果	学生愿意更深层次地探寻本图中涉及的动物名称。		

课件 24 及说明

页面序号	7—3—1	页面内容	展示新的学习任务,人头及花瓶
屏幕显示			设计目的
			通过屏幕显示,培养学生综合观察能力和总结能力
屏幕说明	1. 图片:① 浅蓝色背景取材于苏教版一年级数学课件素材库。 ② 屏幕中间的图片取材于本课教材。 2. 文字:直接从 Authorware 中录入。 3. 动画:鸟博士,取材于"鹏博士素材库"六。			
教学目标	通过屏幕显示,培养学生综合观察能力和总结能力。			
教学效果	学生已能积极主动地与同伴讨论,积极发言,表述观点。			

课件 25 及说明

页面序号	7—3—2	页面内容	从上图中分离出"人头"图片来
屏幕显示			设计目的
			"人头"的浮现,验证了学生的想法。
屏幕说明	1. 文字:直接从 Authorware 中录入。 2. 动画:半个人头从屏幕中从小到大演绎(在 FLASH 下制作)。 3. 图片:鸟博士,从上图中延续下来。			
教学目标	检验学生的回答。			
教学效果	学生通过回答并以屏幕演示作为检验,极大地满足了个人成就感。			

课件 26 及说明

页面序号	7—3—3	页面内容	展示 VASE 的动画演绎
屏幕显示			设计目的
			花瓶的浮现,验证了学生的想法。
屏幕说明	1. 文字:直接从 Authorware 中录入。 2. 动画:花瓶从屏幕中从小到大演绎(在 FLASH 下制作)。 3. 图片:鸟博士,从上图中延续下来。 4. 按钮 返回 返回到页面 7,选择新的学生任务。			
教学目标	学习新词"vase",检验学生的观察能力。			
教学效果	学生轻松地得出了结论,更加期待下一任务的出现。			

课件 27 及说明

页面序号	7—4—1	页面内容	展示"一条狗"
屏幕显示			设计目的
			通过展示的这条"狗",再次培养学生的观察能力,让学生不再轻易下结论,反复思考及讨论。
屏幕说明	图片:从网上下载。			
教学目标	培养学生的观察能力,引起学生讨论和分析。			
教学效果	部分学生开始急于表达自己的观点,更加认真、积极地思考,有个别学生说:"There is a 指甲(nail)",老师要引起学生分析问题的目的初步达到了。			

课件 28 及说明

页面序号	7—4—2	页面内容	展示变化过程
屏幕显示			设计目的
			通过演示狗转变成人手,来验证大部分学生的正确思维。
屏幕说明	1. 动画:在 FLASH 下将"狗"转变成人手。 2. 按钮: 返回 返回到页面 7,选择新的学生任务。		
教学目标	通过讨论,演示来说明学生的观察力有了极大的进步,为完成综合任务做出准备。		
教学效果	部分学生因结论正确而欣喜若狂,另一部分学生以不服输的态度愿意继续挑战。		

课件 29 及说明

页面序号	7—5—1	页面内容	展示亲近的图片及愉快的小朋友
屏幕显示			设计目的
			设计从星期一至星期天的小日历,小朋友灿烂的笑容为学生留下任务悬念。
屏幕说明	1. 图片:① 亲近的背景取材于苏教版一年级数学素材库。 ② 高兴的小男孩取材于苏教版一年级数学素材库。 ③ 七天的日历外框取材于"课件大师"素材库。 2. 文字:日历上七天的日子直接在 Authorware 下录入。		
教学目标	展现任务,初步说明任务含义。		
教学效果	学生明了"讨论题目"前半部分的含义。		

课件 30 及说明

页面序号	7—5—2	页面内容	展示小男孩的走路过程
屏幕显示			设计目的
			小男孩高兴地从星期一走到星期五,最终在星期五前露出笑容,因为从周一至周五就应去上学。
屏幕说明	1. 图片:① 亲近的背景取材于苏教版一年级数学素材库。 ② 七天的日历外框取材于"课件大师"素材库。 2. 动画:① 小男孩从周一至周五的走路过程,取材于苏教版一年级数学课件素材库。 ② 日历从周一至周五的闪烁,在 Authorware 下一页定义。			
教学目标	让学生更进一步地了解"讨论题目"的含义。			
教学效果	学生基本明白了"辩题"含义,部分学生已开始思考。			

课件 31 及说明

页面序号	7—5—3	页面内容	展示小男孩周六、周日的走路表情及文字提示
屏幕显示			设计目的
			通过小男孩细微的表情变化,让学生明白本模块含义,引发他们的讨论。
屏幕说明	1. 图片:① 亲近的背景取材于苏教版一年级数学素材库。 ② 七天的日历外框取材于"课件大师"素材库。 2. 动画:将上图的小男孩在 FLASH 下稍加改动。 3. 文字:直接在 Authorware 下录入。			
教学说明	让学生完全明白了"辩题"含义,引发他们的讨论。			
教学效果	学生已完全明白了"辩题"含义,甚至以"I agree","I disagree"做出了最直接的反应,在老师的引导下,又逐一陈述各自的理由,气氛热烈。			

第十一章　现代信息技术与小学英语教学

课件 32 及说明

页面序号	8—1	页面内容	鸟博士及其总结
屏幕显示			设计目的
			通过鸟博士的总结，让学生以短暂的时间回忆所学知识。
屏幕说明	1. 动画：鸟博士总结，取材于"鹏博士素材库"六。 2. 声音：由授课教师自行朗读录入。		
教学说明	总结全课，让学生以短暂的时间回忆所学知识。		
教学效果	学生在兴奋之余，开始思考学习内容。		

课件 33 及说明

页面序号	8—2	页面内容	鸟博士及其总结
屏幕显示	Seeing is believing, but thinking is very important.		设计目的
			在鸟博士的讲解后，呈现本课学习目标。
屏幕说明	1. 图片：延用上页的鸟博士。 2. 文字：总结文字直接在 Authorware 中录入。		
教学目标	通过结论的呈现，让学生明白了"思考"的重要性。		
教学效果	学生基本上可以在老师的引导下自己得出结论，并以自己的经历明白了"思考"的重要性。		

课件 34 及说明

页面序号	8—3	页面内容	鸟博士及其总结
屏幕显示	We should look at things from different sides.		设计目的
			在鸟博士的讲解中，呈现本课另一学习目标。

页面序号	8—3	页面内容	鸟博士及其总结
屏幕说明	\multicolumn{3}{l}{1. 图片：延用上页的鸟博士。 2. 文字：总结文字直接在 Authorware 中录入。 3. 声音：由授课教师自行朗读录入。🔊}
教学目标	\multicolumn{3}{l}{通过结论让学生明白"多角度"思考问题的意义，希望这能对其今后的学习、生活起到一定的指导作用。}
教学效果	\multicolumn{3}{l}{学生可以在教师的引导帮助下，明白结论的含义。}

课件 35 及说明

页面序号	8—4	页面内容	展示本课结束语
屏幕显示			设计目的
			通过展示亲近的、活泼的图片及结束语言，让学生在愉快的环境中结束本课。
屏幕说明	\multicolumn{3}{l}{1. 图片：① 鲜明的背景图案取材于"课件大师"素材库。 ② 活泼的鸟博士，取材于"鹏博士素材库"五。 2. 文字：粘贴了在 WORD 下编写的艺术字。 3. 声音：由授课教师自行朗读录入。🔊}
教学目标	\multicolumn{3}{l}{结束本课教学，让学生在愉快的环境中，体味成功的喜悦，运用礼貌用语。}
教学效果	\multicolumn{3}{l}{学生在愉快的环境中体味成功的喜悦，领悟出老师设计"Good bye"作为一个教学环节的含义。}

第三节　网络与小学英语教学

一、网络与小学英语教学

互联网是成千上万的社会领域的计算机的联盟。每一台计算机都给网络带来不同数据库、图书馆服务、图片、地图、电子杂志等,其结果就是信息的汇集。互联网是计算机的一个世界性的网络。每台计算机按照一套标准化的协议与其他计算机交互活动,但又有自己独立的操作系统运作,可以通过不同的方式与互联网链接,因而互联网也被看成是计算机的电话系统。通过电子邮件、信息组、专题通信服务(因特网上的邮件自动分发系统)、专业的在线讨论组、万维网(World Wide Web)等对某一话题进行文献检索、交换信息。

虽然大多数人都在使用互联网,但意识到互联网运用到语言教学中的巨大潜能却稍显滞后。万维网作为国际互联网的一个重要组成部分,被认为是世界最大的图书馆,是"在指尖上"的虚拟图书馆。各种网站就相当于数以万计的书籍,涉及各种各样的话题,有着丰富的、原汁原味的免费英语资源。网页不仅提供文本、图片、声音、音乐、动画、电影等,而且通过超级链接能导入不同的相关网页,就像翻阅到不同书的页面一样。万维网丰富的资源和强大的功能,为英语教学提供了得天独厚的优势,以其独特的方式极大地推动着英语教学的改革与发展。与传统的教学相比,基于网络的语言教学有以下优势:

表11—1　基于网络的语言教学与传统的语言教学的比较

传统语言教学	基于网络的语言教学
线性呈现信息	超文本、多媒体
学生学习缺乏动机	学生学习动机强、兴趣浓厚
接受性学习方式	学生自我调控学习进度、自主学习
教师为中心	学生为中心
以一对多(一个教师,众多学生)	个体对群体(个体置于群体之中)
资源有限	资源无限并且能及时更新

从信息的呈现方式来看,在传统的语言教学中,阅读是纸质的,信息的呈现是线性的,学生只能按照既定的路线阅读,即使可以跳读或浏览式阅读,文章的内容到头自然终止。而通过万维网的网络阅读,情形就会大不一样。首先,信息的呈现是超文本的多向链接,资料可以是音频的,也可是视频的,甚而是多种媒体的结合,学生可以选择不同的路线阅读。在阅读过程中,可以随时停下来,查阅一个表达方式的意义、发音或用法,或转而阅读所遇到的高亮显示的术语、作者、社会背景的相关知识。更为有趣的是,网络上阅读的文章是没有终结的,你可以阅读其他作者写的相关话题的文章,或通过链接阅读世界各地同一类型的文章。学生自我调控阅读进度,实质进行的是一种满足自我需求的自主学习。

随着网络的发展和广泛应用,网络中的信息已经由静态方式发展为动态的交互方式，这为英语学习者提供了更为广阔的语言学习和运用空间，使基于网络的英语教学具有社会文化的交际互动性。学生通过网络不仅能学到现实中使用的鲜活的、原汁原味的英语，而且所面对的交流对象不是一人，而是众多的群体。他们阅读各种日报的电子网络版，了解不同国家对于同一事件的不同报道；通过不同途径，如写邮件与世界各地的朋友，特别是英语本族语者交流思想，讨论不同的观点。英语的学习已经完全置身于真实的交际环境中，英语学习与英语文化的学习自然融合。网络不仅以其丰富、不断更新的可获取资源吸引着学生，而且以其交际的真实与互动性、不同文化的思维视角挑战着学生，使学生有强烈的学习愿望和动机。

网络的使用毫无疑问地会促使学生多种能力的具备。首先，能培养学生的高阶思维能力。在搜寻特定信息的过程中，学生搜寻相关网页需要运用一定的逻辑思维技能；找到相关信息以后，学生需要对其全面的审查、快速浏览、评估、决定信息的取舍；最后还要整理、加工成自己的作品。显而易见，学生的读写技能得以培养。不仅如此，搜寻资料的过程也培养了学生的计算机能力、网络检索信息的能力，也伴随着其他知识的附带学习，网络上各种真实互动的交流活动和协作学习活动，也培养了学生的社交技能和合作意识。

从语言教学角度，网络给教师提供了丰富的语言教学内容和多样的活动方式。基于网络的课堂教学，不仅可以有效利用传统的多媒体课件，同时融合了超文本技术，集图形、文字、声音、动画于一体，使学习材料的呈现方式非常具有表现力和吸引力。另外，网上的各种阅读理解测试、语法练习题、多媒体的语音练习题、完形填空、词汇练习题等，也能帮助学生针对语言学习的特定方面进行强化练习。教师在了解学生语言学习中的问题后也可以向学生推荐一些有针对性的网站。

不仅如此，网络还为学生创造和展示自己的创新作品提供了媒介。学生在阅览网络信息的同时，也能将网络用作展示自己作品的平台，如发表文章、出版诗集、撰写故事，让其他的读者也能读到。学生因而不仅是网络信息的消费者，还是网络资源的创造者。

基于网络的英语学习优势已是传统的英语教学不可超越的。当今的英语学习，越来越多的是在网络环境下学习，而且发展迅速，不可逆转。网络在小学英语教学中的运用势在必行。

二、教师角色

在网络学习环境下，教师的主要角色由知识的传递者、正确答案的提供者转变为学习的促进者、协调者和监控者。教师需要根据学生的年龄、英语经验、认知水平等合理地组织利用各种学习资源，创设适宜的学习环境，设计学习任务，调动学习者的能力作用，为学习者提供支架式的活动，帮助其达到最近发展区，创造运用英语进行交流的机会,以及针对学习者在学习过程中遇到的种种问题给予指导、反馈和评价等等。在多媒体网络教学环境下,合格的英语教师至少需要具备三方面的知识:英语专业知识、英语教学法知识以及鉴别、选择、使用多媒体网络等技术的知识和技能。在多媒体网络教学环境下,合格的英语教师至少还需要具备四方面的能力:(1)建构信息化学习环境;(2)能设计并开发各种信息化学习资源,能制作多媒体课件、网页,了解虚拟现实技术和知识建构环境的功能及用途;(3)能运用信息技术发展学生的各种技能;(4)能引导学生发展自己的学习策略。可见,网络学习环境对教师素质的要求不是下降而是提高了。帮助英语教师转变教学观念、提高教学组织能力、加强运用网络技术的能力、将网络技术与英语教学有机地结合起来是当前英语师资培训中非常迫切需要解决的问题。教师也可通过参与网上的专业学习社区进一步促进自身的专业能力的发展。如通过在专业学习社区内对教学活动进行的评价与反思,交流与分享参与者的亲身体验,从中总结出最佳的教学处理方式或做法。

三、小学英语教学中运用网络教学的指导原则

网络技术发展迅猛,难以甚至不可能完全驾驭。教师在小学英语教学中使用网络教学时,需要根据基本的教学要求,注意遵循以下几个方面的指导原则:

1. 明确教学目标

使用英语进行网络在线交流能促进语言的学习,网络上的电子文章因其词汇和句法的复杂、彰显语言的多种功能更有益于语言学习,网络也创造了最佳的学习条件,让学生在真实的交际环境中有了学习的动力,练就了使用电脑的技能。学生不仅是通过网络学习英语,而且能通过学英语更好地使用网络。

教师在教学中要明确教学目的。如果教学目标是帮助学生掌握计算机技巧,教师就要选用学生在课后能用的合适的应用程序,设计帮助学生逐步掌握更多技能的教学活动。如果教师是为了制造语言学习环境,就需要考虑什么样的语言体验能让学生获益,继而设计计算机活动。如果教学目标是培养学生的写作能力,教师就可以考虑网络的活动,体验各种写作类型和如何成为一个好作者的过程。总之,明确教学目标是成功运用网络于语言教学跨出的很重要的第一步。

2. 网络融入教学的途径

为了将网络的使用融入正常的教学过程之中,教师间需要不断交流,也需要听取学生的意见。教师必须考虑如何将网络的在线使用融入课堂,而不是简单的在传统的课堂活动上加上这样的活动,彼此间毫无关联。

3. 认识网络融入教学的复杂性

在设计基于网络的教学活动时,教师要考虑学生的背景、语言水平和经历。现

在的教师,即便认为自己是电脑新手,其实也已经掌握了基本的使用计算机的技能,如打字、使用 Word 编辑文档。但学生可能就不一样,会缺乏这方面的基本技能。当然,我们也会遇到计算机技能娴熟的学生。但也有这样的学生,缺乏基本的使用计算机的知识,如怎样使用鼠标,怎样打开文档,词汇有限,阅读和听力能力不足,不能理解使用计算机的英文指令。教师首先要帮助这部分学生从技术操作上做好准备。

基于网络的教学活动需要上网,使用网络教室,教师要协调好上课时间,有些活动需要考虑学生在课后使用电脑继续进行。上课时,硬件和软件还可能出现故障,计算机系统崩溃。技术层面上的问题在刚开始进行网络教学时都会困扰着教师和学生,教学不一定能取得预期的效果。因而,在刚开始时,应该设计一些目标明确、能很好融入教学目标的小型活动。在这些小型活动成功以后,继而进行推广,实施更大规模、更为复杂的教学活动。

4. 向学生提供必要的技术支持

基于网络的语言教学,要求学生具备一定的计算机技能。教师可以发给学生手册,里面包含一些具体的技术讲解,学生在得不到老师帮助的时候或课后可以使用。在开始阶段或后续的阶段,在正常的课堂教学计划中包含技术培训环节。与计算机中心合作,建立直观、简单的登录系统和其他使用程序。把学生分成小组,课外、课堂上都能互相帮助。向学生说明如何在校园里获取技术专家的技术支持。在学生需要帮助时尽量提供帮助。

5. 需要学生做决策

基于网络的语言教学是以学生为中心的教学。通过网络,学生进行真实的交际活动,优化了语言学习环境。教师在此环境下成为学生"身边的向导",而不再是"讲坛圣人",学生决定着自己学习的方向。教师的作用表现在:协调小组计划,将学生的注意力引向所读文本的语言学习,帮助学生建立对所读文本的语篇或文体风格的元认知意识,发展适合学生个体的学习策略。

6. 合作学习的原则

教师将网络运用与教学中,要制订小组合作计划。下面是考虑了以上原则、运用"Internet Treasure Hunts"的一个教学计划:

教学目标和预期教学效果:

(1) 本课着重培养学生的阅读语言技能,重点让学生学会通过浏览网页和使用超级链接,找寻到问题的答案。学生需要查阅图片、大小标题、菜单和提供提示的索引,运用已有知识预见跟随哪些链接在哪里能找到答案,同时能把无关的内容过滤掉。

(2) 实施合作学习。学生 2—3 人为一组,共同使用一台电脑,以此促进学生间的交流。学生通过互助、表达观点和讨论,克服一人学习缺少交流互动的问题,使课堂教学溶于真实的交际环境中。学生通过协作努力找到问题的答案,进而也推进了实质的自主学习。

(3)该活动预期的效果是让学生熟悉浏览器的使用,通过万维网的超级链接查阅资料。学生通过该项活动,能了解网络的本质和其格式,认识到可获取网络资源的巨大潜能,为将来学生使用搜索引擎进行更为细致的研究工作做准备。

四、运用网络进行教学的步骤

1. 建立链接

选择好合适的浏览器,建立链接。课程如果每周都有一个主题,可以通过"Internet Treasure Hunts"将课程的主题与其提供的主题相链接,例如,通过"Internet Treasure Hunts"寻找到一些把英语作为外语或第二语言的杂志,http://www,aitech.ac.jp/～iteslj(2022-10-1)提供诸如"旅行、兴趣、媒介、科技"等主题的链接。对于想进一步学习的学生,获取利用网络进行学习的能力尤为重要。这样的活动不仅将语言技能的提高与网络使用技术的提高结合起来,而且基于网络技能,还向学生介绍了如何使用网络开展继续学习的工作。

2. 估算使用时间

不同水平的语言学习者,其对网页浏览器的熟悉程度不同,每一次进行信息查阅的时间不同。对于不熟悉万网通的学生,或不经常使用浏览器的学生,教师既要教授其语言,还要教会其使用互联网并根据学生的实际情况控制时间。在活动期间,还要监督其进展,在他们不能查阅到问题的答案时,或一开始就错误地链接时,教师要打断他们予以帮助。

3. 分组活动

将学生按一定的原则分配到不同的组别:(1)计算机新手和有网络使用经验的学生搭配;(2)语言水平不同的学生相搭配。然后向学生解释活动内容和目的,以及使用计算机网络的期望结果,以此来激发学生的兴趣,增强其学习动机。随后很快地引导学生温习互联网、万网通和浏览器的使用,继而向学生演示活动的步骤,讨论互联网搜寻资料的意义,解释在活动中的语言学习目标。

接下来给每组发放问题的讲义资料,开始利用网络搜寻答案的活动。在这期间,教师在教师里巡视,观察学生进度,给予需要帮助的学生以帮助。有时教师还要再一次解释清楚为什么要按一定的途径去搜寻答案。学生按照各自的进度完成任务。一般在课堂结束的时候,教师不需要统一检查答案,因为在你巡视的时候,你已经检查了所有组别的答案,通过个别化指导,向学生示范了正确答案的出处,而这对于学生来说更为受益。

4. 评估

在活动期间,通过巡视学生开展活动的情况就能评估学生的进步或取得的成绩,而他们开展活动时所感觉的难易度和进行活动的速度是另外两个可以用以评估的指标。在活动结束以后,还可以让学生填写问卷调查,对使用网络进行学习的活动予以评估。

5. 困难和问题

在运用网络进行教学的过程中,网速过慢、网页上传过慢等技术问题都会为教学的顺利进行制造了障碍。另外,网页会经常被改变或消失,教师要为此做好准备。

网络的使用也要求教师具备一定的技术素养。如,如何使用搜索工具查阅教案、教学补充材料,怎样下载、上传不同格式的文档,能够处理一些技术故障。对学生信息的查阅,也要进行一定的引导,因为网上的资源并不都适合学生,不健康的信息会对学生造成负面影响,带来一系列的问题。

无论是教师还是学生,都要意识到:网络彻底改变了我们教和学的方式,我们的语言学习中必须融入网络技术,但同时也要认识到,网络学习也取代不了教室里的教学活动,取代不了师生之间的互动交流。

五、运用网络进行教学的活动类型

1. 在线阅读

适合小学生各种年龄的阅读文献在网络上都可获取,这为英语学习提供了很好的素材。在教学活动中,老师可提前预览并挑选合适的阅读材料,并配备适当的配套练习让学生当堂完成。也可找到合适的文章打印出来,然后阅读理解,准备作为家庭作业的口头陈述。如果时间允许,还可以让学生利用网络搜寻一些关于所阅读材料的背景知识。

此类活动可以达到多重目的。首先,通过实际的网络运用,学生不仅增加了网络知识,而且也锻炼了网络搜寻资料的技能。在语言层面,学生在寻找目标阅读文章的过程中也培养了快速阅读的技能;在阅读理解所选文章的过程中扩充了词汇,丰富了文化背景知识。在随后的口头陈述活动中,还可培养学生的口语技能、正确的语音语调和在公众前演说的自信。

2. 动画电影活动

在英语学习中,教师可以利用学生们喜欢的动画电影,特别是那些来自迪士尼等小学生广为喜欢的动画电影进行教学。互联网上有大量的关于这些动画电影的资料,有动画电影画报、电影预告片、来自不同渠道的动画电影评论、动画电影里的歌曲,甚至是动画电影的脚本等等,都可以通过浏览器观看或下载到个人电脑里。

在进行这类活动时,需要通过搜索引擎获取动画电影的相关信息,让学生了解电影。教师可以让学生阅读这些评论、介绍和动画电影片段。也可以围绕这些资料设计词汇、阅读和听力活动。在教学中,教师可以让学生进行讨论,同意谁的观点,不同意谁的观点？利用电影的各种格式资料,设计不同的活动,会达到不同的教学目的,比如提高学生的阅读和听力水平,帮助学生扩充词汇,增强学生的自信和自我表达能力。

3. 电子邮件和 QQ 群

电子邮件是互联网信息时代的一大显性特征,QQ 是在中国普遍使用的一种网上交流工具,可以创造性地将其运用到语言教学中。电子邮件和 QQ 使学生能利用计算机在真实的交际环境中交流思想、表达看法,有利于学生交际能力和思辨能力的培养。电子邮箱便于使用,即使害怕使用电脑的教师也能很快熟练地掌握发邮件的技巧,性格内向、害羞的学生也能从发电子邮件的有意义的互动和交际中受益。

运用电子邮件和 QQ,教师可让学生自由地以对话方式写日志,让思想自然流露,没有负担。教师也可给学生一个很有趣的话题,例如和学生生活息息相关的校园问题,引发学生的讨论,进行更多的写作练习。电子邮箱和 QQ 里的留言板或布告栏也能够让学生畅所欲言。看到别人的留言,可以立即回复,让不同的观点都得到表达,也能听见不同的声音,这是传统教室里的讨论所不能比拟的。

邮件系统 QQ 里的聊天室能实现在线交流。学生们可以分成小组,对不同的话题或问题进行讨论。这样的活动不仅引发的是真实的交际,而且可以帮助学生培养诸如辩论、说服等交际技能。通过与世界各地的朋友,特别是与英语本族语者写邮件,用英语在线讨论一些共同关注的话题,学生们也进行了丰富的英语互动活动,由此获取了目标语的大量输入,包括目标语的文化知识,培养了跨文化交流意识,而且读写能力和写作技能也得以提高。

第四节　电子游戏与小学英语教学

一、电子游戏与英语教学

对于电子游戏,人们反应不尽相同。有的仅仅把它看成是一种娱乐方式,有的把它看成是邪恶魔鬼的工具,因为很多人一旦迷上它,就难于自拔。但是在学术界,越来越多的人把它作为一种新型的互动介质、跨学科值得研究的话题。不管人们怎样看待它,显而易见的是它在年轻人中很盛行,因此教育工作者们想方设法地将其融入课程教学中，以此来抓住学生的注意力，保持他们对学习的兴趣，丰富教学内容。电子游戏现在不仅是作为一种娱乐休闲方式广为存在，而且越来越多地作为一种教学资源使用，英语教师理应努力利用这种技术的优势，帮助学生学习英语。

二、电子游戏的选择

并不是所有的游戏都能运用于教室的语言教学，例如那些充满暴力的游戏，或者缺乏内容的游戏。有一种游戏特别适合于语言教学——角色扮演。传统意义的角色扮演是假扮成某人，在"角色扮演"的游戏中，玩游戏的人控制、扮演着一个角色，开始了一个像荷马史诗般的旅行或纳尼亚式的探险。肩负着"解救公主""消灭邪恶"或"拯救世界"的使命，玩游戏的人长时间地沉迷在游戏的对话中，还要大量地写东西，一边通过与不同的角色对话搜集信息，一边前行攻关，以便到达最后一关。在这样玩游戏的过程中，学生不仅接触到大量的带有不同口音的语言对话，培养了视听技能，而且也帮助他们培养了阅读技能，因为学生只有理解（听懂或读懂）了别人的话语，游戏才可能进行下去。当然，玩游戏也不一定造就双语的学生，教师还要注意设计活动，让学生谈论游戏过程中的经历，加以引导，才能取得通过游戏学习语言的效果。

三、电子游戏教学

1. 运用于文学元素的学习

文学故事，就像游戏的情节一样，有故事的介绍、发展（上升阶段、高潮和回落阶段）和结局，讲故事有倒叙、铺垫和拟人，就像游戏里运用的手段。在介绍文学作品基本元素的时候，可以让学生通过游戏学习，以加深对这些知识的理解，学生还可以通过写游戏日志加以巩固。

2. 关于文化的讨论

所有的"角色扮演"游戏都有故事情节，故事情节都置于一定的情景中发生。在让学生玩游戏之前，教师可以提问了解学生的文化知识，让他们谈论自己的文化，或者不同的文化，例如，玛雅文化、日本文化、中国古老的文化、美国本土文化等等，都能激发学生学习兴趣，让他们滔滔不绝，侃侃而谈他们在看书或电影中获取的文化知识。讨论之后，教师告诉学生接下来的任务——玩包含不同文化元素的游戏。教师需要对游戏做一介绍，包括游戏中的任务，以避免学生不知所措。这样的游戏活动最好一周只安排一节课，或让学生在课余时间玩。

3. 日志

学生可以以日志的形式记录玩游戏的进度。在玩了游戏以后就记录，学生需要总结游戏里发生的事件,并对此进行评论——哪些故事情节最喜欢和最讨厌。如果学生已经达到高级水平,还可以让学生就一些抽象的事物,比如爱、友谊、亲子关系发表看法。一旦学生玩完了游戏,应该写一个条文,归纳所玩游戏里展现出来的文学元素,将事件以"故事介绍、情节发展(上升阶段、高潮和回落阶段)和结局"予以整理。有的游戏是一个开放式的结局,可以让学生发挥想象力续写结局。

4. 人物分析和口头陈述

学生可以对游戏里自己最喜欢的人物做一分析。水平低一些的学生可以从人物描写开始,描述人物的长相和言语行为方式,水平高一些的学生可以谈论人物行为、思想和目的,但学生都要谈出自己喜欢的角色代表的意义,是代表友谊、爱,还是个人英雄主义?教师可以通过提问,引起学生的移情,例如:你在玩游戏时当看到这样的事件发生时你感觉如何?教师可以安排时间,让学生对人物评价、主题和情节予以口头陈述。如果有时间,还可以把整个游戏里的故事情节让学生表演出来。

四、小学英语教学中的游戏软件

现在市面上有很多专门为语言教学设计的游戏,英语教师要善于发掘和收集这些游戏,并认真甄别,以便更好地有选择地应用到小学英语教学中。

比如,游戏《英语脑袭击2》里面包含了16个英语游戏、数字游戏、成语游戏等,游戏内有4400个单词,1100个表现方式,365个英语会话等,玩家可通过简单、熟悉的游戏,熟练掌握英语单词和语法。虽然这只是手机上的一款小游戏,但对我们设计以电脑和互联网为载体的英语教学网络游戏提供了不小的启迪;深圳市南天门公司研发的游戏化英语学习产品《幻境游学》,将"寓教于乐"的理念贯穿始终。该游戏软件的学习内容难易分为五级,分别为小学、初中、高中、大学四级和大学六级;《乌龙学院》游戏充分利用VOIP(数字语音)技术,通过营造逼真环境的多人在线的虚拟教室,让学习者通过麦克风和耳机,方便地与其他人练习口语。游戏还设计了大量的组队语音任务,学习者必须开口说英语,才能顺利完成任务,所有听力任务全部采用纯正的真人发音。

虽然这些语言学习游戏软件对小学生学习英语的效果有待进一步的检验和评估,但这些游戏软件的出现至少从某方面说明:英语教学中导入网络游戏不仅可能,而且是完全可以实现的。电子游戏在小学英语教学中应用的目的在于激发学生学习英语的兴趣,提高语言技能,创造语言环境。但和其他信息技术一样,电子游戏在小学英语教学中的应用只是小学英语教学的辅助手段,英语教师要合理利用,避免出现本末倒置的现象。

第五节　希沃白板与小学英语教学

一、希沃白板

1. 希沃白板的教学功能

希沃白板是一款由希沃（SEEWO）自主研发，针对信息化教学而设计的互动教学平台，以电脑代替黑板与粉笔，完美实现多媒体教学。产品以生成式教学理念为核心，以多媒体交互白板工具为应用核心，提供云课件、素材加工、学科教学、思维导图、课堂活动等多种备课、授课的常用功能，并基于 K12 各个学段提供了诸如汉字、拼音、几何、公式、英汉字典、画板等对应的学科工具。是一款很不错的教学工具。希沃白板所覆盖平台包括：PC、WEB、ANDROID、IOS。

2. 希沃白板的软件特色

云课件

在希沃白板中创作的课件，均存储在云端。老师登陆希沃账号，即可做到对课件随调随用。

时间胶囊

教学时间胶囊是对当下"微课"的一次技术革新，不需任何环境部署，一键即可帮老师记录下教学过程，同时时间胶囊的传播、存储成本不到"传统微课视频"的 1/10。因此时间胶囊能真正意义上做到常态化记录并回溯教学过程，让老师、学生受益。

录制时间胶囊的步骤：登陆希沃白板－开始授课－录音；

查看时间胶囊的步骤：登陆希沃信鸽－教师个人空间－教学－教学时间胶囊。

课堂活动

课堂活动是游戏化教学在希沃产品中的实践，它为课堂注入强互动性，以游戏化的方式呈现知识点，将课堂教学由传统的单向灌输转变为兴趣引导。

希沃白板为老师提供 5 类课堂活动：趣味分类、超级分类、选词填空、知识配对、分组竞争。平均制作一份课堂活动仅需要 3 分钟，若是通过老师的精细加工，课堂活动将适用于各学段的各类知识点的场景。

思维导图

通过将知识点的结构化表达，进而让学习过程变得可视化，有助于提升学生的学习效果。希沃白板的思维导图类型包括：逻辑图、鱼骨图、组织架构图。

学科资源

针对 K12，希沃白板提供了覆盖大部分学科学段的备课授课工具，具体包括：汉字、拼音、古诗词、几何、函数、公式、英汉字典、化学方程式、星球、乐器等专属学科工具。

3. 希沃白板的安装步骤

(1)下载希沃白板安装包，然后双击打开.EXE 文件；

(2)点击开始安装；

(3)安装完成。

二、希沃白板在小学英语教学中的应用

随着希沃白板 5 在实际教育教学乃至课堂上的广泛应用，教师能够利用其让课本上原本"一动不动"的内容鲜活生动起来。小学英语教师可以利用其向学生创设生动、形象的教学情境，利用具体情境开展英语教学，让学生更多地参与教学，增强交互。

在教授不同的内容时，教师可以充分且合理地借助希沃白板 5，采用情境导入等方式进行英语教学。通过有效的情境导入等方式，在潜移默化中培养学生的有意注意，让学生在不知不觉中融入英语听说教学中。

希沃白板 5 的交互功能，在很大程度上可以调动学生的眼、耳、口、脑等多元智能。学生在这种环境中愉悦的学习英语，教师的教也满足了新课程标准下的现代化信息教学。

英语教师课前的主要工作之一是制作课件。这个课件的制作是利用希沃白板 5 来完成的。因为这样可以利用希沃白板的一些内置功能，如课堂活动、思维导图等可以更好地设计出一堂课的课件。布置预习作业，以便帮助学生想起旧知，逐步引出新知。明确学生的最近发展区，以确认教学目标。制作导学微视频，通过小视频引入一节课的话题，提前发布让学生熟悉话题。让学生对新课知识有一个初步感知。视频要简短，课前学生反复观看视频，直到可以模仿为止，包括对语音语调的模仿，体现并满足了个性化学习。

1. 四线三格

教师在备课时可直接点击屏幕上方的四线三格，进行单词或字母的规范书写，如图 11－40 所示字体效果直接为手写体。

图 11—40

2. 思维导图

希沃白板 5 的思维导图,不仅可以帮助学生记忆"说"的语料,也可以帮助学生提取文本大意,让学生复述课文,自主生成语言,进行口语交际等。

思维导图可以帮助学生建构知识网络,让学生有一个清晰的知识框架(如图 11—41);还能够提高记忆能力,促进知识的巩固。思维导图还具有思维训练,培养创新力,培养学习策略,促进自主学习等等的优点。

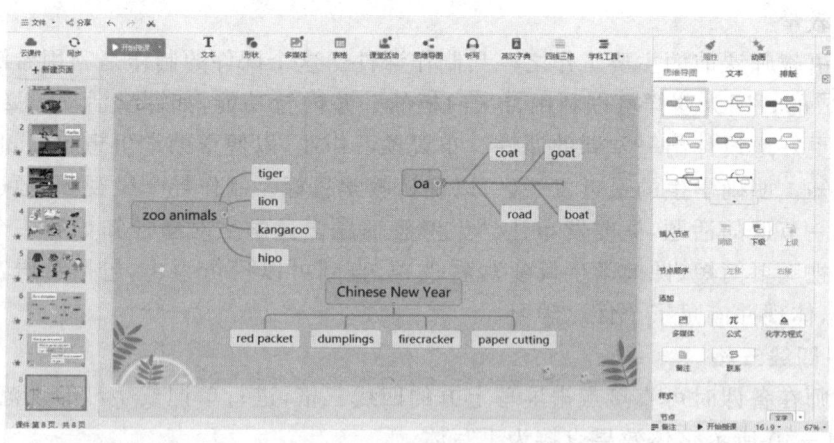

图 11—41

3. 课堂活动种类

教师可根据当堂所学的单词、句型、语法等内容设置不同形式的课堂活动,让学生来 PK。希沃白板 5 的课堂活动形式多样(图 11—42),也有很多针对性练习,比如趣味分类(图11—43)、选词填空(图11—44、图11—45)、分组竞争(图11—46)、答题比赛(图11—47、图11—48)等。这些课堂活动既可以对当堂所学知识进行操练和巩固,也可以活跃课堂气氛,吸引学生注意力,调动学生学习英语的积极性。

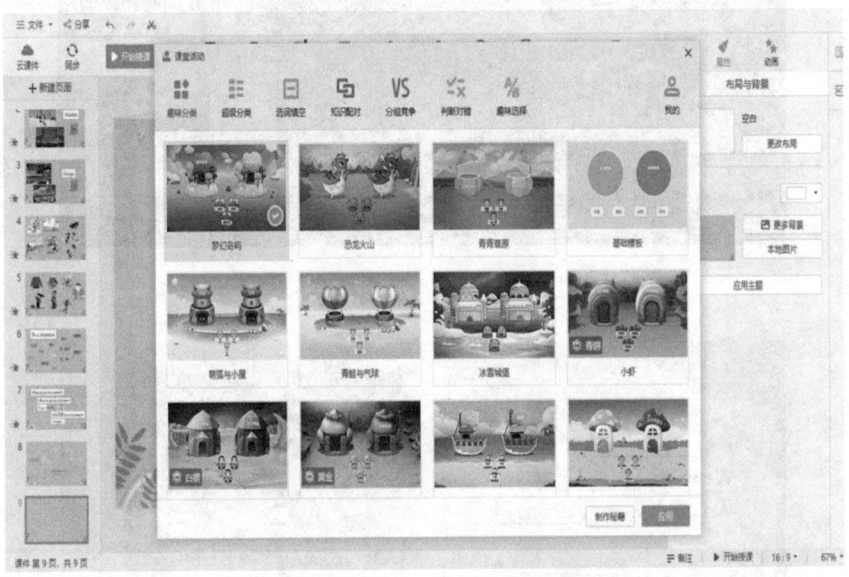

图11—42 课堂活动种类

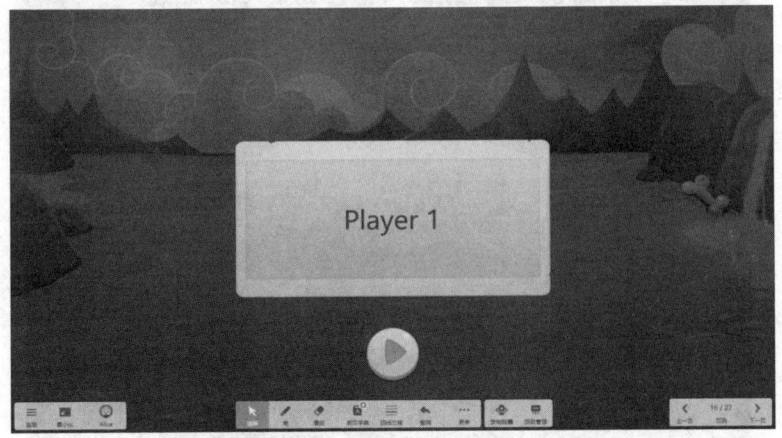

图11—43 趣味分类(挑战模式)

图 11-44　选词填空

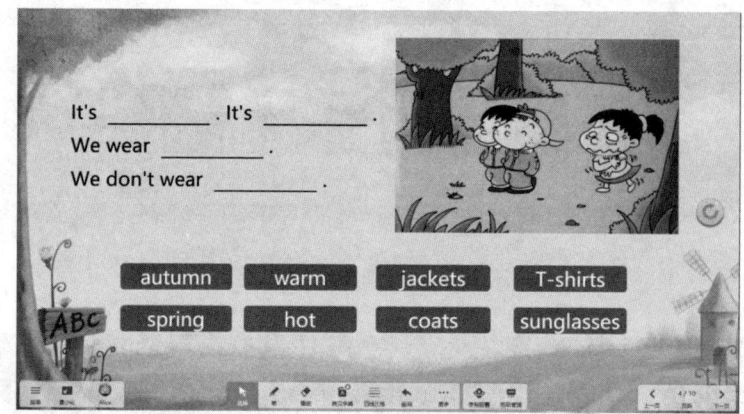

图 11-45　选词填空

图 11-46　分组竞争

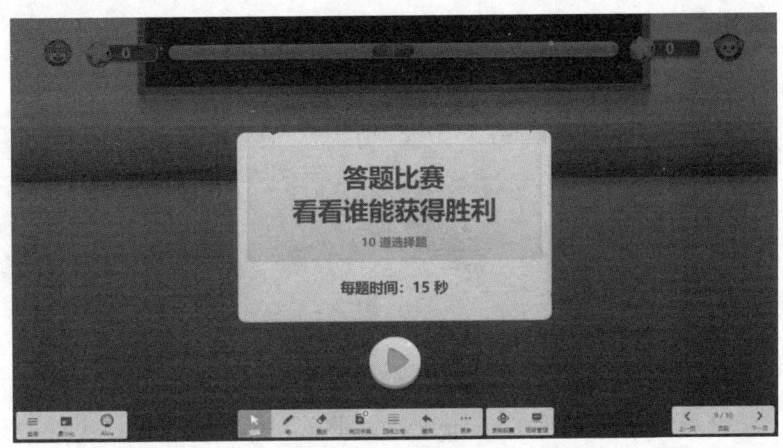

图 11－47　答题比赛

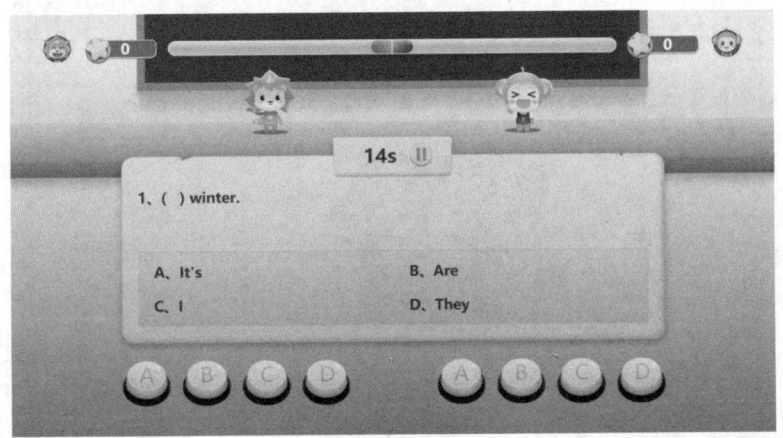

图 11－48　答题比赛

4. 蒙层和橡皮擦功能

蒙层和橡皮擦这两个功能简单来说,就是将文字或者图片"添加蒙层"后,答案就被隐藏,进入授课模式。

播放课件时,用橡皮功能,随机擦除,让学生在擦除的过程中发现"惊喜"。(如图 11－49 上灰色字体提示:点击[开始授课]后,使用[橡皮]擦除蒙层以显示答案(图 11－50)。)

图 11—49

图 11—50

以上策略的设计是基于希沃白板 5 的一些功能和小工具设计的案例。这些教学活动的加入,打破了我们一直以来传统意义上的"一言堂"的单向教学模式,能给有限的仅四十分钟的一堂小学英语课提供无限的资源和让学生表达、交流的平台。在很大程度上能够激发学生的求知欲望,让学生在愉悦轻松的氛围中学习英语,其丰富的功能提高了英语听说的操练实效,真正实现了互动。也提高了教学效率,为演绎精彩英语教学锦上添花。

第十二章　小学英语课堂的组织

第一节　怎样备课

教学是一种有目的有计划的活动。因此，在活动之前，教师需要进行必要的准备，做出计划，即要备好课。这样做可以减少教师教学时的不确定感，找到一种方向感和自信心。通过备课，可以安排好教学环节，熟悉教材，了解学生，也可以发现和弥补教师自身业务上的不足，提高自己的业务水平，并不断积累和总结教学经验，改进教学工作，保证教学的顺利完成。

备好课是上好课的关键。教师在教学活动之前如何进行计划？主要应编制好三种计划：学期教学进度计划、课题（单元）计划、课时计划。

(1) 学期教学进度计划　这是对一学期的教学工作的总的准备和安排。在每学期开始之前，教师要学习教学大纲，通读教材，研究各章节之间的内在联系，结合学生情况制订出教学进度计划。内容包括：学生情况简析；学期教学总的要求；一学期教学内容的单元数、总课数；每一单元每一课的教学时数及起止时间和需要用的主要教具。

(2) 课题（单元）计划　在订好学期教学进度计划的基础上，对教科书的每个课题或单元进行通盘考虑，并制订出课题计划。内容包括：课题（单元）名称；教学目的；课时划分；课的类型；主要教学方法等。

(3) 教案（课时计划）　在单元计划的基础上，写出每课的教案，这是备课工作中最为深入、具体、落实的一步。内容包括：班级、学科名称及课题；授课时间、教学目的、课的类型、教学方法、教具、教学进程步骤——教学内容的安排；教学方法的具体运用；时间的分配、备注等。

附学期教学进度计划表、课题（单元）计划表和课时计划表。

(表一)

学期教学进度计划(表式)

年　　月　　日

科　　目		班　　级		任课教师	
课本名称		编辑者		出版处所	
本期要达到的目的					
周次	起止　月　日	教学时数	教材纲要	作业及其他	备注
1	××－××				
2	××－××				
3	××－××				
4	××－××				
5	××－××				
6	××－××				
7	××－××				
8	××－××				
9	××－××				
10	××－××				
11	××－××				
12	××－××				
13	××－××				
14	××－××				
15	××－××				
16	××－××				
17	××－××				
18	××－××				
19	××－××				
20	××－××				

(表二)

课题单元计划表

年　　月　　日

科　　目		班　　级		任课教师	
课本名称		编辑者		出版处所	
周次	起止　月　日	教学时数	教材纲要	作业及其他	备注
1	××－××				
2	××－××				
3	××－××				
4	××－××				
5	××－××				
6	××－××				
7	××－××				
8	××－××				
9	××－××				
10	××－××				
11	××－××				
12	××－××				
13	××－××				
14	××－××				
15	××－××				
16	××－××				
17	××－××				
18	××－××				
19	××－××				
20	××－××				

(表三)

课时计划(教案)(表式)

班级		科目		教师		日期	
教材分析	重　点						
	难　点						
	关　键						
教学目的							
教法							
教具							
教学过程							
教学后记							

备好课，必须做好下述三方面的工作：

(1) 钻研教材(备教材) 钻研教学大纲、教科书，阅读有关教学参考资料，弄懂教材的基本知识、基本语言点，透彻了解教材的重点和难点。教师在认真钻研教科书的基础上，广泛阅读有关参考资料，努力做到教给学生一杯水，自己要有一桶水。具体地说，有以下几点：

- 教师必须熟知所要教的语言知识及相关知识；
- 教师必须清楚要求学生所掌握的语言技能；
- 教学内容应注意语法、词汇与技能训练的平衡。教新单词时，应避免使用学生没学过的语法结构；同样，教新的语法结构时，应避免使用学生没学过的词汇；
- 教师需熟知采用什么样的教具才能适应学生的水平、年龄和心理特征；

- 教师需要清楚自己在教学中的不同角色，熟知不同教学步骤中采用不同的教学技巧和教学方法；
- 教师须知在教学中应避免的问题。

（2）了解学生（备学生）为了使教学做到有的放矢，教师要全面了解学生，并在分析的基础上做出准确的估计。并能预见学生学习每一课会遇到什么困难，提出哪些问题。具体地说，有以下几点：

- 学生的简况（包括年龄、性别、社会背景等）；
- 学生对学习英语的动机、态度、习惯、兴趣、已有的英语水平；
- 学生的需要。

（3）设计教法（备方法）在备教材、备学生的基础上选择适当的教学方法。这一点在小学英语教学中尤为重要。因为小学英语对学生来说是极其陌生的，一方面要注意引导学生对英语发生兴趣，另一方面又要注意英语和汉语拼音的混淆，所以在小学英语教学中，方法的选择、变化是教学成功与否的一大关键。备课时应注意在不同教学环节中选择不同的教法，选择不同的教具，切忌习惯于老一套，在此基础上，写出具体的教案。具体地说，有以下几点：

- 采用方法的多样性，激发课堂的趣味性，避免教学的单一性；
- 要安排不同技能的训练，有专项、有综合、先易后难；
- 多种活动结合安排，动静穿插，集中活动和分散活动穿插；
- 注意方法的伸缩性，留有余地，备用活动，灵活应用；
- 低年级英语课应以听和说为主，中、高年级则应包括听、说、读、写四方面的技能训练；
- 在各种教学活动中，采用不同的语言材料进行不同的技能训练时，应尽可能提高词汇与结构的重现率。

第二节 怎样编写教案

不论是新教师还是老教师，上课前都要备课，写出教案。教案可以有详有略，一般来说，教案的详略要根据教师的教学经验而定，教案写好后，教师仍需不断地熟悉教材和教案，做到上课胸有成竹，得心应手。如果讲课离不开教案，教师和学生的交流就会受到阻碍，特别是在小学英语教学中，教师不断和学生进行各种活动，师生之间的交流主要在不停地活动中完成。如果教师不熟悉教案，势必不能开展生动活泼的教与学的活动，降低教学效果。

小学英语教案的编写，既要有一般教案所包括的内容，比如班级、授课教师、课时等,又要针对小学生学习英语的特点及其心理特征,设计出不同的教法。

一、编写教案前的准备

在了解教材、大纲、学生、方法的基础上,教师就着手准备教案计划。在正式编写教案之前,教师需要对要准备教的内容做出总体的考虑,以便编写的教案合理,符合学生的特点。这种总体考虑可以帮助教师从总的角度考虑决定在本节课或几节课内采用的方法、活动是否有效、切实可行。编写教案前的准备可总结如下:(Harmer & Jemery,1991)

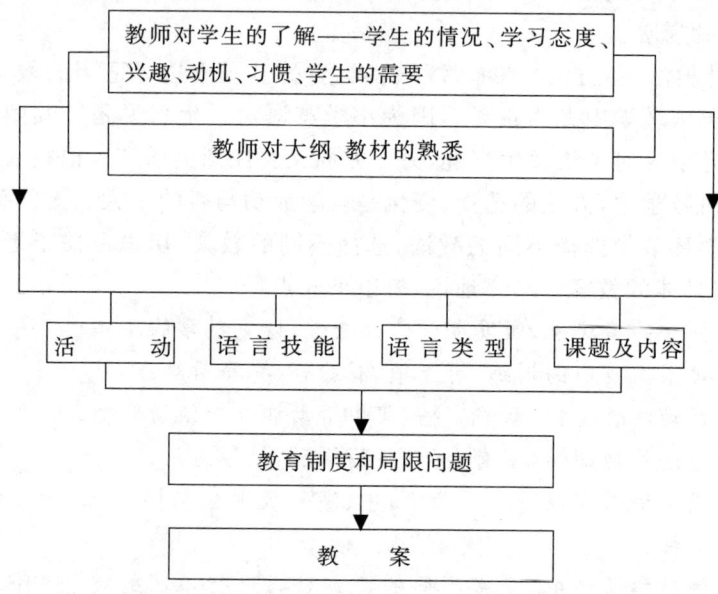

- 活动是教师在备课时采用的对学生有益的、能唤起学生学习兴趣的方法。
- 语言技能是教师根据大纲所规定而选定的需要学生掌握的语言基本技能。
- 语言类型是教师在上课时所侧重的语言形式。
- 课题及内容是教师所选定的需要讲授的知识。

二、教案的编写

教案大致包括以下五个部分:
(1) 授课班级情况(学生人数、年级、班级、授课时间、学生水平、使用教材);
(2) 课时;
(3) 教学目的;
(4) 教学内容;
(5) 教学过程(情景设置、活动设计、教具、语言知识可能遇到的问题及对策)。

教案示例

课目名称 <u>小学英语</u> 班级<u>三年级</u> 学生人数<u>45人</u>
任课教师 <u>×××</u>
使用教材 <u>九年义务小学英语地方教材第三册</u> 课时 <u>1</u> 授课时间<u>×××</u>

教学内容：
(1) 单词：on, in, under
(2) 句型：Where is the...
　　　　　It's...

教具：
(1) 录音机　　(2) 文具

教学步骤：

Activity 1

(1) 复习前一课所学内容。

(2) 插图生动有趣地展示了猫和小汽车的位置关系。教师可让学生先仔细看图或者一起讨论，这样能引起学生兴趣，活跃课堂气氛。

(3) 教师利用学过的句型 What's this? 提问学生图中的内容，如：
　　T：What's this?
　　S：It's a car/a cat.

(4) 放录音：

What's this? It's a car. A cat is on the car. Two cats are in the car.
Oh, be careful! A cat is under the car.

---

(5) 教师解释录音文字的含义时，应将重点放在上述三个介词的意义和用法上。为了便于学生理解，可以借助教室内的物体进行讲解。

(6) 再放录音，每句停顿一下，让学生跟读，如此练习几遍直到熟悉单词发音。

Activity 2

(1) 教师利用一些文具和课桌等做进一步演示。开始可以自问自答：Where is the pen? It's in the pencil-box. Where is the ruler? It's on the book. Where is the book? It's on the desk. 然后让学生试着回答，教师适当给予帮助。

(2) 放录音,要求学生根据录音在书上的四线格内写出正确的介词,完成句子。录音稿如下:

> ① Where is the book? It's on the desk. ② Where is the ruler? It's on the book. ③ Where is the book? It's in the bag. ④ Where is the eraser? It's under the ruler. ⑤ Where is the pen? It's in the pencil-box. ⑥ Where is the bag? It's under the hair.

(3) 组织学生利用上面的句子进行口头练习,同时还可以检查前面做的答案是否正确。如果有人错了,就请另一名学生纠正,这样能使更多的同学得到操练的机会。

(4) 建议:教师可以用实物(如文具等)摆出某种位置,让学生互相问答。

Activity 3

(1) 这项游戏将方位词和颜色词结合在一起,既复习了旧知识又巩固了新知识,而且又是学生较为熟悉的一种游戏方式。

(2) 教师课前最好与一位学生将该游戏演练几遍,课堂上共同示范给全体学生看。等解释清楚其规则后,请大家拿出各自准备好的彩笔,按照指令开始做游戏。

(3) 教师指令可为:
Tom, put your blue pencil on the desk.
Mary, put your red pencil on the desk, too.
Jack, put your yellow pencil on the red and blue pencils.
Betty, put your black pencil beside the yellow pencil.

其中 beside 一词为生词,只是游戏所需,教师简单解释即可。

(4) 建议:教师根据实际情况,可以再请学生试着取回摆好的铅笔,而且不能碰到其他铅笔。如:Xiaoming, take the red pencil under the yellow pencil. 告诉学生 take 一词的意思。

(5) 布置作业:① 抄写 Activity 2 中的句子;
② 熟悉运用句型。

第三节 怎样上课

上课是整个教学工作的中心环节。在编写好教案之后,教师依照教案设计的内容组织课堂教学,注意课堂的实际,灵活运用教案处理课堂随时出现的问题。除此之外,还应了解小学英语课堂教学的类型及师生的角色。

一、课的类型

根据教学任务、教学内容和方法以及学生的年龄特征等方面的需要,我们可以把课划分成不同的种类,正确地选择和运用课的类型,安排课的结构,就能更好地完成教学任务。小学英语教学中常用的课型有新授课、复习课和活动课等。

1. 新授课

新授课是小学英语教学中运用最多的课型。小学生年龄小,注意力容易分散,一种活动方法不能过长时间地使用。因此,在设计教案时不能过于单一,必须针对小学生的实际情况和年龄特征,科学合理地安排教学步骤,使学生在一节课中不断保持兴趣,在轻松愉快的活动中复习旧的知识,掌握新的知识,全面培养各种语言技能。新授课实际是复习课、巩固课、技能课、游戏活动课的综合课型。

小学英语新授课可采用以下五个步骤:

(1) 组织教学(热身活动)

组织教学是顺利进行英语课堂教学的保证。小学生年龄小,活泼好动,注意力容易分散,自我控制能力较差。因此,小学英语教学中的组织教学也称热身活动,这个步骤通过积极的热身活动将学生的注意力从课下及时转到课堂教学中来,有利于稳定课堂秩序,转移学生的兴趣,安定学生的情绪,使学生在无意识的状态下,做好上课的准备。小学英语教学中一般常用的组织教学的方式有:师生问候、拍手对节奏、背童谣、唱英文儿歌、游戏、做值日报告、放英文歌曲、教学光盘、纠正作业中的错误、复习旧课等。教师设计这些不同方式的目的在于吸引学生注意力,激发儿童英语学习兴趣,也可用于复习已学知识和第二环节(复习检查)密切地结合起来。如上课前,教师设计拍手对节奏活动,来做热身活动,同时也做复习活动。

(2) 复习检查

小学生记忆力好,但认得快,忘得也快。每节课的复习检查及时地减慢了学生遗忘的速度,对前一节和前几节课的内容的复习使学生在一段时期内慢慢巩固,逐步掌握语言知识,还可弥补教学中的遗漏和针对学生学习中的弱点和难点采取一些补救措施。小学英语教学中常用的复习检查方式有:背诵、对话、做游戏、听录音、唱英文儿歌、念童谣、听写、拼读单词、表演等。

(3) 介绍新的语言项目

在热身复习活动之后,教师通过设计形象、生动、直观、鲜明的导入方式呈现新的语言项目,制造练习气氛,激发学生对新知识的兴趣。告诉学生将进行哪些活动,对年龄稍大的学生还可以告诉他们活动的目的,应该让学生明白每项活动的要求及开展活动的步骤。每项活动的结束也应当有标志,或者教师拍手示意,或者说

Time to stop 等。常用的方式有复习导入、教具导入、直接设问导入、活动导入等。

（4）操练、实践、巩固

这是教学活动的主体部分。教师要保证活动的顺利进行，要让学生吸收新的语言知识，练习是必不可少的。操练是在教师的指导下所进行的一种有较高控制的初步练习，一般以模仿、重复和替换等机械性练习为主，其主要目的是使学生尽可能正确地模仿教师所说的话和句型。操练形式有齐说、部分说、对说、个别说等。

实践是在教师逐渐减少对学生控制的情况下而进行的一种活用性、交际性练习，目的是让学生试着独立运用语言。实践形式有：自由交谈、两人谈、相互问答、自填童谣、歌曲、真实描述、表演、写作等。

巩固是在操练、实践熟练之后，教师启发学生找出新授课中的关键词语、重点句型，并将它们的用法进行简单小结、归纳，也可通过集体游戏来巩固。常用的巩固方法有：小结归纳法、分析发现法等。

（5）课程结束及布置作业

以一种愉快的方式开始每一节课，也应以一种愉快的方式结束每一节课，这是使学生热爱英语学习，对英语学习保持兴趣的关键。教师可根据本节课所学内容设计不同的生动、形象、有趣、简短的活动结束一节课的学习。比如，做 whispers 活动、唱语法歌、找同伴等。在结束活动中，及时全面地了解教学情况，反馈学生对新信息的接受掌握运用的程度和水平，布置适量的口头和书面作业。

2. 复习课

小学英语教学的任务主要是：通过看、听、说、读、唱等一系列教学活动，对学生进行听、说、读、写的基本训练，激发学生学习英语的兴趣和动机，养成良好的学习英语的习惯，培养英语语感，打下较好的语音基础，学习一定量的词汇和日常交际用语。而在我国小学生学习英语主要靠课堂练习，再加上学生的自我学习能力差，缺乏语言环境，记忆快、遗忘快等特点决定了小学英语教学中复习课的重要性。在经过一个单元或一项语言项目的学习之后，教师要科学地安排复习，使简单重复变为生动积极的再现，寓能力培养于整个复习过程之中。

复习课一般包括：
- 准备教学
- 呈现复习内容
- 进行强化训练
- 归纳总结
- 应用性、交际性操练
- 检查、反馈
- 布置作业

二、小学英语教学中教师与学生的角色

成功的课堂教学与教师是否能有效地组织各种学习活动有很大关系。课堂教学的目的在于创造一种有意义的用英语去交际的语言环境。教师所扮演的不同角色、学生以不同形式来参与学习活动以及有效的课堂调控约束与和谐是成功的课堂教学的保证。

1. 教师的角色

小学英语教师在课堂教学中的角色转换可从课前、课中、课后三个方面来理解。

在课前,教师是一位"计划员",因为在设计编写教案时,教什么、怎么教,达到什么目的是其所关注的。

在小学英语课堂上,根据教学内容、教学步骤的不同,教师的角色也在不断变换。组织教学时,教师是一位"调控员",因为小学生年龄小,活泼好动,自控能力较差。为了保证教学的顺利进行,教师需要用活泼生动的方法,婉转提醒的暗示来积极调动学生的学习兴趣,把学生调控到自觉、主动、秩序井然地参与活动。复习检查时,教师是一位"强化记忆者";讲授新课时,教师是位"示范表演者",又是位积极"参与表演者";操练、巩固时,教师是位"裁判员",又是一位"指挥员";在检查反馈、布置作业时,教师还充当"督促检查员""任务分配员"等角色。

2. 学生的学习形式

当今语言课堂学习的一个重要特征是所有学生不再总是作为一个大组来学习,而是大多时间,学生被分成大小不同的小组,最普遍的学生分组学习形式有以下几种:

集体——所有的学生都在教师的控制之下学习。学生总是按同一节奏做同样的活动,比如,教师讲解、检查作业练习,教师问、学生或集体回答、单个答或轮答,应注意尽力引导学生给出答案。

小组——学生以小组形式来学习,每组有 3—5 人,按活动情况而定,在进行竞争性语言游戏、口语训练及某些特定练习时使用。教师可在每个小组参与一会儿,但需注意教师是参与者,而不是领导者或检查员。

配对——学生两人一组来完成学习活动。可用来做口语训练或是某些特定练习。在学生配对练习时,教师在教室来回走动调控课堂,解答问题,提供帮助。注意:在组织配对练习时,教师首先要给出明确的指令来要求。

个体——当课堂教学活动无法用配对、小组练习时,可采用个体,比如阅读活动,因为每个人阅读速度不一样。

三、其他应注意的问题

在了解课堂教学的常用模式、基本环节及师生在基本环节中的角色之后,并不意味着就能教好课,教师还应注意以下几点:
(1) 仪表大方、教态自然;
(2) 语言清晰、指令清楚;
(3) 态度和蔼、耐心细致、不随意训斥和威吓学生;
(4) 严格要求,养成良好的课堂学习习惯;
(5) 有趣多变的活动是保持兴趣的最好办法;
(6) 熟练而灵活地使用教案;
(7) 规范、直观、优美的板书设计。

四、课后分析、反馈及课外作业

1. 课后分析

教师对自身教学活动进行课后分析、评定是教学的一个主要途径。对自身教学活动进行课后分析,评定有助于教师了解自己上课的效果、发现优缺点、总结经验和教训,还有助于教师明确原订课时教案之所以能实现或不能实现的原因。课后分析是上一节课的教学结束,也是下一节课备课的开始,是上好下一节课的前提条件。它发挥了预测、监控功能,又起到反馈、管理的作用,课后分析还有助于教师之间相互取长补短,切磋提高教学质量的方法,探求教学的艺术。

课后分析的进行一般采用自我分析、自我反思的方法。

采用自我分析、自我反思的方法能调动教师的积极性和主动性,能够记录教师在实际课堂教学中对原有计划的变更,遇到的初发事件及处理情况,自己通过施教所获体悟等内容,成为教师总结和积累经验、发现问题的凭依,分析的来源可以通过自己的感受,同其他教师的讨论,向学生或其他相关人士咨询。

(1) 课后分析的内容

课后分析主要从以下几方面来观察、分析:
- 教学目的
- 教学过程
- 教具的使用
- 学生的参与行为
- 教师的个人行为
- 对英语知识的掌握

(2) 课后分析的形式

课后分析可通过拟定"自我反思"单或写"教历"两种形式进行。

在讲授完一节课后,教师回答以下问题,并写出简短的分析内容,如:

- 你的教案设计有什么用处?你在教学中是否遵循了教案,你会继续采用这份教案吗?
- 在设计教案时,你发现了什么问题?
- 既然你已教完了这节课,下节课你会做些什么?
- 你的这节课成功吗?
- 本节课哪个环节最成功?为什么?
- 本节课哪个环节不成功?为什么?
- 你采用什么方法确保全体学生都能理解?
- 你是怎样利用黑板的?有效吗?
- 你还使用了什么教具?有效吗?
- 听、说、读、写四种技能中,哪种技能在你的教学中发展得最好?
- 你对学生自己的知识运用得多吗?是该多用还是少用?
- 你觉得本节课哪个环节最难处理?为什么?
- 本节课与你已教过的和将要教的课有什么不同?
- 学生最喜欢哪些活动?为什么?
- 学生发现哪些问题最难?为什么?
- 有些学生是否不愿参与?如果是这样,为什么?
- 课堂上出现哪些纪律问题?是什么原因引起的?你是怎样处理的?
- 学生向你就本节课提出什么建议?

一份完整的教历包括以下几大内容:

- 一般项目——教师姓名,记录时间,任教班级,人数,时间跨度(一个单元、一个月、一学期等)
- 课前计划——教案的内容
- 过程描述——课堂实际教学情况记录(如时间分配记录,调整教案计划等)
- 课后反思——同"自我反思"单的内容

教历一般以简式教历为主,比较便捷,主要记录实际教学过程与教案设计的差异,教学中的灵感、机智和突发事件的处理等。

2. 教学反馈

教学反馈是语言学习过程中一个重要的、必不可少的部分。反馈的作用在于帮助师生培养一种洞察力,深入地了解自己教或学的过程,对语言学习的进展做通盘考虑。反馈宜从较简单的活动开始,以便学生熟悉这一方式。开展反馈活动时,应使用学生的母语,使大家能畅所欲言。开展反馈活动时,除了上面介绍的拟定"自我反思"和教历外,还可通过以下几种方式进行:

- 在每项活动结束后,可要求学生通过画面部表情图来说明他们对这项活动的喜爱程度。

然后和学生讨论反馈结果,在下次准备课时,教师应注意选择学生喜欢的活动。

- 在每项活动结束后,可要求学生对活动的两个层面——"useful"和"interesting"进行评价。

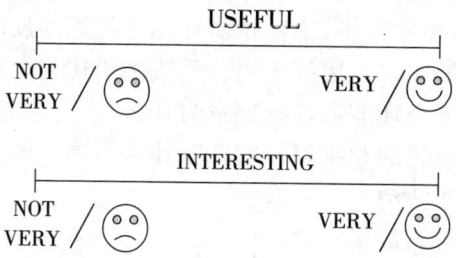

- 让学生按下列固定结构书写一些句子来反馈课堂情况:
  I am good at...
  I am not good at...
  I am going to ... next week.
- 在小组活动后,可让一组同学给另一组同学提出四五条建议,帮助他们把活动做好,可使用一些祈使结构。
  Remember to...
  Don't...

这种反馈对教师下次采用同一类型的活动极其有用,在下次做这种活动之前,教师可提醒学生注意这些建议。

- 让学生每人对自己的英语课用图表形式记录教学进展。如,让学生按"I learned"形式记录一周的学习英语的情况:

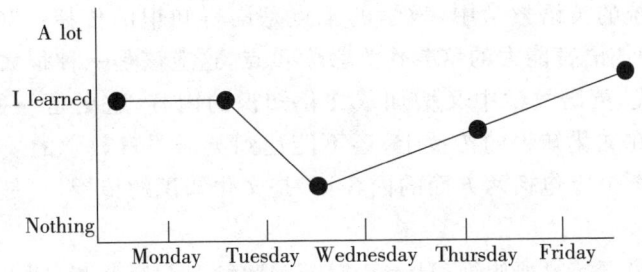

课后分析、反馈是语言学习过程中一个重要的部分,是教师深入实际、了解下情,学生参与教学、献计献策的好机会。通过反馈可以达到师生沟通,相互交流,促进教学的目的。课后分析反馈的方法宜为多样化,讲究实效,不搞形式,不断摸索,不断积累有益的经验。

3.课外作业

根据小学英语教学的特点,布置课外作业时应注意以下几点:

根据小学生的兴趣特点,设计不同的作业形式,如设计做一做、谈一谈、用一用、练一练、唱一唱、说一说的作业形式。

- 区分作业的题型(机械性的,复用性的,活用性的,智力性的,能力型的)。
- 作业设计要多角度(听、说、读、写)。
- 尽可能根据个别学生的需要布置作业。
- 必要时应举例说明如何做家庭作业。
- 尽快批改作业并检查反馈给学生。
- 目的要明确,内容要精选,分量要适当,难易要适度,基本达到质优量宜、用时少、效果好。
- 在一个单元后,可让年龄大点的学生通过写信或写便条的形式告诉教师他/她在课堂上所喜欢做的事及课堂上未明白的问题。

第四节　小学英语课堂教学与文化意识培养

一、文化与语言教学

语言与文化密不可分,语言有丰富的文化内涵。英语学习中有许多跨文化交际的因素,这些因素在很大程度上影响对英语的学习和使用。对英语文化的了解与理解有利于加深对本国文化的认识,培养爱国主义精神,有利于提高人文素养,传授文化知识、培养文化意识和世界意识,是教师在英语教学设计中的一个重要任务。

在我国传统的英语教学中，教学的重点是语言知识的传授。20世纪80年代以来，我们开始把语言能力的培养作为教学重点，这应该是一种很大的进步。进入20世纪90年代，英语教学中又增加了文化知识的内容，这更是一种飞跃。但是，如果仅仅停留在文化知识的传授上，还不能达到英语语言教学的要求。语言教学中的文化教学至少应包括两方面的内容：一是文化知识的传授，二是跨文化意识的培养。

美国社会语言学家海姆斯(Hymes,1972)曾针对乔姆斯基(Chomsky)的理论，提出了交际能力理论。该理论指出：仅靠很好地掌握语法永远都无法成为一个在现实语境中真实的、恰当的语言使用者。语言学研究不应仅限于研究讲话者的语言能力的形成，而且还应注重讲话者交际能力的发展。海姆斯提出了交际能力的四个要素：即语法性(grammaticality)、可行性(feasibility)、得体性(appropriateness)和现实性(actually performed)。后两个因素直接和文化有关。得体性主要是讲在说话的对象、话题、场合、身份等不同的情况下，能够使用不同的得体的语言，这就涉及文化背景；现实性主要是指要使用真实、地道的语言。

语言学家韩礼德(Halliday, 1973)也曾提出了社会逻辑语义学理论。韩礼德把语言重新定义为一种意义潜势，认为语言习得和语言学习是一个在语言变体中选择来实现某一个社会意义的社会过程。韩礼德还提出了社会系统(social system)——语义网络(semantic system)——语法系统(grammatical system)的模式来描述社会、语义和语法实现的过程。在这个理论模式中，从社会语言学的角度提出在我们的外语教学中应包括社会文化因素。如果我们要想把学生培养成为成功地运用语言交流的人，而不是学究式的语法学家，那我们就应当采纳功能语言学和社会语言学的一些观点。

对语言的有意义的使用，实际上就是恰当地反映它的社会环境和文化环境，并传递社会目的和文化目的。一种文化中的"肉"可能是另一种文化中的"毒药"就充分说明了对语言中词语的选择有特定的文化内涵和语义的限制。在一个特定的语言环境中，对目标语所处的社会环境、文化环境不完全了解，就会影响其正常的社会交往。因此，在教学中，教师应注意培养学生的跨文化意识，让学生学会根据不同的场合使用恰当、得体、真实、地道的英语。

二、文化交际技能与英语教学

1. 跨文化意识

跨文化意识是指对异国文化与本国文化的异同的敏感度和在使用外语时根据目标语(如英语)文化来调整自己的语言理解和语言产生的自觉性。跨文化意识也指(1)对受自身文化影响的行为的意识；(2)对他人受其文化影响的行为的意识；

(3)对自身文化观点的解释力。这种意识和能力,即跨文化意识和跨文化交际能力是可以培养的。但是,对本国文化的学习可以在自然的语言习得环境中完成,而对异国文化的学习只能在外语教学环境中完成。因为文化教学是教会学生怎样在真实的社会环境中去完成与社会环境相配的社会行为,是关于文化知识的真实、地道的使用,而不仅仅是关于文化的知识。因此,在缺乏真实英语社会环境的英语课堂教学中,教师应通过显性的教学活动和隐性的潜移默化让学生建立和提高这种对异国文化和本国文化异同的敏感度和在使用目标语时根据目标语文化来调整自己语言理解和产出的自觉性。

2. 文化与英语课堂教学

以往学校课程安排及教科书只重视对语言知识及听、说、读、写等语言技能的教学,偶尔提到一些语言背景,也仅作为一种知识讲授,认为是次要的、辅助性的,把文化内容的学习仅仅作为一种知识积累的过程,而忽略了把跨文化意识作为一种技能去培养。在教授文化时,Seelye(1988)在 *Teaching Culture* 一书中提出了旨在提高学生跨文化交际技能的七大交际目标,并将其与五大实际教学原则相结合。书中提到的七大交际目标为:

(1)使学生逐渐意识到人们的行为无不受到有关文化的影响。

(2)使学生逐渐意识到人们的言行受到诸如年龄、性别、社会阶层、居住环境等可变因素的影响。

(3)使学生进一步了解目标语文化在通常情况下的常规行为。

(4)提高学生用实例对目标语文化进行评价并加以完善的理解能力。

(5)增强学生对目标语中词及词组在文化内涵上的了解。

(6)使学生具有必要的查获及整理有关目标语文化信息的技巧。

(7)激发学生对目标语文化的求知欲并鼓励他们与该文化的人们有所共鸣。

五大实际教学原则:

(1)通过所教授的语言了解其文化。

(2)使文化行为成为每课学习必不可少的一部分。

(3)使学生获得他们认为所需的取得社会经济地位的能力。

(4)使所有不同水平的学生对自身文化及目标语文化均有了解。

(5)要意识到并非所有的文化教学旨在改变学生自身的文化行为,而是要求学生认识到人们的某些行为是受其文化影响,并对那些行为表示理解。

英语教师在备课时应参考这些教学目标和教学原则,选择教学任务明确的方法,把文化知识和语言知识有机地结合在各种有趣的教学活动中。比如,在教学中将本国文化和英美文化进行比较,去发现两种文化的异同,加深对中外文化的理解,培养文化意识;把英美文化知识有意识地编入语言教学活动中,让学生在掌握语言技能的同时，获得该文化交际能力的培养。

在英语课堂上培养学生的跨文化意识，还应该遵循适用性、适度性和阶段性原则。适用性原则是指所教授的文化内容必须要和学生所学的语言知识密切相关，这样可以提高学生学习英语和外国文化的兴趣，提高英语学习的效率；适度性原则是指所选材料的适合程度和教学中教学方法的适合程度。选择材料时应该注意选择那些代表主流文化的内容，同时也兼顾趣味性。教师讲解时，应注意鼓励并创造机会让学生自己进行探索式、研究式的自主学习；阶段性原则指文化教学时必须充分考虑学生的语言水平、认知能力和生理、心理状态，注意由浅入深、由表及里，让学生逐渐理解文化内容的本质。

三、《英语新课程标准》中小学阶段英语教学中的文化意识目标

《英语新课程标准》中小学阶段英语教学中的文化意识目标是：

(1) 知道英语中最简单的称谓语、问候语和告别语；
(2) 对一般的赞扬、请求等做出适当的反应；
(3) 知道国际上最重要的文娱和体育活动；
(4) 知道英语国家中最常见的饮料和食品的名称；
(5) 知道主要英语国家的首都和国旗；
(6) 了解世界上主要国家的重要标志物，如：英国的大本钟等；
(7) 了解英语国家中重要的节假日。

四、文化教学资料的选择

文化的内涵极其丰富，在小学英语文化教学中，结合小学生年龄和心理的特点，应选择合适的资料用于教学，激发学生对英语及其文化的兴趣。为了帮助学生多角度形成对英语文化全面而正确的了解，选用资料时应兼顾学生的学习风格，将视频的、音频的、触摸的资料有机结合起来。在小学英语课堂进行文化教学时，可利用的资料类型有：(1)录像；(2)CD；(3)电视；(4)阅读资料；(5)互联网；(6)故事；(7)学生自己的经历；(8)英文歌曲；(9)报纸；(10)直观教具；(11)户外活动；(12)嘉宾发言人；(13)趣闻轶事；(14)纪念章；(15)照片；(16)调查；(17)例证；(18)文学作品等。

五、英语课堂中的文化教学活动

1. 设计具体文化教学活动的原则

(1) 要有明确的目的。
(2) 要有情景、有语境，情景和语境要真实。

（3）活动应尽量贴近学生生活和经验。
（4）活动要多种多样。
（5）活动要有层次和梯度。
（6）活动要强调交际性。
（7）活动要和语言技能密切相关。
（8）活动要给学生提供时间和空间去比较、探索、创造。

2．文化教学活动类型

（1）文化传递型

此类活动主要通过比较自身文化和英美文化之间的异同，增强学生对文化概念的理解，对不同文化中的具有显明文化特色的标志和形象进行比较，学会用目标语恰当地表达自身文化和英美文化，加深理解，有助于英语词汇的识记。

在进行此类活动时，教师应有针对性地选用一些学生比较熟悉的反映我国人民生活、习俗等标志的图片、单词，并用适合于学生的英语句型进行讨论，如中国的长城、龙、春节、饮茶、针灸等，英美的咖啡、伦敦桥、自由女神像、圣诞节等。这样既有利于激发学生的学习积极性，将讨论比较的结果用英语写出来，又可以提高学生写作能力。

（2）日常生活模式型

此类活动主要通过介绍英美国家人们的日常生活模式，要求学生以此与自身文化的相应内容进行对比来增进对彼此文化的了解，有效地进行语言交际。比如，通过活动来讨论两种文化的寒暄方式、时间观念、饮食习惯、着装方式、购物习惯等。

（3）文化行为型

此类活动旨在增强学生对受不同文化影响的各种行为方式的意识及敏感性，并在此基础上进一步了解那些行为的含义。从而了解到与英语国家的人进行交际，他们不仅需要了解后者通常在各种不同的场合会说什么及做什么，而且要意识到在哪些方面他们自身的文化影响着他们本身的言行，从而能对不符合他们的自身文化采取理解和宽容的态度。比如通过活动来讨论因文化差异而引起的尴尬场面，因不同文化引起的误解现象等。

（4）交际功能模式型

学英语的学生如要达到用英语有效地交际，仅掌握英语词汇和语法是不够的，还要了解英语国家人们所遵循的交际模式，包括用语言和非语言方式进行的交际，适合不同场合的正式语和口语。此类活动应强调实践性，通过活动为学生提供有关交际技巧的实践机会。

(5) 文化价值型

此类活动的目的是让学生进一步了解英语国家的道德准则、信仰、看法,并以此与自身文化进行对比。

(6) 文化内涵型

此类活动旨在让学生熟悉英语和汉语中某些词语、谚语所带有的文化附加含义。比如:汉语中的梅、菊、竹、兰等所附含的意义;汉语中的"走狗""狗腿子"和英语中的"lucky dog";汉语中的"金窝银窝,不如自家的草窝",英语中的"East, west, home is best"等。

3. 文化教学活动设计

在进行文化教学活动时,大多教师都采用"讨论"的方式,但这样的活动设计比较适合已有一定语言基础的学习者。对于小学生来说,更多需要考虑其语言基础、年龄特征和认知方式。设计文化教学活动时要考虑:(1)活动对象;(2)资料来源;(3)活动类型;(4)文化教学要点。活动设计可以采用多种形式。

测　试

测试不仅可以用于检测学生对已学知识的掌握情况,还可以用于新的文化知识的学习,比如是非判断题。下面是一组文化知识判断题:

判断下列说法是否正确:

(1) Ireland is totally dark during the winter.
(2) There is little snow except in the mountains.
(3) The population of Ireland is less than that of Aichi Prefecture.
(4) Ireland is about the same size as the island of Honshu.
(5) The United Kingdom includes the Republic of Ireland.
(6) The Coors, the Cranberries, U2, the Beatles and Enya are Irish musicians.

学生以小组方式讨论问题,分享各自的百科文化知识。学生有没有给出正确答案并不重要,重要的是通过对答案的预测,学生会更有兴趣验证自己的预测,找寻正确答案。教师可以通过阅读、听力或看视频资料公布答案。教师还可以补充一些额外的信息,增加学生对学习文化知识的兴趣,如讲小故事等。

在比较不同地域文化的差异和共性时,还可以设计一些选择题,例如:

从下列选项中选出一个不同的答案:

a) Earthquakes　　b) Sushi restaurants
c) Snow　　d) High level of education

答案选择是 a,因为爱尔兰没有地震发生,而其他选项则是日本和爱尔兰共同有的特征。同样,答案本身并不重要,重要的是学生在这样的活动中进行了诸如不同文化的对比、归纳等思维活动。教师也可让学生针对阅读的资料或其他资料互相提问。以测试方式开展教学活动能让学生保持浓厚的学习兴趣,因为以问题为向导能推动学生对新知识的主动、探究式的学习。

复 述

当学生阅读或听完一个文化故事之后,教师可以设计让学生向同伴复述内容。这是一个很简单的教学技巧,但却对学生非常有效,不论是学习文化知识,还是练习语言的使用。教师可以把阅读部分作为家庭作业布置,学生需要对所读内容做笔记,笔记可以是图片、关键词或思维构图。在上课时,让学生不看原文而根据笔记复述内容。通过复述,学生可以检测自己学到了什么知识,哪些内容忽略了。不仅如此,此类活动还可帮助学生意识到自己的表达困难,在今后的学习中予以弥补,从而提高使用英语的表达能力。

有意识对比

在阅读或观看视频等文化资料时,教师可以将学生注意力引导到一些显性的文化特征上。例如,在看目标语文化的婚礼场景的视频资料时,教师可以引导学生对比自己文化中的婚礼仪式与目标语文化中的婚礼仪式的不同。让学生带着任务去看视频资料或听文化资料,可以避免在文化学习中过于被动。

预 测

正如在测试中所运用的一样,预测同样可用于其他形式的教学活动。例如,老师在讲一个故事时,可以在任何一个地方停顿下来,让学生预测接下来故事的发展。在让学生进行阅读活动时,可以先给学生题目,让学生预测将要阅读的内容。这样可以让学生温习已学话题相关知识,激发学生的好奇心,让学生主动参与到学习活动中来。

当然,前面章节所建议到的语言学习活动,也可用于文化教学中来。比如,游戏、角色扮演、歌曲、写作、听力、阅读、讨论等活动。但无论采用什么样的教学方式,都要注意文化教学内容的多样性,活动设计或资料的选择要兼顾呈现文化的丰富内涵,而不仅仅是好的方面。文化教学中要兼顾呈现:(1)文化魅力的一面与骇人的一面;(2)差异与相似点;(3)文化的阳光面和阴暗面;(4)事实与行为;(5)历史与现在;(6)年轻一代和年老一代;(7)农村和城市;(8)信念和实际行为等方面的因素。

4. 文化活动设计建议

(1) 个性化的活动和内容

只有通过个性化的活动和内容,学生对文化有更好的理解。如果教师对学生谈论一个遥远的国度,不允许学生同自己的生活联系起来,其结果是只能给学生刻板的印象,因为学生是很喜欢谈论他们自己的。

(2) 活动形式要多样

不要仅仅是讨论,活动形式要多样。有的教师在教授文化时,这样设计:步骤一,介绍材料;步骤二,引入热烈的讨论。这样的设计可能适合在英语语言水平高的学生中开展,但对于大多数的英语学习者来说,特别是小学生,讨论似乎不会像想象中那样发生。在实际教学中,指令简单、目标明确的活动,例如小测验、调查更适合小学生的英语学习,而且这些活动如果时机成熟也容易拓展成开放式的讨论。与此相反的是,开放式的讨论几乎不可能转换成对于低水平的学生有效的教学活动。

(3) 难度适当

在设计教学活动时,教师必须了解自己的学生,针对学生的语言水平选择使用难度适当的语言教学。教师必须时刻记住:不是自己讲的每件事、用的每个词学生都能理解。当然用一些学生不知道的词对于学生更富有挑战,但是长此以往,资料太难,说话方式太让人费解,学生就会失去对目标语文化的兴趣。

(4) 要有趣味性

在设计文化活动时,教师要避免把自己感兴趣的文化想当然认为学生也会感兴趣。教师要从学生的角度设计文化活动,在教学活动设计中要选择文化有趣的一面呈现给学生,让他们参与到其中。采用上面提到的不同教学活动方式,为学生们营造一个活泼轻松的文化学习氛围。

(5) 小组活动

学生在小组活动中能学到更多的东西。他们有更多机会使用目标语,讨论目标语文化,另外也能获取到针对自己文化的观点。

(6) 不要想包罗万象

文化有很丰富的内涵,涉及各种各样的社会制度、行为,不同人构成的社会团体等。在文化教学中不可能做到包罗万象。我们需要做的是,提供更多了解这些文化的途径。在教授外国文化时,也不要因为不能面面俱到地教授而感到沮丧,因为我们对自己的文化也不是什么都了解。

(7) 了解自己的文化

在文化教学中,英语教师要避免只了解英语国家的文化,而对本国文化了解甚少。对本国文化的更好理解有助于了解外国文化的内涵和差异。跨文化的理解是双向的,学习目标语文化,也要了解自己的文化,才能达到学英语的目的——两种文化的交流。

第五节　小学英语课堂中教学管理技巧

　　课堂纪律是指老师和学生在课堂教学中都能遵守的一些良好的课堂行为习惯，课堂纪律的功能是为了保证课堂教学的顺利进行。什么是良好的课堂行为习惯？课堂纪律的定义很难准确定义。传统的教育观念认为，良好的课堂行为习惯应该是：学生身体坐端正，不做小动作，不交头接耳，不大声喧闹，专心听讲，认真做作业等。现代的教育观念认为，凡是能够保证课堂教学的顺畅，取得良好的教学效果并能被教师和学生乐于接受的课堂行为都是良好的课堂行为习惯。在小学英语课堂上，教师在制定课堂纪律、培养学生形成良好的课堂行为时，应着重考虑所定的纪律是否符合小学生的生理和心理发展特点，是否能容纳小学生的个性，是否有利于小学生个性的张扬，是否有利于调动小学生的学习积极性，是否有利于促进小学生的自信和自尊，使他们学得更开心、更有效，是否符合小学英语的学科特点，是否有利于组织课堂学习活动等。课堂气氛的创造和课堂纪律的形成并没有一个固定的模式，不同的教师，因其性格、教育背景、兴趣喜好、经验等方面的不同，都有各自不同的管理课堂、组织教学的技巧。下面一些关于英语课堂管理方面的建议或许对小学英语教师的课堂教学管理有帮助。

1. 分析课堂行为不好的原因

- 学生方面
  - 是否因为学生年龄太小，自制力差？
  - 是否因为课程内容枯燥，学生厌倦？
  - 是否因为教学活动使学生过于兴奋？
  - 是否因为有个别调皮学生捣蛋？
  - 是否因为学生在课间过于兴奋，注意力还未集中？
  - ……

- 教师方面
  - 教学内容是否太难，学生不易理解？
  - 教学内容是否太易，学生已经掌握？
  - 教学方法是否单一，学生感到厌倦？
  - 教学活动是否太枯燥，学生不感兴趣？
  - 教师是否只顾自己讲，没有注意学生的反应？
  - 教师是否忽视学习比较差的学生，而只对学习比较好的学生感兴趣？
  - ……

2. 吸引学生的注意

如果你要吸引全班的注意,你可以尝试以下的做法:

- 对一直在说话的学生直接点名,只要学生一安静下来,就给一个暗示活动开始的口头提示,例如 Let's begin。
- 开始一个熟悉的活动或者讲解新的内容,以吸引学生的注意。与爱说话的学生保持目光接触,表明你在监督他们的一举一动。
- 一个活动结束以后,要等学生们安静下来,再开始另一项新的活动。
- 一旦建立起良好的习惯,你就可以在维持课堂纪律上少花些时间。

(摘自 Brewster, Ellis & Girard, 2005)

3. 注意提问的技巧

提问是课堂教学的"常规武器",是小学英语知识训练中最常用的行之有效的方法和手段之一,它不仅可以及时检查学情,开拓学生思路,启迪思维,还有助于发挥教师的主导作用,调节教学进程,活跃课堂气氛,促进课堂教学的和谐发展。因此教师必须重视提问艺术,想方设法激发学生的学习兴趣,促使他们学好英语。

小学英语教师在提问时应注意以下几个方面:

- 问题应有启发性,教师必须明确启发式提问重在所提问题有价值和有意义,能够引导学生积极思考,发展思维能力。
- 问题应该能激发学生的学习动机和兴趣,教师必须从教材和学生心理特点出发,步步深入地提出富有趣味性、启发性的问题,用科学的、艺术的、生动的语言,吸引学生去积极思维。
- 问题的难易应适中,照顾各个层次的学生。
- 问题应符合教学要求和教学目的。
- 提问灵活,形式多样。
- 当学生回答问题时,教师要用信任的目光对待学生;当学生回答不出时,教师要耐心地铺路搭桥,尽可能地引导学生找出答案,以使学生获得成功的体验,产生愉悦的心情;当学生答对时,教师要适时表扬和鼓励。

4. 课堂纠错技巧

- 自我纠正

有些错误是由于口误或粗心或操练没有达到自动化程度而产生的。尽量通过老师的启发,让学生自己纠正自己的错误,说出正确的形式,老师不要轻易告诉学生正确的答案。

- 学生之间纠正

在经过耐心的启发之后,学生对自己的错误还不能自我纠正时,老师可以让另外一位学生或全班学生都参加进来纠正错误,这样可以加深印象,让其他同学也避免犯同样的错误。

- 老师纠正

有些错误是需要老师直接来纠正。老师在纠正时可直接在学生回答之后来强调，也可采取间接的委婉方式。比如，在学生回答错了之后，老师不直接指出正确的答案，而是用正确的答案重复学生的回答，这样既纠正了学生的错误，又不会挫伤学生的积极性和自尊。

- 在纠错时，不要见错就纠，应有重点和目的。
- 对课堂教学中出现的各种不同的错误，老师要善于观察、分析、总结，进而采用适当的方法纠正，避免千篇一律的方法或比较粗暴的方法。

附：

小学英语教案示例 1

TEACHING PLAN FOR MODULE 10 UNIT 1

teacher	Gong Yanping	teaching material	NSE Module 10 Unit 1	school	Yang Jiazhuang Primary School

Contents：

(1) The dialogue of this unit

(2) Vocabulary：flat, lost, next to, department store

(3) Function：Ask for directions

(4) Language：Where's… Go straight on. Turn left. Turn right.

Teaching aims：

(1) The Ss can use the language："Where's…"etc to ask for directions.

(2) The Ss can find the right places by listening to the explanations about directions.

(3) Ask & show the way in our daily life.

The focal points：

(1) The vocabulary

(2) The function and the language

(3) The dialogue of this unit

Difficult points：Ask and show the ways in our daily life.

Teaching aids：CAI, animal toys, cassette and pictures

Teaching steps:

Step 1   Organization

Greet the students.

Step 2   Warm-up activities

(1) Listen to a short piece of music: "Left and right".

(2) Body exercises: "Left hands up/down; Right hands up/down."

(3) Ask some Ss to come out and stand in two lines, listen and follow some commands: Turn left, Turn right, and Go straight on;

(4) Ss give the orders by seeing the teacher's actions.

Step 3   Presentations

(1) Show Ss a dialogue: (explain—This is the first time for Ding Ding to be here.)

  At the train station (Show the Ss the picture on the screen)

  Ding Ding: Hello, Miss Gong!

  Miss Gong: Hello, Ding Ding!

  Ding Ding: Hello, boys and girls!

  Ss: Hello, Ding Ding!

  Ding Ding: Oh, Miss Gong, Xi'ning is a beautiful city. I want to stay in the Qinghai Hotel, but how can I get there?

  Miss Gong: Who can help Ding Ding?

  (Show them the map of Xi'ning)

(2) Group work: Discuss how to express the way to Qinghai Hotel.

(Maybe some of the Ss will speak it in Chinese, but it doesn't matter. Most of the Ss can speak some phrases, such as turn left, turn right and go straight on.)

(3) Present the story on the screen (to help the Ss become familiar with the expressions of directions).

  a. Show the Ss the CAI about this unit. Ss try to understand the meaning of this dialogue.

  b. Learn the dialogue sentence by sentence.

Step 4   Practice

(1) Ask the Ss to practice the dialogue with their partners (about 1 or 2 pictures).

(2) Tell Ding Ding how to get to the Qinghai Hotel.

(3) Tell your partners the way to the place where he wants to go.
(4) Game: To find somebody in the picture (show the chart on the blackboard).

Step 5　Summary and check

Do the exercises in the activity books

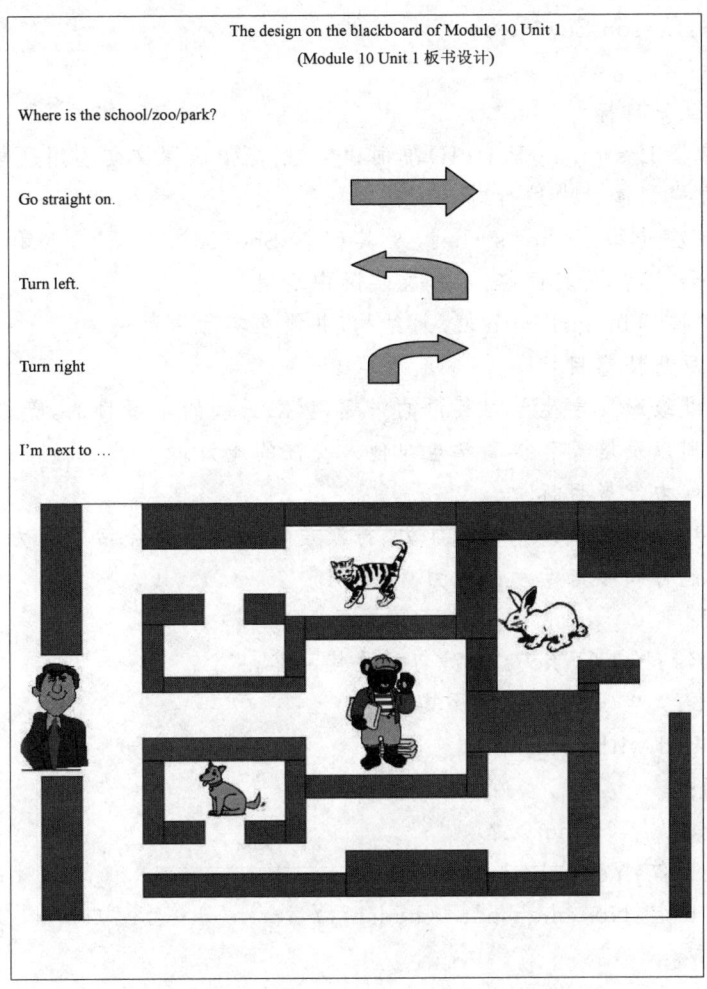

小学英语教案示例 2

《小学英语》第一册第十七课第二课时教学设计

课型:新授课

课题:Lesson Seventeen

教学目标:

(1) 认知目标

a. 掌握 Lesson 17 Part(II)单词和句型,能依照课文句型用所学的单词和句型在模拟情景中进行对话。

b. 掌握句型:Who's she? 及其回答 She's.../He's... 和一般疑问句 Is she...? 及其回答,并能在实际中运用。

c. 掌握"The girl with a..."结构,并能在实际中运用。

(2) 思想情感目标

继续激发学生学习英语的兴趣,树立正确的学习目的,养成良好的学习习惯以及培养和提高学生与他人交往的能力。

(3) 智力发展目标

培养学生拼读单词的能力、扮演角色进行情景会话的能力、与他人交往的能力和参与活动的能力。

教学重点:

Who's she?(Who's he?)句型及其回答。

Is she...?(Is he...?)及其回答。

The girl with a... 结构。

教学难点:

Is she...?(Is he...?)

肯定回答:Yes, she is.(he is.)

否定回答:No, she isn't.(he isn't)

教学媒体:

录音带、录音机、课文插图、单词卡、句型卡、电脑、电脑软件

教学过程:

(1) 课前准备

"Sing a Song"

Look at the boy on the bike.

Who is he? Who is he?

He's my good friend. He is Mike.

He's Joan's brother. (唱2次)

步骤:上课前,老师组织带领全班边唱边做动作。

　　　歌曲是改编自"London Bridge Is Falling Down"。

目标:复习上一节课学习过的 Lesson 17 的(I)的内容。

作用:让学生放松,调节好情绪,同时又可回忆上一节课学过的知识。

(2) 板书,讲目标

步骤:a. 宣布课题

　　　b. 板书课题

　　　c. 宣讲目标(这节课我们继续学习 Lesson 17 的(II)部分,掌握四会单词和 Who's she? Is she... 句型及其答语)

目标:让学生有一个学习新知识的概念。

(3) 复习 Lesson Seventeen (I)

A. 表演

a. 表演(I)原文(课文插图)

b. 按照(I)让学生自己编对话

目标:让学生回忆上一节课所学的知识,教师可以在发展性练习中检查学生的掌握程度。

作用:巩固旧知识

B. 游戏活动(电脑)

荧屏上有几幅名人照片,引导学生用"Who's he? He's..."句型来问答。

目标:再现上一节课的重点,让学生反复运用,朗朗上口。

作用:重点句型的巩固,为下面新知识 Who's she? She's... 句型做准备。

(4) 呈现新课

A. 课文(II)的整体呈现(电脑呈现2次)

　　A: Who's that girl? (两个男孩手指远处两个女孩)

　　B: Which girl?

　　A: The girl with a bag. (女孩手中书包闪动)

　　B: That's Rose. (手拿书包的女孩闪动)

　　A: Is she your sister? (一男孩手指另一男孩)

　　B: No, she isn't my sister. She's my cousin.

目标:让学生尽量理解文章内容。

作用:以"听"为先,使学生对内容有一个大概的理解。

(教师提问)Question—Q Answer—A

  Q: What's that?(指住书包)

  A: It's a bag.

  Q: That's Rose. Yes or No?

  A: Yes, that's Rose.

目标:检查学生对课文的理解

B. 分步呈现(电脑呈现,共分成三部分)

a. Who's that girl? (Section 1)

  Which girl?

(板书句子)

  Who's that girl?

  Which girl?

(板书单词:girl [gə:l])

b. The girl with a bag. (Section 2)

  That's Rose.(板书)

四会单词:with[wið]拿着、具有(板书)

(解释意思并带读单词和句子)

c. Is she your sister? (Section 3)

  No, she isn't my sister. She's my cousin.(板书)

四会单词:sister [ˈsistə] cousin [ˈkʌzn]

(解释意思并带读单词及句子。)

目标:分步呈现课文,让学生进一步理解课文,掌握四会单词,不做扩展性的
   操练,只要求学生熟悉课文。

作用:在第一步"听"后,让学生容易上口。

C. 整体呈现课文

目标:让学生对课文按整—分—整的步骤了解课文。

作用:保证学生对课文的整体概念,强调课文的完整性。

(5)巩固操练

A. 齐读一次。(学生打开书,跟磁带朗读。)

B. 以组为单位,分角色朗读。

C. Pair work 同桌对练,背(Ⅱ)。

D. 表演(检查)

目标:这个环节以"读"为主,使学生基本掌握课文内容。

作用：熟读课文，为后面部分的发展性练习做好准备。

（6）小结

四会单词：girl, with, sister, cousin

句型：The girl with a bag.

句型对比 Who's that girl?（电脑呈现）

Who's she? She's…

Who's he? He's…

Is she… Yes, she is.（No, she isn't.）

Is he… Yes, he is.（No, he isn't.）

目标：总结 L17（II）所学的知识。

作用：系统了解新的语言点。

（7）巩固操练

A．（练习卷）填写所缺的单词

    A：_____ that _____?

    B：Which _____?

    A：The girl _____ a bag.

    B：That's Rose.

    A：_____ she your sister?

    B：No, she isn't my _____. She's my _____.

目标：加强学生对新单词的拼写，加深对课文的熟悉程度。

作用：学生可在填写空缺中，把新知识转化成"写"的形式。完成"听、说、读、写"四个步骤。

B．表演（II）

C．巩固发展

荧屏上有学生的照片，每一幅开始时有的模糊不清，有的有花点遮住，有的只出现脸盘的一部分。

引导学生用 Who's she? She's…

Who's he? He's…

Is she your classmate?（sister, brother, friend, monitor）

Is he your classmate?（sister, brother, friend, monitor）

Yes, she is.（No, she isn't.）

Yes, he is.（No, he isn't.）

目标：操练本课重点句型。

作用：用生动有趣的电脑游戏来操练学生，使他们能够熟练地运用本课的重难点句型。

D. 发展性对话练习（录像）

两个女孩分别拿着 toy pig and toy rabbit 走来。（要求学生编对话。）

A：Who's the girl?
B：Which girl?
A：The girl with a toy rabbit.
B：That's...
A：Is she your...
B：Yes,（No,）she is.（isn't.）

两个男孩,一个站在箱子上,另一个扶住他。

A：Who's that boy?
B：Which boy?
A：The boy on the box.
B：That's...
A：Is he your...
B：Yes,（No,）he is.（No, isn't.）

目标：让学生把课本的知识转化为自己的知识在实际情景中运用。

作用：培养学生在实际情景中运用新知识的能力。

(8) Homework

A. 抄写 L17 的新单词
B. 抄写 L17 的课文
C. 背诵(II)

第十三章　小学英语教育研究

第一节　小学英语教育研究的原则

一、小学英语教师与科研

教育研究是指教师为了探索教学规律，改进教学方法而开展的教学实验、撰写教研论文的活动，是提高教师素质和实践能力（特别是分析问题、解决问题和创新的能力）、吸收和消化国内外最新教研成果、促进教学改革、提高教学效果的一个重要途径。小学英语教师教育研究的真正意义是深入研究教育现象，准确把握小学英语教育规律、自觉调整课堂教学实践行为，在实践中钻研、积累、升华，为全面实施素质教育、提高小学英语教学质量开辟有效途径。

小学英语教师的教育研究应该是以小学英语教学和小学生为主要研究对象，探索研究什么样的小学英语教材体系、教学内容、课堂结构、运行方式才是最科学、最适合小学生的？小学英语教学如何提高小学生的知识、技能、方法、情感、德育等方面的素质和目标？小学英语教学中如何培养学生观察、动手、自学、思维、表达等方面的能力？如何有效管理、评价和进行小学英语课堂质量检测？影响小学生英语听、说、读、写技能提高的个体因素和社会因素有哪些？家庭环境和社会环境如何影响小学生的英语听说读写技能？如何在小学英语课堂上发挥教师主导、学生主体的作用？……所有这些只有通过工作在小学英语教学第一线的广大教师悉心研究，竭力探索，形成理论，加以升华完善，才能找到答案。

小学英语教师需要依赖教育研究为自身教学实践与发展导航。通过对小学英语教学法开展系统的研究和学习，小学英语教师能够熟悉和掌握基本的英语教学理论，提高自身理论水平。在基本的先进的教学法理论指导下，结合儿童身心特点和认知规律，进行理论与实践的探讨。边教边学边研究，不断总结经验，选择和运用甚而创新出行之有效、适应小学英语教学实践的教学方法。新一代小学英语教师要既善于教学，又善于研究；既重视经验，也重视理论；既善于总结经验教训，也重视将经验教训升华为理性认识，努力实现由"经验型"教师向"科研型"教师的转变，做一名新世纪的"科研型"小学英语教师。

教学、科研是一个不断提出问题和解决问题的过程，处在教学第一线的小学英语教师有着丰富的教育生活经历和经验，有着层出不穷、丰富多彩的教育教学场景，这都是教育科研的源头活水，肥源沃土。小学英语教师应当充满信心，因为你有着"提出问题"的敏锐感觉；你有着"搜索资料"的广泛条件；你有着"分析材料"的独特优势；你有着"建立假说"的实践基础；你有着"形成理论"的发展领域。现代教育研究的一般过程的五个方面就蕴含在教师的工作中，我们需要的是选择与坚持。如果结合自己的工作实际，加强理论学习，善于进行实验和总结，就会使教学工作取得更理想的效果。如果小学英语教师能够用科学的方法总结自己的经验教训，就会获得具有特色的研究成果。

二、小学英语教育研究的原则

小学英语教师的教育研究工作是在坚持正常工作情况下进行的，是在将自身工作作为研究对象和"实验园地"的情况下进行的，所以它有自己的特点和规律。小学英语教师需要正确认识这些特点和规律，遵循其特点和规律所提出的原则要求，对搞好教育研究具有重要的意义。

小学英语教育研究应该遵循的主要原则有：

(1) 价值性——具有应用价值和一定的理论价值。研究的实践和成果对小学英语教学的实践和改革具有指导、参考、咨询、决策的作用，对小学英语教学理论的应用和发展有促进作用。

(2) 创新性——研究的课题有时代感、内容新、角度新和手段新。

(3) 可行性——研究的课题要以自己已有的教学实践经验为基础，考虑自己的知识基础、知识范围、专业特长、兴趣和志向，能够利用的时间和设备条件等。

(4) 科学性——确定研究课题应以事实为根据，有科学的理论做基础，用理论指导实践，用实践推动理论的突破。

(5) 计划性——制订切实可行的调查研究、资料积累、数据分析以及活动实施的步骤、措施、时间等的详细计划。

第二节　小学英语教育研究的方法

一、小学英语教育研究的论文类型

从研究方法来看，小学英语教育研究的论文有以下几种主要类型：分析评论型、描述推展型、文献综合型、自身设计型、定性归纳型和定量实证型。

（1）分析评论型论文　主要是就某种语言现象或教学方法进行有理有据的分析，并在此基础上得出自己的结论。

（2）描述推展型论文　是指首先深入学习研究他人在某一问题上已做出的研究成果，然后进行归纳和介绍，并在此基础上做进一步的研究从而得出自己的结论。

（3）文献综述型论文　要求作者大量阅读文献，研究学者们在某一方面已获得的学术成果，然后对其进行综述性介绍和客观的评价，并通过梳理已有的文献成果，设计和提出有针对性的具体教学策略或启示。

（4）自身设计型论文　主要是作者根据自己的知识积累、生活感受对某一问题展开研究讨论，表明自己对这一问题的观点，并加以说明和论证。

（5）定性归纳型论文　是通过对教学过程中自然发生的现象进行观察描述和记录，以便归纳其内在的规律和特征。常用的定性归纳的研究方法有观察法、采访法、个案研究和内省判断法。

（6）定量实证型论文　是对影响教学方法和教学效果之间关系的因素通过收集数据进行验证或测量，以便找到各个因素之间的依存关系。常用的定量实证研究方法包括问卷调查法、实验法、观察法和采访法。

二、小学英语教育研究的基本方法

教育研究的方法众多，在小学英语教育研究中主要用到以下基本的科研方法：

（1）移植法——吸收引进其他学科、其他国家和地区的教学理论、经验和成果，应用在自己的教学中进行实验。

（2）反思法——在自己的实验、调查研究和实践数据的基础上，对已有的观点理论提出意见和异议，或对该理论进行补充，使之更准确、更全面。

（3）分类法——对英语知识、词法、句法、教学理论的概念和术语进行分类、比较，探究新的理论。如对教学目标、知识（语言知识、交际知识、文化知识）、技能（学习技能、听说读写技能）、技巧、教学方法等分类进行定量或定性研究。

（4）观察法——按照一定的目的和计划，对研究对象（如教学过程，特别是学生学习过程）进行系统、连续地观察，并做好准确、具体和详尽的记录，对研究对象进行分析研究，最后来验证理论。

（5）调查法——通过调查表、谈话、问卷等方式对较多的人进行调查，并从中发现解决问题的方法。调查法可以对教师、学生、教材、设备、意见、倾向、要求等实施调查，提供比较全面的材料；通过分析数据等掌握情况，解决教学中的矛盾。

（6）内省法——小学英语教师通过回顾自己学习英语的亲身体验和对学习过

程的深刻体会,对英语学习过程进行再认识。通过对照他人的经验及有关理论,对英语教学提出看法。

三、小学英语教育研究常用的收集数据的方法

1. 观察法

观察法是研究者通过感官或借助一定的科学仪器,在一定时间内有目的、有计划地观察和描述客观现象(如人的各种心理活动)并收集研究资料的一种方法(董奇,2019)。例如,教师通过详细观察和记录小学生在英语课堂游戏活动中的表现,了解学生对课堂游戏的态度和各种心理特点。观察法的实施主要有观察设计和观察实施两个基本的环节。

(1) 观察法的设计

★明确观察目的

即通过收集资料拟解决或回答什么问题。

★确定观察内容

观察内容能准确反映和体现观察目的;观察内容可被观察到;

★选择观察策略

观察者需要熟悉各种观察策略,选择合适的观察策略;

★编制观察记录表

有效的观察记录表是获取观察资料的重要工具和技术手段;

★熟悉观察的规则

观察者对观察规则的熟悉度能够保证获取有效观察材料。

(2) 观察法的实施

参与观察的目的是一个发现和提出问题的过程,不是验证某种假设,这使得实施观察的步骤与一般实证性研究有所不同。观察的具体实施可分为以下五个步骤:

★选择和确定研究问题

确定研究问题、观察者和观察对象。

★熟悉观察场景

了解观察场景的特点和规范,与观察对象建立良好的信任关系。

★记录观察素材

有效观察并记录观察对象的资料细节(如行为模式、时间、地点、频率、事件及背景等)。这个环节需要观察者掌握一定的观察技巧和应变能力,始终确保记录资料的真实性。

★整理和分析资料

观察结束后,应在较短时间内总结和整理所观察的资料。然后分析和解释观察对象的真实意图,找出资料内容各个部分之间的内在联系,揭示观察对象行为的深层含义。

★呈现结果

在对观察资料分析整理的基础上,研究者对所分析的结果进行总结和归纳,以观察报告呈现观察结果。观察结果的分析和归纳,需尽量避免片面性。

2. 访谈法

访谈法是研究者通过与研究对象进行口头交谈的方式收集对方有关心理特征和行为数据资料的一种方法(董奇,2019)。观察法主要是通过"看",而访谈法主要是通过"问"和"听"来收集数据资料。常用的访谈分为结构性访谈和非结构性访谈。结构性访谈是对访谈对象、访谈方法和标准、访谈内容和方式、访谈回答和记录方式等都有统一的设计要求。非结构性访谈是按照简略的访谈大纲进行的非正式的访谈,有利于访谈者主动发挥和拓展加深对问题的进一步了解。

访谈法的实施步骤和过程如下。

(1) 访谈设计和准备

★细化访谈目的和变量

访谈前的问题设计涉及确定研究问题、制定访谈程序、选取访谈对象和培训访谈人员。访谈问题的设计首先是对研究目的进一步细化和具体化,确定访谈涉及的各种具体变量。

★编制访谈问题或提纲

在确定了具体的研究问题和变量之后,需要编制具体的访谈问题或提纲。访谈问题或提纲的编制需要考虑问题的形式(如封闭问题还是开放问题)、编排访谈问题的顺序等;编制访谈问题时需要考虑问题表达的清晰性、合适性和准确性,避免引导性问题和奉承性问题。编制问卷还需考虑访谈对象以何种方式对问题做出反应,计划访谈的时间和对访谈数据的拟处理方式等。

(2) 访谈实施

★熟悉访谈对象和访谈技巧

在正式访谈前,访谈人员需要尽可能接触和了解访谈对象,建立良好的人际关系;充分熟悉访谈的内容,熟练访谈技巧,选择适宜的访谈时间和地点。

★记录访谈内容

访谈内容一般通过速记、简记或录音记录。录音需征得访谈对象的同意。记录访谈内容时需要注意尽可能详细记录、围绕访谈问题记录、语言和非语言信息(如面部表情、声调、眼神的变化等)的记录等。

★整理分析访谈记录

访谈结束后,应及时整理访谈笔记,通过记忆补充访谈笔记。为深入分析研究成果,还需对访谈内容进行编码,以便于量化分析。

3. 问卷调查法

问卷法是研究者用统一、严格设计的问卷来收集研究对象有关的心理特征和行为数据资料的一种研究方式(董奇,2019)。根据问卷中提出的问题的结构程度,问卷分为结构问卷和非结构问卷。

(1) 问卷选取和设计

问卷的选取和设计需要遵循目的性、全面性和计划性原则。因为问卷的信度和效度决定了问卷收集后数据和结果的信度、效度,所以尽可能选择已有的相关研究中使用过的问卷,并做相应的调整和改编以适合所要开展的研究。如果确需自己设计问卷,在根据研究问题设计问卷之后,需要对问卷进行预调查求出问卷的信度和效度并做出必要的修改,然后开始正式问卷发放和调查。

(2) 问卷法的实施

★选择调查对象

根据研究目的和问题,选取合适的调查对象及拟调查的样本数量。

★问卷发放和回收

问卷发放可以通过现场发放和网络发放实施。通过问卷星等专业制作问卷的网站平台,利用 QQ 和微信等大众比较普遍使用的社交媒介发放问卷比较方便,有利于调查对象填写和问卷的回收整理。

★结果整理和分析

问卷回收后需要对结果分类整理、剔除无效问卷。整理好的问卷数据可以通过 SPSS 等社科统计软件根据研究问题选择合适的统计方法计算和分析问卷结果。

4. 实验法

实验研究是指在观察和调查的基础上,对研究对象变量进行操纵或控制,创设一定的情景,以探求心理、教育现象的原因、发展规律的研究方法(董奇,2019)。实验研究一般研究并揭示变量之间的因果关系。实验研究除了收集研究数据,还控制和操作某些变量。

(1) 实验类型的选择

根据研究问题和目的,实验研究分为探索性实验和验证性实验。探索性实验探索心理现象本质,揭示变量之间的因果关系。验证性实验检验已有理论和模型。

(2) 研究变量的确定

自变量(影响因素)和因变量(结果)是实验研究中两类基本的研究变量。自变量的确定需要考虑研究目的、已有理论模型、实验设计因素和可行性等因素;因变量的确定需考虑有效性、敏感性、可信性和观测的方式等因素。

5. 行动研究法

行动研究是指以学生和教师本人作为研究对象,以课堂为实验室,以提高教学行动质量、解决实际问题为首要目标,对教学实践活动所采取的小规模的干预,及对这一干预结果所做的反思或检查。

行动研究是近年来国外教育界探究和实践的一种教学理论和研究方法,它打破了传统的经验式、先验理论性方式,突出教师教学与研究的作用和功能要得到全面发展,解决了教学与研究领域脱节的问题。作为一项群众性的研究范式,行动研究方法是培养科研型教师的有效途径。

(1) 行动研究的内容

研究和实践行动研究的具体内容为:

★我在教学中发现一个需要解决的问题;

★我设想出一个解决问题的方法;

★我在教学中实施这个方法;

★我调查并收集、分析数据,对实施效果进行评估;

★我在评估中发现新问题并准备解决这新一问题的研究。

行动研究方法的基本模式是"计划——实施(行动)——反思——(新)计划——实施(行动)——反思——评价"。它要求一线教师通过反思自己教学中解决实际问题的可行性策略,进而在实际教学中加以验证并通过行动(实践)不断修正自己的方案,最后形成具有可操作性的研究成果。

行动研究以事实为依据,关注教育教学中的自变量和因变量,探究教育教学中的特殊变化,质疑已有理论,从特殊变化上升为具有大众应用性的一般方法,从而指导局域性乃至整体性的教育教学工作。

通过以上行动研究的过程,教师运用科学的方法和理论,增强了对教学过程的自我意识,同时提高了自我决策、自我评价、自我完善的能力,有利于促进理论和实践的结合。其结果是教学效果得以提高,教师的教学不断得以改进,形成教育教学的可持续性发展。

(2) 行动研究的实施步骤

提出问题

行动研究课题主要来源于教学中的实际问题,强调从实际工作面临的困难确定课题,特别是与本身的教学工作改善相联系。研究问题的选择涉及最初阅读有关领域的文献或在教学实践中产生的一点启发联想,或从日常观察中发展问题。例如:如何使儿童对英语学习的兴趣持久?如何教授给儿童一定的英语语法?

检索文献

检索文献是集中于一个方向,了解前人研究的成果、方法,对问题逐步分解,区分已完成和需要完成的研究,对需要进一步研究的问题的性质、目的、意义和可行性进行探究,形成研究思路的过程。

形成假说

选定课题,要根据事实和已有的文献资料对研究课题做出一种或几种可能的结论,这就是假说。它是基于一定的理论,对问题的结果、涉及的变量(因素)之间的关系或某些现象的性质的推测和提议。

确立方法

行动研究的方法多集中于调查、观察、问卷、访谈、比较、历史法、实验法、理论研究法等。当行动研究涉及实验时,它在性质上更接近实验研究。

选择研究对象

通常的教育研究试图从总体获得随机的样本或其他类型的无偏见的样本,而教育行动研究中常把班级学生和教师本身作为研究对象,以随机方式择取,然后把随机选取的研究对象安排在不同条件之下,再观察不同条件对研究对象的影响。

分析研究变量

研究课题涉及的因素,其中包括由研究者主动操纵而变化的量,称作自变量;由自变量变化而引起的研究对象行为或相应反应的变量,称作因变量。例如:在"不同水平的学生和教师的课堂交流"研究中,"学生的不同水平"是"自变量",而"师生交流课堂观察各项指标的测量分数"是"因变量"。

形成计划

主要包括以下内容:①本课题研究的目的和意义;②本课题研究的主要内容;③本课题研究状况,预计有哪些突破;④完成本课题的条件分析,包括资料准备和科研手段等;⑤主要研究阶段及研究成果形式;⑥经费预算。

6. 叙事研究

叙事研究是指教师在研究过程中用叙事的方法陈述在日常生活、课堂教学、教改实践活动中曾经发生或正在发生的事件,也包括教师本人撰写的个人传记、个人经验总结等各类文本。教师叙事研究的主要目的是以自我叙述的方式来反思自己的教育教学活动,并通过反思来改进自己的行为,不断提高教学质量。

叙事研究不是为了检验某种已有的教育理论,也不是为了构建一种新的教育理论。它的基本特征是研究者以叙事的方式,表达对教育的理解和解释,因而更加符合广大教师的实际,给教师提供一种新的教研视角,更加有利于教师的专业发展。教育叙事研究,可以让每一位教师成为主动的研究者、探索者。

(1) 叙事研究的内容和方法

在每位教师的教学中,都会发生许多动人的"故事"。它具有浓厚的学校文化色彩,洋溢着鲜活的生命气息,折射出众多教师各不相同的文化积淀、理论素养、教学实践智慧和教学个性。如果我们把发生在自己课堂上的动人故事叙述下来,就是很好的案例研究,就是教师成为"研究者"的开始。

教学叙事和生活叙事

教学叙事即教师将自己的某节"课堂教学"叙述出来,使之成为一份相对完整的案例(也可以称之为"教学案例")。教学叙事主要由教师亲自叙述课堂教学中发生的"教学事件"。教学叙事不仅强调所叙述的内容具有一定的"情节"(案例的一个核心要素),而且要求强调"叙述者"是教师本人。

生活叙事是教师本人对课堂教学之外所发生的"生活事件"的叙述,涉及教师管理工作和班级管理工作的方方面面。例如教师可以将班级管理中发生的某些学生生活叙述出来,使之成为一份有教育意义的"班级管理叙事"。

顺叙、倒叙和插叙

教育叙事的最大特点就是通过一个个真实的教育故事的描述,发掘教育个体或者群体行为中的隐性知识,并揭示其蕴涵的价值和意义。常用的叙事方法主要有顺叙、倒叙和插叙。

顺叙:运用此方法需要注意条理清晰,详略得当,悬念迭出,不能像记流水账一样"平铺直叙"。

倒叙:这是一种先果后因的叙述方法,常能让人惊奇、能够"吊人胃口"。

插叙:就是在所叙述的事情过程中插入与本故事有密切关系,且能为本故事"服务"的另一个故事。这种方法的运用必须前后衔接自然。

(2) 使用教育叙事方法的注意事项

多向收集资料

教育叙事的写作离不开丰富的素材和详细的原始记录,因而要多向收集资料。与收集资料密切相关的研究方法通常是观察、访谈和问卷。在收集资料中使用的具体研究方法,主要是参与式观察和深度访谈。在研究中,教师可以密切地接近被观察者,细致地观察研究对象的行为和神情;也可以与研究对象进行非结构性的、非常自由且较为深入的访谈,捕捉把握研究对象的深层信息。

注重事件细节

撰写教育叙事报告必须时刻注意回到事件本身,用"事件"来说话,来讲故事。教师通过讲述自己的故事,叙述教育事件,描绘事件细节,本身就显出了某种有价值的成分,不需要过多地用理论来阐释事件的意义。

把握事件主线

收集好资料后,接下来是要根据故事内容安排的需要将材料连贯起来。而一个完整的故事,应该有一个明确的主题。这个"主题"应体现相关的教育教学理念,一定是从某个或一连串教育教学事件中产生,从事件中梳理出线索,而不是将某个理论与几个教育教学事例嫁接在一起。

关注事件的分析

教育叙事的写作以叙述为主,但是对所叙之"事"进行分析与解释是必不可少的。从研究成果的表达形式来看,教育叙事报告既有对故事细致入微的描述,又有洞悉教育事件的深刻阐释;既要把日常的教育现象详尽地展现在读者面前,又要解析隐藏在教育现象背后的教育本质。

第三节 小学英语教育研究课题的选择

做研究,首先要有选题。教学研究是一个不断发现问题、提出问题和解决问题的过程。小学英语教师的教育研究课题主要是来自教学第一线的教育工作经历和经验以及丰富多彩的教育教学场景。小学英语教师的教育研究选题就是培养自己学会从熟悉的教育经历和教学场景中发现问题的能力,进而提出具体的问题,并将这些问题转化为可被调查和研究的问题。

小学英语教学中可研究的问题很多。比如,小学英语教师对自己教学中迫切需要解决的问题或困惑,利用各种经验、方法、技术、理论,在教学实践中加以研究,解决具体问题、形成个人观点或结论的研究报告。要发现这些问题,教师要做的就是养成一种注意观察的习惯、好奇的态度和良好的阅读文献的习惯,并提出具体问题。教师可以从以下四个方面尝试发现和提出教育研究问题。

一、教学日常活动

作为小学教师,我们每个人都经历过和同事讨论自己课堂教学中或课外活动中的一些问题和现象,已经注意到或讨论过当前自己所处的教育环境中所存在的大量问题,或者也接触和接受过现代教育新技术、新教法。譬如,你可能认为某些教学策略会促进小学生英语学习中的听音、辨音、拼读的能力;你也可能质疑这些教学策略或方法对小学生英语听音、辨音、拼读的学习效果;你也可能和同事争论过这些策略的优缺点。

其实你的这些想法、质疑和争论就是一个合理的研究主题。你要做的就是把这些想法、质疑和争论转化为具体的研究问题并且提出研究选题。例如,"×××

教法如何提高小学生英语听音、辨音、拼读能力？"或"关于×××教法提高小学生英语听音、辨音、拼读能力的实证研究"等。

二、教学实践问题

许多研究问题可能来自你需要解决的实践问题。小学英语教师经常面临诸如同样的教学方法不同的教学效果、学生作弊、教师偏见以及教材的可操作性等问题。例如，你观察到×××教法对一些学生的效果会比另一些学生的效果好。作为教师，你可以把这些问题转化为具体的研究问题："影响小学生英语听音、辨音、拼读能力的个体因素研究""个体因素如何影响小学生英语听音、辨音、拼读能力"或"性别对小学生英语听音、辨音、拼读能力培养的影响"。教师可以通过对这些问题的研究找到影响因素和学习效果之间是否存在某种关系以及影响的程度，从而解决自己教学实践中的困惑问题。

三、已有文献研究

对某一方面已有的文献研究的阅读是提出研究问题的一个非常好的来源。比如，你在阅读某一个关于某种教学方法的期刊文章时，经常会发现文章中存在的一些问题和不足。当你继续阅读和此话题相关的其他文章并对这些文章评述时所提出的问题、质疑和想法，就是你提出研究问题的研究起点，你可以基于这些文献开展与之密切相关的另一项研究。比如，你读到题为"英语拼读法教学对小学英语语音意识培养"的文章时，你可能会联想到英语拼读法和汉语拼音教学有什么样的异同？汉语拼音教学是否会对小学英语语音意识有帮助或有影响？因为这是小学生在小学初级阶段所几乎同时接触的两种不同的语音系统。这样，你可以就此提出具体的研究问题"英语拼读法和汉语拼音教学的比较研究""汉语拼音教学对小学英语教学的启示"或"汉语拼音教学对小学英语语音意识培养的迁移影响"等。

另外，有些已有研究中会提供未来研究的建议，教师可以采纳这些文章中的进一步研究的建议并通过评论文章而提出自己的建议，这是一个相对简单的发现和提出研究问题的方法。

四、相关理论

在小学英语教育教学中，我们经常会接触到一些本学科或相关学科领域的理论指导我们的教育教学活动，比如第二语言习得理论、外语教学理论、教育学理论、心理学理论、认知理论、语言学理论和文化学理论等。这些理论从某个方面对我们小学英语教育教学中的一些现象如何运作及为什么如此运作做出解释或概括，有些理论还会提出新的关系并做出新的预测。小学教师可以通过阅读这些理论得到启发，进而提出自己的研究问题。比如，教师可以找寻这些理论所提出的关系和做出的预测，从自己的教学环境和教学条件出发，提出研究问题来证实这些关系和预测的可靠性和在小学英语教学中的可操作性。

五、选题时的注意事项

（1）选题不宜过大。大题目的论文并非不能写，但题目过大，往往要说的东西太多，结果是什么也讲不深、道不透。我们选题时可从小处着眼，把题域缩小一些，使题目变得具体、实在，有利于我们集中、深入地搜集材料，出示论据，写起来得心应手，做到"小题大做"，从而给读者更多有益的东西。例如，有人曾以"用竞争活动来激发小学生学习的兴趣"为题谈兴趣教学，所选的就是一个侧面，并由此拓展开来，挖掘其各个方面内涵。

（2）选题要新颖。创新是论文的生命线。选题要新颖，就要把握时代的脉搏，关注学科教学改革的动态。捕捉、探讨本学科的信息，以科学性为前提，尽量写别人未总结过的东西，要有创造性、新颖性，做到"言他人所未言，发他人所未见，示读者所未知"，但不是一味地标新立异。新颖性还指选题的写作角度新、立意新。别人写过的老题目，如兴趣教学，我们可以从新的角度去写，另辟蹊径，写出自己新的经验、观点，写出自己的真知灼见，只要能予人以新的启示，同样能取胜。例如：写培养英语兴趣的文章俯拾皆是，我们可以结合小学英语教学的特点、小学生的实际及由应试教育向素质教育转轨这一新动态，撰写小学英语兴趣教学等方面的论文。

（3）课题和题目在研究的过程中根据实际需要还可以修正。

第四节　小学英语教育研究中的文献综述

在明确了研究问题和想法后，下一步需要对所要研究的相关文献研究做系统的总结和评述。

一、文献综述的内容

文献综述是对引言的展开和深入，根据引言所提出的问题，对某一方面的专题进行各种文献资料的整理、归纳和分析；是就某个特定主题的历史背景、国内外研究现状、前人的工作、争论的焦点以及发展前途等方面进行的综述，了解前人的研究成果，得出重要的学术观点，并探讨其原因，进而得出自己的观点。

二、文献综述的写作流程

1. 围绕所选题目进行文献资料的搜集

(1) 文献搜集要求

a. 文献应尽量全；

b. 多、新、好；

c. 近几年的原始文献；

d. 专业学者最近的综述性文献；

e. 文献具有代表性、科学性和可行性。

(2) 文献搜集方式

a. 利用检索工具(包括目录、文摘和索引)；

b. 利用原始文献(包括专业期刊、科技报告、专利文献、学位论文和专著等)；

c. 利用三次文献(包括综述、述评、百科全书和手册等)；

d. 通过光盘数据库和 Internet 网。

2. 文献阅读要求

(1) 阅读文献时要做好"读书笔记""读书心得"和"文献摘录卡片"

(2) 对文献的各种观点进行比较、归纳和整理，选出高质量的文献

3. 文献综述的写法

(1) 前言

a. 说明写作目的；

b. 介绍有关的概念及定义；

c. 规定综述的范围；

d. 扼要说明主题的现况或争论焦点，引出所写综述的核心主题。

(2) 主题

a. 可以按年代顺序、不同问题或不同观点进行综述该领域是怎样发展演变至今的？该领域是否存在某种发展趋势？该领域是否存在某种争议，又是否达到过某种共识？该领域的发展历程中，那些书籍或者文献被誉为经典，又有哪一些具有里程碑式的意义？

b. 通过提出问题、分析问题和解决问题，比较不同学者对同一问题的观点及其理论依据。讨论前人的研究理论是否存在矛盾之处？前人的研究方法与研究设计是否正确得当？前人的论证是否存在一定的缺陷或者局限？

c. 阐明问题的来龙去脉和作者自己的见解，讨论该领域的哪一些方面做得已经很充分、成熟的研究？哪些方面还未被充分检验？哪些方面还没有引起足够的重视？哪些方面还有待改进？哪些方面还需要进一步的摸索？

(3) 总结：将全文主题进行扼要总结，提出自己的见解。

(4) 参考文献：参考文献的编排应条目清楚，查找方便，内容准确无误。

三、撰写文献综述的注意事项

1. 文献应尽量全面且详细；
2. 文献要有代表性、科学性和可读性；
3. 要有最新文献和权威文献；
4. 引用的文献内容要忠实于原文；
5. 忌大量罗列堆砌文章；
6. 忌文献重复；
7. 注意文献的顺序；
8. 参考文献不能省略。

第五节 小学英语教育研究方案的设计

在明确了研究问题并通过查找相关文献撰写了文献综述之后，就需要把已经明确的研究问题转化为具体的研究问题，并开始制订或设计具体的可操作性的研究计划或方案。研究计划或方案需要详细说明将采用什么样的具体行动达成研究目的，为回答研究问题详细说明收集与研究问题相关的数据所遵循的程序。

一、定性研究方案的设计

定性研究方案相对来说比较简单，主要包括提出研究问题、研究对象、描述性数据的收集方法、所用的工具及收集数据的程序。因为定性的研究通常是建立在描述基础上的逻辑分析或推断，所以定性研究中常用到的分析方法有比较与分类、归纳与演绎、分析与综合、抽象与具体。定性的研究方案包含以下几项内容：

1. 提出研究问题

（1）研究目的和研究问题；

（2）相关的研究现状在多大程度上有助于研究要解决的问题；

（3）阐述研究假设的理论基础。

2. 设计研究方案

（1）研究对象

描述研究对象。当研究对象处于研究初期，研究问题的重点在于全面描写研究对象；当研究对象是在扩大现有研究的基础上确立的，研究问题主要涉及对现有不同变量之间的关系或差异的探索。

（2）调查变量

描述调查变量。定性研究所考察的关系不属于因果关系,只是确定了调查变量,并未对量之间关系的本质提出假设。在确定变量之间关系的方向的情形中,由于无法对变量进行操控,所以所观察的关系仍不能看成因果关系。

（3）确定数据收集的内容。

（4）选取受试样本:受试样本是否具有代表性;样本数量是否充分;如何分配受试;界定受试组的特点。

（5）确定调查手段:自然观察、访谈、语言测试,同时可采用不同的设计方案:相关、对比、差异对比。

（6）确定调查工具:阐述研究使用的调查工具及其来源(自编—详细过程;改编—改编细节);调查工具的信度和效度测试;无关变量是否会影响效度,采取什么措施加以控制。

二、定量研究方案的设计

1. 明确研究目的、确定具体的研究问题

研究目的和具体问题的确定,直接影响着调查对象的选取、研究变量的确定、资料的具体收集方法与具体设计方式的采用。

2. 研究对象的确定

研究目的明确后,虽然研究对象的选择范围大致可以界定,但是还需要考虑以下具体细节:

（1）描述如何计划选择研究对象?

（2）研究对象的代表性和典型性,以保证研究结果可以说明一个地区、某一类情景或某一类对象的一般规律,具有普遍的指导意义。

（3）估算和计划应选取的样本的数量。

（4）确定研究对象的主要人口统计特征。

3. 选择研究方法与设计方式

定量实证研究可采用的收集数据的方法有很多种,比如实验法、问卷法等。每种方法又有不同的设计方式。在研究设计时,需要根据研究目的和研究对象的特点,选择合适的方法和设计方式解决研究所提出的具体问题。

4. 确定研究变量与观测指标

在选定研究方法和设计方式之后,需要根据研究问题和目的,进一步确定本研究中所要研究的变量有哪些? 不拟研究的变量有哪些? 研究变量之间的关系(是因果还是相关?)。

5. 选择研究工具与材料

（1）购买或选用现有的研究工具或仪器，如各种测试量表、工具类仪器等。

（2）详细描述已选定的研究方法和研究工具，说明研究工具的信度和效度，并解释使用的原因等。

（3）根据研究的要求，研究者编制有关研究材料，比如语言测试试题等。

（4）确定研究工具和材料时，要全面考虑到研究目的、研究对象、研究工具的特点和适用条件，以保证所选研究工具和材料的科学性和适宜性。

（5）如果选定一种以上的收集数据的工具，需要对每一种研究工具分别详细描述。

6. 制定研究程序

（1）确定研究材料的组织与呈现方式及其顺序。

（2）实施不同研究变量的具体方法和程序。

（3）编写实施研究变量过程中研究对象应该遵循的指导语。

（4）对不相关变量的控制办法。

（5）详细介绍研究从开始到结束的步骤和注意事项，让读者清楚地了解研究的每一个实施步骤及细节。

7. 数据整理和统计分析的方法

在制订研究计划时，根据研究问题和研究变量，研究者要考虑如何对收集到的材料进行整理和分类，对每一个研究问题打算用什么方法进行统计（如，描述性统计、t—检验、一元方差或多元方差分析、回归分析等）。

第六节　小学英语教育研究成果的表述

在经过发现问题、文献综述、研究设计、结果分析和讨论之后，我们需要把整个研究过程和结果形成研究报告或研究论文。由于定性研究和定量研究的目标和方法不同，因此撰写定性研究和定量研究报告也会不同。

一、定量研究报告的范式

一般来讲，定量研究报告或科研论文格式相对比较固定，主要包括下列几个部分：标题、摘要、导言、文献综述、方法、结果、讨论、参考文献。

1. 标题

标题是文章的名称，集中提出文章的中心内容，点明文章的论点。标题应该清楚地总结论文的主题，明确地确定研究中变量或理论问题以及它们之间的关系。

标题的长度应该不多于 12 个字。

2. 摘要

摘要是对研究报告内容的全面总结。摘要需要准确、简明和连贯地概述文章的最基本内容,其目的是让读者很快地了解论文的主要内容,确定其价值。实证研究的摘要中需要概述研究问题、研究对象、研究方法和工具、研究结果或基本结论(包括统计显著性水平、效应值和置信水平)以及结果的应用性或影响。

3. 导言

导言或引言是论文的开头部分,主要是指出课题研究的动机、目的和意义,介绍相关的背景材料。它可以提出文章将要回答的问题或将仔细阐述的观点,简要介绍文章所采用的研究方法。

4. 文献综述

导言之后继续对这个领域已经开展的研究进行文献综述,然后在综述的基础上,说明本研究的研究假设和具体做什么。文献综述是对引言的展开和深入,根据引言所提出的问题,对某一方面的专题进行各种文献资料的整理、归纳和分析。是就某个特定主题的历史背景、国内外研究现状、前人的工作、争论的焦点以及发展前途等方面进行的综述,并客观评述前人研究成果中的优缺点和需要进一步改进研究的方面。继而在全面文献综述的基础上,提出自己的研究问题或研究假设。

5. 方法

这部分是对提出的具体问题所设计的具体的研究方案。实证研究的方法部分的目的是要准确地告诉读者研究是如何开展的。方法部分的正文通常有几个部分,主要描述研究对象、研究工具、研究步骤等(详见本章第五节 二、定量研究方案的设计)。每部分可加上小标题,以使文章脉络更加清晰、明了。

6. 结果

结果是对引言部分提出的问题进行回答。实证研究的结果部分的目的主要是总结收集到的数据的分析结果和处理过程。这部分只呈现数据是如何被分析的以及分析的结果,任何与结果有关的讨论都出现在讨论部分。呈现统计结果包括描述性统计信息、显著性差异数值、效应值、置信区间。对于推断性检验(如,t-检验、F检验和卡方检验)的结果需要报告样本大小、方法、均值、相关性和标准差等。

7. 讨论

讨论部分的目的是对已经获得的结果进行解释和评价。主要强调研究结果是什么、为什么以及如何用已有文献和理论去支持研究结果。讨论部分需要把本研究的结果和先前的研究结果相结合。在解释研究结果时,还需要考虑到研究中固有的局限性或缺点。

8. 参考文献

参考文献部分需要列出在研究文本中出现的所有引用的文献。这部分是对他人学术研究的认可,也是找到他们作品的方式。参考文献的格式需要根据不同刊物和出版机构的要求而采用不同的排版编辑。

二、定性研究报告的范式

因为定性研究更具有探索性,"定性研究报告没有标准格式"(约翰逊 & 克里斯滕森,2015)。对于定性类的探索性的研究可以参照人种志、社会学和教育学等学科的研究范式撰写研究报告。对于定性类的有数据收集的研究,可以参考定量研究的报告范式撰写研究报告。虽然定性类的研究报告没有标准的格式,但是一般也会包括以下几个部分:

1. 标题(写法要求同定量研究)

2. 摘要(写法要求同定量研究)

3. 导言

导言或引言是论文的开头部分,主要是指出课题研究的动机、目的和意义,介绍相关的背景材料。它可以提出文章将要回答的问题或将仔细阐述的观点,简要介绍文章所采用的研究方法。

定性的研究导言与定量研究的导言有些不同,比如定性的研究报告通常不包含任何演绎假设,因为定性的研究更多地做解释推理。研究问题通常以比较开放和一般的形式出现,比如,研究者希望"发现或探索一个过程""解释或者理解""叙述经历"等,而不是以非常具体的问题形式出现。

4. 方法

这是论文的主要部分,作者提出论点,陈述论据,并加以论证。正文通常有几个部分,每部分可加上小标题,以使文章脉络更加清晰、明了(详见本章第五节 一、定性研究方案的设计)。

定性的研究报告中的方法部分需要说明:

(1) 研究是如何开展的;

(2) 什么时间、地点和谁开展的;

(3) 为什么开展本研究以及设计的理由;

(4) 数据是如何收集和分析的;

(5) 研究者在研究中的角色;

(6) 研究者是如何观察、记录和注意调查场景及调查对象的;

(7) 研究者是如何对文本进行手动编码的;

(8) 实施了什么样的步骤来确保论点和结论的有效性?

5. 结果

定性研究的结果部分是研究报告中最重要的部分,也是定性研究的"发现"部

分,是研究者需要提供大量证据来支持和论证研究发现的部分。在撰写这部分内容时,需要注意:

(1) 提供充足的、可靠的、合理的和令人信服的证据;

(2) 合理平衡细节描述和解释说明;

(3) 不过度使用大量描述性细节,重点进行解释性说明;

(4) 把描述性数据和解释性说明有效结合起来;

(5) 根据实施的定性研究类型和数据收集的结果,确定不同分类的小标题,总结研究发现。

6. 讨论

定性的讨论部分也称作结论部分。研究者需要说明全部的结论,并提供补充解释。还需要说明确定的结果是否与有关已发表的相同主题的文献的结果相一致。

7. 参考文献(写法要求同定量研究)

附录1 语音项目表

说明

1. 语音是语言教学的重要内容之一。自然、规范的语音和语调将为有效的口语交际奠定良好的基础。

2. 语音教学应注重语义与语境、语调与语流相结合，要通过有意义的语言输入，引导学生在感知、理解语言的基础上，体会语音的表意功能，发现并归纳语音规则。应为学生提供大量听音、模仿和实践的机会，帮助学生形成语音意识。音标只作为7~9年级的学习内容。

一、基本读音

1. 26个字母的读音
2. 字母在单词中的基本读音
3. 常见的元音字母组合在单词中的读音，如 ee、oa、ou 等
4. 常见的辅音字母组合在单词中的基本读音，如 th、sh、ch 等
5. 常见的辅音连缀的读音，如 black、class、flag、glass、plane、sleep、bright、cry、sky、small、speak、star、street、spring、screen、programme、quiet 等
6. 失去爆破，如 picture、blackboard 等

二、重音

1. 单词重音
2. 句子重读

三、意群

1. 连读
2. 弱读

四、语调与节奏

1. 语调（升调、降调）

2. 节奏
(摘自《义务教育英语课程标准(2022年版)》,中华人民共和国教育部,2022)

附录2 小学英语课堂教学用语

1. 上课(Beginning a class)

(1) Let's start now. /Let's begin our class/lesson.

(2) Stand up, please.

(3) Sit down, please.

2. 问候(Greeting)

(4) Hello, boys and girls/children.

(5) Good morning, class/everyone/everybody/children/boys and girls.

(6) Good afternoon, class/everyone/children/boys and girls.

(7) How are you today?

3. 考勤(Checking attendance)

(8) Who's on duty today?

(9) Is everyone/everybody here/present?

(10) Is anyone away? /Is anybody away?

(11) Is anyone absent? /Is anybody absent?

(12) Who's absent? /Who's away?

(13) Try to be on time. /Don't be late next time.

(14) Go back to your seat, please.

(15) What day is today?

(16) What's the day today?

(17) What's the weather like today?

(18) What's it like outside?

4. 宣布(Announcing)

(19) Let's start working. /Let's begin/start a new lesson. /Let's begin/

start our lesson.

(20) First, let's review/do some review.

(21) What did we learn in the last lesson?

(22) Who can tell/remember what we did in the last lesson/yesterday?

(23) Now we are going to do something new/different. /Now let's learn something new.

5. 提起注意 (Directing attention)

(24) Ready? Are you ready?

(25) Can you follow me? /Do you understand?

(26) Is that clear?

(27) Any volunteers?

(28) Do you know what to do?

(29) Be quiet, please. /Quiet, please.

(30) Listen carefully, please.

(31) Listen to the tape recorder/the recording.

(32) Look carefully, please.

(33) Watch carefully.

(34) Please look at the blackboard/picture/map...

(35) Pay attention to your spelling/pronunciation.

6. 课堂活动 (Classroom activities)

(36) Start! /Start now.

(37) Everybody together. /All together.

(38) Practice in a group. /Practice in groups. /In groups, please.

(39) Get into groups of three/four...

(40) Everybody find a partner/friend.

(41) In pairs, please.

(42) One at a time. /Let's do it one by one.

(43) Next, please. Now you do the same, please.

(44) Let's act. Let's act out/do the dialogue.

(45) Who wants to be A?

(46) Practice the dialogue, please.

(47) Whose turn is it?

(48) It's your turn.

(49) Stand in line. /Line up.

(50) One by one. /One at a time, please.

(51) Turn around.

7. 请求(Requesting)和鼓励(Encouraging)

(52) Could you try it again?

(53) Could you try the next one?

(54) Will you please help me?

(55) Can you try?

(56) Try, please.

(57) Try your best. /Do your best.

(58) Think it over and try again.

(59) Don't be afraid/shy.

8. 指令(Issuing a command)

(60) Read after me, please.

(61) Follow me, please.

(62) Do what I do.

(63) Repeat after me, please.

(64) Once more please.

(65) Come here, please.

(66) Please come to the front. /Come up and write on the blackboard/chalkboard.

(67) Please go back to your seat.

(68) In English, please.

(69) Put your hand up, please. /Raise your hand, please.

(70) Put your hand down, please. /Hand down, please.

(71) Say/Write it in Chinese/English.

(72) Please open your book at page... /Find page... /Turn to page...

(73) Please answer the question/questions. /Please answer my question.

(74) Please take out your book.

(75) Please read this letter/word/sentence out loud.

(76) Please stop now. /Stop now, please. /Stop here, please.

(77) Clean up your desk/the classroom, please.

(78) It's clean-up time. /Tidy up your desk/the classroom.

(79) Put your things away. /Clean off your desk. /Pick up the scraps.

(80) Clean the blackboard.

(81) Listen and repeat.

(82) Look and listen.

(83) Be quick, please.

(84) Hurry! /Hurry up, please.

(85) Slow down, please.

(86) Bring me some chalk, please.

(87) Stop talking. /Stop talking now, please.

(88) Don't talk.

9. 评价(Evaluation)

(89) Excellent. /Great! /Well done. /Very good. /I like the way you...

(90) Don't worry about it. /No problem.

(91) I don't think so.

(92) That's not quite right, any other answers? /That's close. /That's almost right.

(93) Not quite right, can anyone help him/her? /Try again.

10. 布置作业(Setting homework)

(94) For today's homework...

(95) Practice after class.

(96) Practice at home.

(97) Remember (memorize) theses words/sentences.

(98) Learn these words/these sentences/the text by heart.

11. 下课(Dismissing the class)

(99) Time is up.

(100) The bell is ringing. /There's the bell. /There goes the bell.

(101) That's all for today.

(102) Class is over.

主要参考书目

一、主要参考书目

中文

伯克·约翰逊、拉里·克里斯滕森:《教育研究——定量、定性和混合方法(第4版)》,马健生译,重庆大学出版社,2015.

Brewster, J., Ellis, G. & Girard, D.:《小学英语教师教学指南(第3版)》,王晓阳等译,高等教育出版社,2005.

陈　琳、Ellis, P.:《新标准英语教师用书》,外语教学与研究出版社,2000.

陈志恬、郭伟刚:《电脑应用基础教程》,电子工业出版社,2000.

董　奇:《心理与教育研究方法(第2版)》,北京师范大学出版社,2019.

冯克诚、西尔枭:《实用课堂教学模式与方法改革全书》,中央编译出版社,1994.

顾曰国:《跨文化交际》,外语教学与研究出版社,2000.

杭宝桐:《中学英语教学法》,华东师范大学出版社,1993.

侯渝生:《新课程理念下的创新教学设计:初中英语》,东北师范大学出版社,2003.

何安平:《新课程理念与初中英语课程改革》,东北师范大学出版社,2002.

胡春洞:《英语教学法》,高等教育出版社,1990.

胡壮麟、姜望琪:《语言学高级教程》,北京大学出版社,2002.

Krause, A. & Cossu, G.:《灵通少儿英语教师教学用书(第2册)(中文版)》,人民教育出版社,1999.

李庭芗:《英语教学法》,高等教育出版社,1983.

刘　焱:《幼儿园游戏教学论》,中国社会出版社,1999.

蒙台梭利:《蒙台梭利幼儿教育科学方法》,任代文译,人民教育出版社,1993.

马丁·韦德尔、刘润清:《外语教学与学习—理论与实践》,高等教育出版社,1995.

南国农、李运林:《电化教育学》,高等教育出版社,1998.

人民教育出版社幼儿教育音乐室编:《幼儿音乐教学法》,人民教育出版社,1987.

人民教育出版社中学语文室编:《幼儿语言教学法》,人民教育出版社,1987.

束定芳、庄智象:《现代外语教学:理论、实践与方法》,上海外语教育出版社,1996.

施良方、崔允漷:《教学理论:课堂教学的原理、策略与研究》,华东师范大学出版社,1998.

孙玉梅:《现代英语教学法》,东北师范大学出版社,1999.

王晓平:《教师的语言艺术》,山东教育出版社,1996.

王松美、林继玲:《英语教育与素质教育》,中华工商联合出版社,1999.
王道俊、王汉澜:《教育学》,人民教育出版社,1999.
王　蔷:《小学英语教学法教程(第2版)》,高等教育出版社,2003.
肖　惜:《英语教师职业技能训练简明教程》,高等教育出版社,1999.
刘　莹、谢乃莹、王晓东:《小学英语典型课示例》,东北师范大学出版社,2003.
禹　明:《新课程理念与小学英语课程改革》,东北师范大学出版社,2004.
于　勇:《中小学课堂教学技能训练:中学英语》,当代世界出版社,2001.
袁昌寰:《中学英语微格教学教程》,科学出版社,1999.
杨　忠、张　扬:《国外英语教学流派及我国英语教学改革》,东北师范大学出版社,1999.
易　进、林丹华:《幼儿语言教育》,中国劳动社会保障出版社,1999.
陈　琳、王　蔷、程晓堂主编,英语课程标准研制组编:《全日制义务教育英语课程标准解读》,北京师范大学出版社,2002.
张海金:《小学英语课堂游戏100例》,外语教学与研究出版社,2003.
朱　纯:《外语教学心理学》,上海外语教育出版社,1994.
周世洪:《教学简笔画》,大连出版社,1995.
赵伶俐:《课堂教学技术与艺术——执教行为训练·评价·鉴赏》,西南师范大学出版社,1993.
中国教育学会外语教学专业委员会编:《外语教学理论和实践》,人民教育出版社,1999.
朱慕菊:《走进新课程——与课程实施者对话》,北京师范大学出版社,2002.
教育部基础教育司 英语课程标准研制组编:《英语课程标准》,北京师范大学出版社,2002.
中华人民共和国教育部编:《义务教育英语课程标准(2022年版)》,北京师范大学出版社,2022.
祝畹瑾:《社会语言学概论》,湖南教育出版社,1992.

英文

Arthur, P. "Why use video? A teacher's perspective", VSELT 2:4. Frank C.. *Grammar in Action*, England: Pilgrims, 1999.

Campbell, C..《以学生为主体的英语教学》,华东师范大学出版社/牛津大学出版社,1998.

Ellis, R. "Factors in the incidental acquisition of second language vocabulary from oral input", In Ellis. R. (eds). *Learning Second Language Through Interaction*. Philadelphia: John Benjamin's, 1999.

Halliday, M. A. K.. *Exploration in the Functions of Language*. London: Edward Arnold, 1973.

Harmer & Jeremy. *The Practice of English Language Teaching*. New ed. London: Longman, 1991.

Hymes. On Communicative Competence, Paper presented at the Research Planning Conference on Language Development among Disadvantaged Children, 1966. New York: Yeshiva University. Reprinted in J. B. Pride & J. Holmes (eds), *Sociolinguistics: Selected Readings*. Harmondsworth, England: Penguin Books, 1972.

Katchen, J. E.. First Language Subtitles: Help or Hindrance? Paper presented at the 22nd

Annual JALT International Conference, Eric 421873, 2001.

Murphey, T.. *Music & Song*. Oxford: Oxford University Press, 1992.

Neuie, M. L.. *Games and Parties*. New York: Airmont Books, 1954.

Phillips, S..《少年儿童英语教学》,华东师范大学出版社/牛津大学出版社,1998.

Rixon, S.. *How to Use Games in Language Teaching*. London: Macmillan Publishers, 1981.

Seelye, H. N. *Teaching Culture*. Lincolnwood, II: National Textbook Company, 1988.

Ur, P.. *A Course in Language Teaching: Practice and Theory*,外语教学与研究出版社/剑桥大学出版社,2000.

Wright, A..《讲故事教英语》,华东师范大学出版社/牛津大学出版社,1998

White, C., Easton, P., & Anderson.. Students perceived value of video in a multimedia language course. *Education Media International*, 37(3): 167-175, 2000.

Whitehurst, G. J. & Vasta, R. Is language acquired through imitation? *Journal of Psycholinguistic Research*, 4: 7-59, 1975.

二、相关参考网站(2022-11-2检索)

http://www.shiporsheep.com/page3.html

http://www.kizphonics.com/materials/

http://www.manythings.org/anagrams/

https://www.tefl.net/elt/ideas/pronunciation/top-fun-pronunciation-games/

http://a4esl.org/

http://iteslj.org/

http://www.esl-galaxy.com/music.htm

https://www.english-4kids.com/

https://www.esl-galaxy.com/

http://learnenglishkids.britishcouncil.org/en/listen-and-watch